《四大检察文库》编委会

主　任：童建明

副主任：潘毅琴

委　员：（按姓氏笔画排列）

　　　　万　春　马怀德　王　轶　王利明　卞建林
　　　　龙宗智　朱孝清　刘仁文　汤维建　孙　谦
　　　　苏德良　杨春雷　张守文　张志杰　张雪樵
　　　　陈兴良　陈国庆　宫　鸣　韩大元

刑事检察捕诉一体运行机制理论与实务研究

彭胜坤 等 著

四大检察文库

中国检察出版社

图书在版编目（CIP）数据

刑事检察捕诉一体运行机制理论与实务研究／彭胜坤等著 .—北京：中国检察出版社，2022.6
ISBN 978-7-5102-2723-3

Ⅰ.①刑… Ⅱ.①彭… Ⅲ.①检察机关-权力-研究-中国 Ⅳ.①D926.304

中国版本图书馆 CIP 数据核字（2022）第 045314 号

刑事检察捕诉一体运行机制理论与实务研究
彭胜坤 等 著

责任编辑：王　欢
技术编辑：王英英
美术编辑：曹　晓

出版发行：中国检察出版社
社　　址：北京市石景山区香山南路 109 号（100144）
网　　址：中国检察出版社（www.zgjccbs.com）
编辑电话：（010）86423703
发行电话：（010）86423726　86423727　86423728
　　　　　（010）86423730　86423732
经　　销：新华书店
印　　刷：保定市中画美凯印刷有限公司
开　　本：710 mm×960 mm　16 开
印　　张：20　插页 4
字　　数：270 千字
版　　次：2022 年 6 月第一版　2022 年 6 月第一次印刷
书　　号：ISBN 978-7-5102-2723-3
定　　价：70.00 元

检察版图书，版权所有，侵权必究
如遇图书印装质量问题本社负责调换

主要作者简介

◇ 彭胜坤,1968年12月生,湖北罗田人,法学博士。湖北省武汉市人民检察院党组书记、检察长,全国检察业务专家。主要研究领域为刑事法学、刑事诉讼法学、检察制度,合著《检察管理专题研究》1部,在《法学杂志》《法学评论》《人民检察》等刊物发表法学论文20多篇。

《四大检察文库》出版说明

在第二个百年奋斗目标新征程中,面对社会主要矛盾转化,面对人民群众在民主、法治、公平、正义、安全、环境等方面更高层次、更丰富内涵的需求,检察机关要以更加强有力的履职,推进"四大检察""十大业务"全面协调充分发展,进而以自身高质量发展服务保障经济社会高质量发展。在这艰巨而复杂的过程中,一系列重大命题等待实践者去探索、去破解,一系列重大理论问题等待研究者去总结、去回应。可以说,党绝对领导下的检察事业90年辉煌历程中,从来没有像今天这样对理论武装需求如此迫切!

为深入贯彻落实《中共中央关于加强新时代检察机关法律监督工作的意见》,切实肩负起加强新时代检察理论研究的重任,助推检察工作高质量发展,经高检院党组批准,我们设立专项资金支持检察著作出版,推出《四大检察文库》系列丛书。《四大检察文库》旨在深入研究四大检察中丰富的实践和理论问题,特别是其中的新思想、新理念、新问题、新举措、新成效。基本要求是:

一是坚持以习近平新时代中国特色社会主义思想、习近平法治思想武装头脑、指导研究。坚持用马克思主义立场、观点、方法分析和解决检察工作发展中的问题，以创新发展的检察理论，发出新时代检察最强音，推动、引领中国特色社会主义法治道路自信、理论自信、制度自信、文化自信。

二是聚焦四大检察实践中的前沿、重大、复杂问题。围绕检察实践中的基础性、全局性、重大性、复杂性问题，反映四大检察重大实践创新成果，力求在解决重大理论问题和现实问题、推进检察理论和检察实践发展中具有重大指导意义。

三是理论联系实际。坚持以人民为中心的研究方向，着眼于人民群众关心关注的检察实践问题，回应人民群众的普遍关注问题，解决检察人员、司法人员的困惑、难处，推理严密，论证充分，文字畅达，具有较强的原创性、理论性和实用性。

高检院对《四大检察文库》系列丛书的出版高度重视，专门成立编辑委员会，常务副检察长童建明担任编辑委员会主任，政治部主任潘毅琴担任编辑委员会副主任，其他院领导、检委会专职委员和专家学者担任委员，对作品质量予以把关。

《四大检察文库》的出版得到了理论界与实务界的广泛关注和大力支持，得到了全国广大检察人员的积极参与。我们对社会各界给予的关注和厚爱表示衷心感谢。希望《四大检察文库》能够成为荟萃优秀作品的开放平台，慧聚更多名家大腕、实务精英，共同推动检察理论研究深入发展，推进中国特色社会主义检察事业不断走向新境界，为服务保障第二个百年目标实现作出应有的贡献！

中国检察出版社
2022 年 1 月

总序

以习近平法治思想指引检察理论研究
为检察工作高质量发展提供理论支撑

近年来,全国检察机关坚持以习近平新时代中国特色社会主义思想为指导,深入学习贯彻党的十九大和十九届历次全会精神,认真学习贯彻习近平法治思想,紧紧围绕党中央关于全面依法治国重大决策部署,紧盯事关检察事业长远发展的主要矛盾和突出问题,不断加强和深化检察理论研究,研究的广度深度不断拓展、成果不断丰富、力量不断壮大,为新时代检察工作创新发展提供了有力理论支持。问题是工作的导向。对照以检察工作自身高质量发展服务保障经济社会高质量发展的目标要求,检察理论研究总体还是跟不上,理论供给与实践需求不适应,理论研究工作发展不平衡。做好新发展阶段的检察理论研究工作,根本要在习近平法治思想指引下,以高度的政治自觉、法治自觉、检察自觉,持续深化、更新理念,锚定正确研究方向,围绕服务高质量发展的目标,切实找准理论研究的着力点和切入点,更加积极主动担当作为,服务、引领与时代同步蓬勃发展的检察实践。

一、检察工作身处"变局"之中,检察理论研究必须跟上、适应进而走向引领

习近平总书记深刻指出,实践没有止境,理论创新也没有止境。当前，我国正值全面建设社会主义现代化国家开局起步之时，又逢百年变局和世纪疫情交织叠加，经济社会发展内部条件和外部环境都在发生深刻复杂变化。尤其是进入新发展阶段，面对高质量发展对高水平法治保障的要求，面对人民群众在民主、法治、公平、正义、安全、环境等方面更趋多元多样的需求，法治产品、检察产品"好不好"的问题更鲜明、更突出摆在我们面前。

理论是实践的先导、行动的指南。习近平总书记强调："要坚持实践第一的观点，不断推进实践基础上的理论创新。"形势、环境、任务、要求的变化，使得检察工作比以往任何时候都更需要理论上的支持，以引领、助力检察人准确识变、科学应变、主动求变。越是实践中急需解决的问题，越要在理论上作出回答。必须看到，近些年来，在习近平法治思想指引下，司法检察工作快速发展，步幅更大、影响深远。相应的理论总结、阐释、研究远未跟上！比如，适应国家治理体系和治理能力现代化要求，深化认罪认罚从宽制度检察适用、公益诉讼检察、行政争议实质性化解等工作；针对网络犯罪持续攀升，最高检专设惩治网络犯罪指导组，促进网络综合治理；组建知识产权检察办公室，开展知识产权刑事、民事、行政三位一体综合司法保护试点；依法有序推进涉案企业刑事合规试点，促进"严管"制度化，不让"厚爱"被滥用；改版检察指导性案例，既指导办案又向社会释法；推行"案-件比"质效评价标准，完善检察人员"全员、全面、全时"考核机制，促进监督办案求极致，等等。所有这些，作为检察新实践、新举措，社会广泛认同、效果良好。怎样理解这些工作创新是时代大背景下的"应运而生"？怎样做到持续、深化发展？迫切需要从理论上去总结、阐释、论证。

检察理论研究工作存在的不足，根本还是认识问题、观念问题，没有认清检察理论研究肩负的责任，没有认清理论滞后与实践创新之间的脱节，是更深层、更实质的"跟不上""不适应"！问题表现在面上，根子在思想、头脑里。一定要正视问题所在、认清责任所在，关键就在"关键少数"！"关键少数"的认识跟不上，因此组织、推动理论研究工作跟不上。《最高人民检察院关于加强和改进新时代检察理论研究工作的意见》强调，"要鼓励研究能力强的同志积极参加年会、培训、申报课题和案例分析研讨。对于高层次检察理论研究人才，可以采取推荐研修、支持在检察学研究会任职、参加科研成果评奖等方式，为其提供锻炼机会和展示平台。在干部选拔任用、考核中，要把是否有研究能力作为选任领导干部、遴选检察官、择优晋升检察官等级的重要参考，把检察理论研究成果作为衡量检察人员绩效的一个重要方面"。这些要求在落实中还有许多不足，营造更好的检察理论研究氛围还远远不够！各级检察院领导都应当以习近平法治思想为指引，进一步增强深化检察理论建设的政治自觉、法治自觉、检察自觉，组织广大检察人与专家学者们携手，高度重视、积极开展检察理论研究，进而引导检察实践产出更优法治产品、检察产品，更好地为全面建设社会主义现代化国家提供更有力服务、保障。

二、深入学习贯彻习近平法治思想，深刻把握新时代检察理论研究的正确方向

习近平法治思想是做好检察工作的根本遵循，是检察理论研究的根本指引。要坚持以习近平法治思想为指引，让检察理论研究始终沿着正确道路前行、发展！

深刻把握检察理论研究的政治性。检察工作是政治性极强的业务工作，也是业务性极强的政治工作。检察理论研究是检察工作的重要组成部分，必须旗帜鲜明讲政治，深入学习领会"两个确立"的决定性意义，不断增强"四个意识"、坚定"四个自信"、做到"两个维护"，从理论上深刻领悟为什么必须坚持党对检察工作绝对领导、怎样更好地捍卫党的领导。抓检察理论建设，首先必须把握根本、认清本质，坚定中国特色社会主义道路自信、理论自信、制度自信、文化自信，坚定不移走中国特色社会主义法治道路。要不断提高政治判断力、政治领悟力、政治执行力，坚持正确政治方向，始终自觉用习近平法治思想指引检察理论研究，始终自觉围绕中国特色社会主义法治体系建设认识、研究、解决重大检察理论和实践问题，形成独具特色、符合中国特色社会主义法治规律的检察理论体系。对鼓吹西方所谓"宪政""三权鼎立""司法独立"等错误思潮和言论，要敏于辨识其本质、要害所在，旗帜鲜明抵制、有力有效批驳，坚决维护理论研究领域意识形态安全。

深刻把握检察理论研究的人民性。坚持以人民为中心，是贯穿习近平法治思想的根本政治立场。人民检察为人民，必须把以人民为中心贯穿检察工作包括检察理论研究全过程。经济社会发展、人民群众根本利益对检察工作的需求，就是检察理论研究的着力点、动力源。比如，杭州"取快递女士被造谣出轨案"。网络时代侮辱诽谤的危害、对名誉权的保护能和几封信、小字报、口口相传的过去一样吗？新时代、新发展阶段，老百姓维权门槛那么高、违法犯罪成本那么低，人民群众何以感受公平正义？检察机关推动自诉转公诉，不少法学专家撰文予以理论上的阐释，这就是对检察工作直接、强有力的支持，更是对中国特色社会主义法治、司法的促进！检察人更应该自觉、深入从理论上加以探讨、研究！经此一案，产生一批理论成果，今后再遇到类似案件，依法公诉不就顺理成章了吗？再比如，最高检将人民群众的诉讼体验、当事人的实际感受纳入案件质量评价指标体系，研究提出"案－件比"质效评价标准，根本是为了满足新时代人民群众对司法公正的更高要求！"案－件比"的实证分析、研究成果已经有不少，学理、法理研究还要跟上，深入阐释"案－件比"的政治、社会、法治意义。

深刻把握检察理论研究的系统性。习近平总书记强调，全面依法治国是一个系统工程，要整体谋划，更加注重系统性、整体性、协同性。加强检察理论研究也要强化系统观念，跳出检察研究检察。要深入思考和研究，在党和国家工作大局中，在国家治理大格局中，在中国特色社会主义法治体系中，检察工作、检察制度处于什么样的位置，应该发挥怎样的作用，践行中还有哪些差距、怎样跟上、进而引领？等等。检察机关办理的每一起案件，都事关人民权益。越是贴近百姓生活的"小案"，越能让老百姓体会到司法的公平正义；越是发生在群众身边的"小案"，越关涉人心向背这个最大的政治。要深入研究检察监督办案与厚植党的执政基础的关系，从理论上探析、深化办案与民生、办案与民心的内在联系，用理论引领、推动检察办案融通法理情，更加自觉助力实现监督办案"三个效果"的统一。随着经济社会关系更趋多元复杂，涉案刑事、民事、行政法律关系往往相互交织，对"四大检察"的理论研究要有系统思维，研究某项业务要系统地考虑关联效果，不能孤立地、局部地看问题；不仅"四大检察"之间要融通，而且应当将司法与行政执法乃至整个法治建设相融通，才能更好地促进检察职能的发展，促进党和国家法治事业的发展。

三、准确把握检察理论研究重点，助推检察工作高质量发展

新发展阶段、新的征程中，要紧扣推动检察工作高质量发展这一目标，紧密结合党和国家工作大局和检察中心、重点工作，

坚持理论联系实际,坚持问题导向,切实找准检察理论研究的着力点和切入点,在检察实践中彰显、检验理论的指导作用。

深化对人民检察制度、规律和历史经验的研究。百年发展历程,我们党始终在探索运用马克思主义关于国家与法的理论指导人民民主专政政权建设。人民检察制度发展历史脉络、规律经验的深入研究基础扎实,已形成一批重要成果。但相对于中国特色社会主义国家与法的制度建设,特别是进入新时代新发展阶段,"有法可依"问题总体解决后,"有法必依、执法必严、违法必究"问题对中国特色社会主义司法检察制度提出的新课题、形成的新考验,我们从历史中总结规律、寻找方法还不够。一些时候,有的检察工作是在推着干、干着看的"必然王国"中游历,与时代的发展,与人民群众对民主、法治、公平、正义、安全、环境等更高水平的要求不相适应。比如,随着时代发展,法律监督的内涵、外延应有怎样的发展、深化?人民检察独特的成长背景、制度特征,与其他国家检察制度根本区别在哪里,共性发展规律、可以相互借鉴的有哪些?又比如,法律监督与侦查、审判、监察机关之间相互配合、相互制约的关系该如何认识、正确把握?什么是监督?什么是办案?如何更加自觉、自如地做到在办案中监督、在监督中办案?回答好这样的时代之问、发展之问,对检察机关法律监督的功能和定位,对中国特色社会主义检察制度内涵、本质的认识就更深一层,投身人民检察事业发展、人民检察制度成熟定型的"自由王国"就更进一步。为此,必须紧密结合百年党史和党绝对领导下的90年人民检察史加以研究、把握,在历史演进中寻找发展脉络,系统探究我国检察制度发展规律、检察职权配置规律和检察活动基本规律,以更好地认识、把握中国特色社会主义根本制度和发展规律,为建成富强、民主、文明、和谐、美丽的社会主义现代化国家作出中国特色社会主义检察制度和检察人的贡献。

深化对检察实践创新和发展的研究。实践每向前推进一步，理论支撑就要跟进一步。落实认罪认罚从宽制度，法律有明确规定，实践中取得很好的效果。要深化这个领域的理论研究，通过理论认同进一步形成实践共识。民法典实施赋予检察机关更重责任，特别是民事诉讼范围进一步扩大，相应民事诉讼监督范围也将扩大、难度增加，如何把民法典人格权保障等立法精神贯彻到"四大检察""十大业务"中去，有效保障民法典统一正确实施？最高检提出行政检察"一手托两家"，针对一些行政诉讼程序空转，开展行政争议实质性化解，实践效果很好，这项工作的法理依据该怎样认识？维持形式上并无不当裁判的同时，促进行政机关调整原不当决定，争议化解、讼争平息，相关法律制度当如何完善？党的十九届四中全会对公益诉讼检察工作作出新部署，强调要"拓展案件范围"，实践中获得了充分认可。法律供给还在过程之中，各级检察机关积极、稳妥办理群众反映强烈的公益损害案件，法理上该如何深化规律性认识？所有这些，既是实践发展、创新，当然也应当是理论研究的重点课题。检察理论研究就要着眼于这些新的实践和新的发展，不断拓展深化。同时，要把能够融入、引领检察、司法、法治实践作为检验理论研究成果科学性、合理性的重要标准，避免检察理论研究"自说自话""自我评价"。

深化对检察理念、检察政策的研究。理念、政策是引领检察监督办案的思想和灵魂。伴随经济社会快速发展，司法检察理念、政策都在不断适应调整。比如，改革开放40多年来，刑事犯罪结构发生巨大变化。最高检主动适应国家治理体系和治理能力现代化要求，落实、践行少捕慎诉慎押的刑事司法政策。实践中如何有效落实、正确适用，恰当把握追诉程序宽严适当与实体处理宽严适当的关系？又比如，在正当防卫问题上，检察机关严格依法处理了几个影响性案件、发布"昆山龙哥案"等指导性案例"激活刑法正当防卫条款"后，促进社会观念深刻转变，"法不能向不法让步"日益深入人心。"法不能向不法让步"的内涵是什么？理论上的探讨还需深化，结合办理的一系列正当防卫案件，深研有哪些司法规律应当探索、遵循？"不让步"的把握为什么深得民心？理念的转变、政策的落实不可能一蹴而就，形成共识和自觉更不容易，亟需通过理论的研究、引领去促进、推动、深化。再比如，党的十九大以来，对标新时代人民群众新期待，检察机关不断深化检察改革、优化检察管理，推动落实"案－件比"、业绩考评机制改革，对检察办案产生了哪些深层次影响？促进了检察官哪些方面履职能力的提升？对司法检察事业发展，进而对检察制度、司法制度的建设与发展将产生怎样的影响？脚踏实地着眼国家治理体系和治理能力现代化这一重大课题，检察理论研究无止境！

党绝对领导下的人民检察制度90年辉煌历程告诉我们，检察理论研究始终是推动检察事业不断创新发展的基础性工程。新发展阶段、新的征程，全国检察机关要始终坚持以习近平法治思想为指引，更加奋发有为、砥砺奋进，努力开创检察理论建设新局面，推动新时代检察工作高质量发展！

最高人民检察院

2022年1月

前　言

检察权捕诉一体运行机制改革是"两反"转隶后，最高人民检察院结合检察工作实际、立足于前期司法改革的成效，审时度势作出的重大决策。它是检察机关在现有的法律框架下对刑事检察工作机制、资源分配进行的优化升级，旨在进一步提高刑事检察办案的质量和效率。所谓捕诉一体，是指同一检察院管辖的同一刑事案件的审查逮捕、审查起诉、出庭支持公诉和立案监督、侦查监督、审判监督等工作，由同一检察官或者检察官办案组负责（依照法律、有关规定应当另行指派检察官或者检察官办案组办理的除外）。2019年捕诉一体改革全面落地以来，各级检察机关积极适应新的办案模式，以捕诉一体运行机制为基础，推动以审判为中心的刑事诉讼制度改革、认罪认罚从宽制度不断深化，在做优刑事检察工作方面取得了丰富的实践成果。

毋庸讳言，在近年来有关司法制度多项改革举措中，关于捕诉一体的争论最为激烈。不难理解，如果说司法体制改革、以审判为中心的刑事诉讼制度改革的相关内容与域外许多国家的司法制度至少有着某种程度上的共通之处，那么捕诉一体机制在世界范围来看似乎并不太符合所谓的"潮流趋势"。但是一国的司法制度如何发展，应当综合考量其法律文化传统和应对社会矛盾的现实需求，而非刻意苛求统一的标准。

党的十九届四中全会指出，要推进国家治理体系和治理能力现代化，强调既要保持中国特色社会主义制度和国家治理体系的稳定性和延续性，又要抓紧制定国家治理体系和治理能力现代化急需的制度，满足人民对美好生活新期待必备的制度。现代化绝不等同于西方化，我国特有的历史发展道路和复杂的社会文化现状，决定了所有的顶层设计必然要根植于我国本土实际。从检察机关的角度看，如果某项制度能够促进检察工作更好地服务中心大局，满足人民群众对法治公平正义的需求，那么这一制度就值得我们尝试和推进。严格意义上讲，捕诉一体尽管使刑事检察权的运行机制产生了较大的变化，但其并未超出原有法律授权的框架，而且有利于纠正捕诉分离模式下的某些问题，对于检察队伍的专业化建设也有一定的促进作用，因此改革思路一经提出，就赢得了不少理论界和实务界人士的理解和支持。当然，有些学者的中肯建议乃至反对意见也给我们带来了一定的启发，对检察机关防范和及时应对捕诉一体实行过程中可能发生的问题起到了积极的警示作用。

捕诉一体并非一个全新的概念，不少国家和地区都曾经采用过类似的制度，我国检察机关在恢复重建后的相当长一段时间内也是如此。但是如果将捕诉一体运行的背景，诸如司法体制改革、相关司法运行机制改革、检察人员的专业化水平等内容纳入考察的视野，我们在现阶段所实行的捕诉一体毫无疑问是一个全新的机制。那么如何理解这一机制？其推行的必要性体现在哪些方面？与其他多项改革制度之间耦合的效果如何？改革提出之初面临的质疑是否在实践中出现？这些问题亟待我们尽快明确答案。正因为如此，我们选择了捕诉一体运行机制理论与实证研究这一课题，力图发挥身处司法办案一线的优势，结合相关理论观点、办案数据，对捕诉一体的相关领域开展一次相对全面的探究。

本书的主要框架如下：第一章导论，主要介绍捕诉一体改革提出的背景与相关争议，回溯了检察机关自恢复重建到第二次司法改革之间捕诉权力配置的历史沿革，结合有关文本对本次捕诉一体改革的内涵进行了解读，并阐明了该制度的价值预期。第二章捕诉一体的必要性与正当性，分别以司法体制改革、以审判为中心的刑事诉讼制度改革、国家监察体制改革等内容为切入点，综合分析了上述改革与捕诉一体机制之间的内在关联，对捕诉一体机制在合理性、合法性方面进行了论证，同时从诉讼经济的视角，对捕诉一体机制的效用开展了深入的分析。第三章和第四章分别围绕逮捕和公诉两项刑事检察工作的核心权能，对两者的价值功能、基本内容等方面进行了细致的研究，其中第三章逮捕与逮捕权之基本范畴，在剖析逮捕权几项具体权能的基础上，重点对理论界争论较多的批捕权的属性以及批捕权配置的问题，特别是捕诉一体改革对检察机关行使批捕权中立性是否构成影响作出了详细论述，明确了批准逮捕权是具有法律监督性、中立性、独立性、审查性、终局性的检察权；第四章公诉与公诉权之基本范畴，则立足于公诉职能日益丰富完善的现实，着重结合认罪认罚、繁简分流等改革举措对公诉工作的现状和优化路径进行了阐述，强调了公诉权的行使要树立客观公正理念、刑事诉讼主导责任理念、协商合作理念、尊重庭审理念。第五章比较视野中的未决羁押与起诉制度研究，以大陆法系和英美法系若干代表性国家为例，介绍了域外与捕诉权力配置相关的未决羁押、侦查、起诉等相关制度规定，在对上述制度进行正反两个方面评析的基础上，提出了完善我国相关制度的对策，同时也从比较研究的角度对"我国应当由法院行使批捕权"观点进行了再反思。第六章捕诉一体运行机制之实证分析，以市区两级检察机关的捕诉一体实践运作情况为研究蓝本，考察了当前捕诉部门的组织配置、分案规则、办案基本情况等内容，对当前一些比较好的经验做法进行了梳理总结，列举了部分典型案例，同时通过详细的办案数据的列示及分析，结合"案-件比"等指标，对捕诉一体落地前后的办案、监督效果的变化及原因进行了剖析。第七章捕诉一体运行机制之问题与出路，则直面捕诉一体改革后实践中暴露出的少数不当的办案倾向，针对司法公正、办案效率及侦查监督三个方面进行了实证考察，并提出了完善捕诉一体运行机制的若干建议，如优化检察官办案质量评价指标体系和完善司法责任认定与豁免规定，促进"检察＋科技"深度融合等。

正如有学者指出的："一个制度好不好，要看它的实践效果。"目前来看，捕诉一体对司法办案的促进作用是较为明显的，改革之初所面临的种种疑虑绝大多数也并未发生，但这并不意味着我们的实践探索可以缓一缓、放一放。随着社会的发展，检察机关面对的社会治理的挑战会越来越复杂，人民群众对法治公平正义的要求也会越来越高，只有时刻保持改革的敏锐性，才能及时有效化解实践中的种种困难。捕诉一体已经成为检察机关在刑事诉讼中发挥主导责任的基础，对其进行持续不断的考察和完善，既是检察权依法正确行使的重要保障，也是巩固和丰富中国特色社会主义司法制度的必然要求。

世界正经历百年未有之大变局，我国国家制度和国家治理体系的优越性愈加显现。在党中央的坚强领导之下，疫情防控取得了重大战略成果，彰显了中国之治的时代力量。在坚持和完善中国特色社会主义制度的大背景下，检察机关应当进一步坚定"四个自信"，以更开阔的视野，在探索中国特色社会主义检察制度的道路上勇于担当，敢于在更高的平台、更广的范围内传递中国理念、提供中国方案。

本课题的研究方案由研究团队成员共同讨论形成，分工撰写完成初稿后由刘国媛同志统稿，最后由彭胜坤同志审定。具体分工情况如下：

第一章，执笔人：彭胜坤，武汉市人民检察院检察长，法学博士。

第二章，执笔人：刘国媛，武汉市黄陂区人民检察院检察长，法学博士；干晋，武汉市江岸区人民检察院检察官，法律硕士。

第三章，执笔人：李勇，武汉市人民检察院法律政策研究室副主任，法学硕士。

第四章，执笔人：邓姗姗，武汉市人民检察院法律政策研究室检察官，文学硕士。

第五章，执笔人：干晋，武汉市江岸区人民检察院检察官，法律硕士。

第六章，第一、二节执笔人：王爱华，武汉市汉阳区人民检察院检察长，法律硕士；胡珣，武汉市人民检察院第一检察部检察官，法学硕士。第三、四、五、六、七节，执笔人：刘国媛，武汉市黄陂区人民检察院检察长，法学博士；蒋鹿夏，武汉市江汉区人民检察院检察官助理，法学硕士。

第七章，执笔人：柴瑶，武汉市人民检察院法律政策研究室副主任，法学硕士。

本书在撰写的过程中，围绕捕诉一体运行机制，对理论界关于刑事检察工作的诸多观点进行了梳理和分析，提出了一些自己的见解。希望能够为理论界和实务界客观认识捕诉一体运行机制提供较为全面的成果。尽管课题组成员开展了大量资料分析和实证研究，并对相关内容进行了反复修改完善，但囿于知识储备和研究能力的局限，难免挂一漏万，部分内容也可能有偏颇之处，恳请读者批评指正。

本课题自始就受到中国检察出版社领导的高度关注和关心，在整体框架设计上给予指导并提出了非常具体的意见和建议，在写作的过程中亦给予了大力支持和鼓励，在此表示衷心的感谢！

同时，也要感谢武汉市人民检察院案件管理办公室王琼主任、统计分析员刘洁同志以及江岸区人民检察院案件管理办公室徐丽莉、王薇同志和江汉区人民检察院姚妍、郝巧会同志为实证分析提供的数据支持与相关建议！

目 录

第一章 导 论 / 1
  第一节 捕诉一体运行机制改革之提出与争议 / 1
    一、改革的历史背景 / 3
    二、改革的争议与回应 / 4
  第二节 检察机关恢复重建以来逮捕权与公诉权配置之历史
       沿革 / 10
    一、司法改革前的批捕权与公诉权配置
      （1978 年—1996 年）/ 11
    二、两次司法改革中逮捕权与公诉权配置
      （1997 年—2013 年）/ 15
  第三节 捕诉一体运行机制之基本内涵 / 20
    一、办案主体一体化：捕诉一体的核心意蕴 / 21
    二、刑事办案机构的整合：捕诉一体的应有之义 / 25
  第四节 捕诉一体运行机制之价值预期 / 29
    一、捕诉一体模式下的办案质量提升 / 29
    二、捕诉一体模式下的办案效率提升 / 32

第二章 我国捕诉一体运行机制之必要性与正当性 / 35
  第一节 捕诉一体——新时代司法体制改革之必然选择 / 35
    一、新时代司法体制改革的核心内容 / 35

二、捕诉一体：司法体制改革的检察应对 / 41

第二节 捕诉一体——刑事诉讼权力结构之必然要求 / 44
  一、以审判为中心的刑事诉讼制度改革概述 / 45
  二、实质真实：配合机制的终极目的 / 47
  三、偏差矫正：制约机制的功能导向 / 51

第三节 捕诉一体——法律监督宪法定位之再强化 / 54
  一、捕诉一体的合法性证成 / 55
  二、监察体制改革后的刑事诉讼监督格局 / 58
  三、捕诉一体下的侦查监督 / 64

第四节 捕诉一体——诉讼经济原则之最优实现 / 68
  一、刑事司法成本的变与不变 / 68
  二、成本投入的路径优化：捕诉一体模式下的制度耦合 / 72

第三章　逮捕与逮捕权之基本范畴 / 77

第一节 逮捕之概念与价值功能 / 77
  一、逮捕的概念 / 77
  二、逮捕与拘留、羁押的关系 / 78
  三、逮捕的价值功能 / 80

第二节 逮捕权之基本内容 / 86
  一、提请批准逮捕权 / 86
  二、批准逮捕权 / 87
  三、决定逮捕权 / 88
  四、逮捕执行权 / 89
  五、逮捕撤销、变更权 / 90
  六、不批捕异议权 / 90
  七、逮捕救济权 / 90
  八、羁押必要性审查权 / 92

第三节　逮捕权之属性 / 93
　　一、逮捕权属性之争 / 94
　　二、对逮捕权属性各学说的述评 / 95
　　三、我们的主张 / 97

第四节　逮捕权之配置 / 104
　　一、逮捕权配置之争 / 104
　　二、我们的主张 / 109

第五节　逮捕之适用条件 / 117
　　一、逮捕适用的条件 / 117
　　二、逮捕条件之间的关系 / 122
　　三、逮捕适用的证明标准 / 124

第六节　逮捕权之行使 / 127
　　一、逮捕权行使的理念 / 127
　　二、逮捕权行使的方式 / 128
　　三、羁押必要性审查 / 130

第四章　公诉与公诉权之基本范畴 / 132

第一节　公诉之概念与价值功能 / 132
　　一、公诉的概念 / 132
　　二、公诉的价值 / 134

第二节　公诉权之基本内容 / 136
　　一、起诉权 / 137
　　二、公诉变更权 / 138
　　三、不起诉权 / 138
　　四、支持公诉权 / 140
　　五、抗诉权 / 140
　　六、公诉自行侦查权 / 141
　　七、量刑建议权 / 141

第三节　公诉权之属性 / 142
　　一、公诉权的法律监督属性 / 143
　　二、公诉权的诉权属性 / 145

第四节　公诉权之配置 / 147
　　一、从诉讼体系的不断完善看公诉权配置变化 / 147
　　二、原有配置在实体上延展的新内涵 / 149
　　三、多元化刑事诉讼体系下公诉程序适用模式 / 155
　　四、程序适用中的几个重点问题 / 156

第五节　公诉权之适用 / 159
　　一、起诉 / 159
　　二、不起诉 / 161
　　三、撤回起诉 / 165
　　四、撤销案件 / 166

第六节　公诉权之转型升级 / 167
　　一、工作理念的转型升级 / 167
　　二、工作模式的转型升级 / 169
　　三、队伍建设的转型升级 / 171

第五章　比较视野中的未决羁押与起诉制度研究 / 173
第一节　大陆法系中的未决羁押与起诉制度 / 173
　　一、法国 / 174
　　二、德国 / 177
　　三、日本 / 180

第二节　英美法系中的未决羁押与起诉制度 / 183
　　一、英国 / 183
　　二、美国 / 186

第三节　域外未决羁押与起诉制度之评析 / 189
　　一、未决羁押的运用受到严格限制 / 190

二、审查起诉环节的分流作用较为突出 / 194
三、检警关系：在合作与矛盾之间 / 197
四、对域外制度的若干思考 / 199

第四节 域外未决羁押与起诉制度之启示 / 202
　　一、适当缩减拘留后移送审查逮捕的期间 / 203
　　二、进一步完善审前听证制度 / 205
　　三、扩大公诉程序分流的力度 / 208
　　四、对"法院行使批捕权"观点的再反思 / 211

第六章　捕诉一体运行机制之实证分析 / 215

第一节 捕诉一体运行机制之办案组织配置 / 215
　　一、办案组织配置 / 215
　　二、受案分案规则 / 218

第二节 捕诉一体运行机制之办案基本概况 / 219
　　一、案件办理规程 / 219
　　二、基本经验做法 / 222

第三节 捕诉一体运行机制下落实少捕慎诉慎押刑事司法政策实证分析 / 224
　　一、审前羁押减少，少捕慎诉慎押效果凸显 / 225
　　二、捕诉一体运行机制下少捕慎诉慎押刑事司法政策强化之进路 / 229

第四节 捕诉一体运行机制下办案质量稳中有升 / 235
　　一、权责清晰明确，倒逼办案质量逐步提升 / 235
　　二、捕后引导侦查能力大幅上升，退查率下降，审前主导责任强化 / 239
　　三、认罪认罚案件增多，上诉率下降，助推认罪认罚从宽制度实施 / 243

第五节 捕诉一体运行机制下法律监督质效大幅提升 / 248
  一、立案、撤案监督案件上升，惩罚犯罪和保障人权相得益彰 / 248
  二、纠正违法上升，动态全程侦查监督趋于实质化 / 250

第六节 捕诉一体运行机制下办案效率明显提升 / 252
  一、捕诉思维融合，重复性审查工作减少，办案时间缩短 / 253
  二、助推繁简分流模式转型，简案进入批量、统一的快办轨道 / 256

第七节 捕诉一体运行机制下刑事案件"案－件比"的现实考察 / 262
  一、捕诉一体运行机制对降低刑事案件"案－件比"的正向效果与作用机理 / 262
  二、从"案－件比"审视捕诉一体运行机制下的办案问题 / 266

第七章 捕诉一体运行机制之问题与出路 / 275
  第一节 捕诉一体运行机制下司法公正之偏差与纠正 / 275
    一、捕诉一体运行机制下办案偏差 / 275
    二、捕诉一体运行机制下保障公正司法的路径 / 278
  第二节 捕诉一体运行机制下办案效率提升之障碍与突破 / 283
    一、捕诉一体运行机制承载提高司法效率的期待 / 283
    二、捕诉一体运行机制下制约办案效率提升的因素 / 284
    三、捕诉一体运行机制下如何进一步提高办案效率 / 286
  第三节 捕诉一体运行机制下侦查监督之问题与完善 / 289
    一、捕诉一体运行机制有利于侦查监督工作的加强 / 289
    二、捕诉一体运行机制下侦查监督工作的问题 / 292
    三、捕诉一体运行机制下如何做好侦查监督工作 / 293

第一章 导 论

第一节 捕诉一体运行机制改革之提出与争议

作为刑事检察工作的核心权能，批捕权和起诉权的配置形式和实践效果，不仅仅关系到检察机关内部的人员分工和机构设置，也深刻地影响着我国刑事诉讼的整体发展和司法机关的改革进路。捕诉一体①对于检察机关并非一个全新的概念，在恢复重建后40多年的发展进程中，无论是实践还是理论中都曾多次出现，但是其发展成一项相对成熟且具有现实意义的改革方案，则源于国家监察体制改革的推进。2017年底至2018年初检察机关反贪污贿赂、反渎职侵权职能机构人员的全面转隶，加速了检察机关和专家学者对检察权重构的思考与探索。

2018年初，实务界和理论界对检察权捕诉一体运行的讨论日益升温。1月，《法学家》刊发了龙宗智教授撰写的《检察机关内部机构及功能设置研究》，该文第五部分从内设机构改革、司法实践等角度对实行捕诉合一利弊进行了较为详细的分析。6月，《中国法律评论》微信公众号登载了最高人民检察院邓思清研究员撰写的《捕诉合一是中国司

---

① 与捕诉一体相类似的表述是"捕诉合一"。部分学者在同一范畴内使用两个概念，并未作明显区分。从语义上看，一般认为后者具有一定的过渡性、阶段性色彩，在当下内设机构改革均已完成的情况下，则称这一机制为捕诉一体更为妥当。本书一般使用捕诉一体的概念，在引用有关观点或进行相关分析时，有时也会使用"捕诉合一"的概念。

法体制下的合理选择》，该文从时代背景、现行制度、法律传统等层面阐明了捕诉合一的合理性，并简要指出了当前捕诉分离存在的若干问题。此外张建伟教授、陈瑞华教授等知名专家学者也先后通过不同途径对捕诉一体运行机制提出了各自观点与看法。

2018年7月25日，最高人民检察院举办的大检察官研讨班在深圳开班，捕诉一体改革方向首次得以明确。张军检察长讲话指出，要"重新组建专业化刑事办案机构，统一履行审查逮捕、审查起诉、补充侦查、出庭支持公诉、刑事诉讼监督等职能"①。各地检察机关和法学学者随即对捕诉合一制度进行了更加深入和全面的调研。2018年12月，最高人民检察院印发了《2018年—2022年检察改革工作规划》，明确规定要"构建符合司法规律、系统完备、科学规范、运行高效的检察机关内设机构体系"，并阐明要"按照案件类型组建专业化刑事办案机构，实行捕诉一体办案机制"。此后，全国范围的捕诉一体改革进入了快车道，各地检察机关迅速进行了内设机构改革和人员重新配置，并在刑事案件办理的配套机制，如统一业务系统运行、业务考核标准等方面进行了相应的调整。

尽管从时点的角度考察，国家监察体制改革是刑事检察权重新配置的重要驱动因素，但是通过全面分析则不难发现，此次改革所追求的，并非仅仅为实现权力运行模式的机械性调整，而是要在立足中国特色社会主义司法体制的基础上，通过对关键权力内容与行使主体的有机整合，实现刑事检察工作的实质优化。结合捕诉一体改革之前所实施的一系列对司法工作有着深远影响的改革，我们能够更加清晰地看到此次捕诉一体改革方案提出的必然性。因此在对这次改革开展系统性探究之前，有必要对该项改革提出的历史背景和改革之初的相关争议作简要梳理。

---

① 《大检察官研讨班开班，张军强调贯彻落实全面深化司法体制改革推进会部署 在转机中推动新时代检察工作新发展》，载《检察日报》2018年7月26日，第1版。

一、改革的历史背景

党的十八大提出要加快建设社会主义法治国家,在司法改革领域的顶层设计上先后作出了若干关键性的战略部署。2013年11月,党的十八届三中全会通过了《中共中央关于全面深化改革若干重大问题的决定》,在推进法治中国建设领域提出要"改革司法管理体制……建立符合职业特点的司法人员管理制度……优化司法职权配置"等目标。2014年10月,党的十八届四中全会通过了《中共中央关于全面推进依法治国若干重大问题的决定》,更进一步明确了上述目标的实现路径,特别强调要"改革司法机关人财物管理体制……推进以审判为中心的诉讼制度改革……实行办案质量终身负责制和错案责任倒查问责制……建立法官、检察官逐级遴选制度"等。2015年4月,中共中央办公厅、国务院办公厅印发了《关于贯彻落实党的十八届四中全会决定进一步深化司法体制和社会体制改革的实施方案》,将党的十八届四中全会提出的84项改革任务逐项明晰。此后,关于司法制度的多项重大改革以相当紧密的节奏不断落地。

2015年9月,经中央全面深化改革领导小组审议通过,最高人民法院、最高人民检察院先后下发了《关于完善人民法院司法责任制的若干意见》《关于完善人民检察院司法责任制的若干意见》,对办案组织形式、办案人员的职责权限、司法责任的认定和追究等内容作出了规定。2016年9月,十二届全国人大常委会第二十二次会议通过了《关于授权最高人民法院、最高人民检察院在部分地区开展刑事案件认罪认罚从宽制度试点工作的决定》,旨在"进一步落实宽严相济刑事政策,完善刑事诉讼程序……提高办理刑事案件的质量与效率"。2016年10月,最高人民法院、最高人民检察院、公安部、国家安全部、司法部印发了《关于推进以审判为中心的刑事诉讼制度改革的意见》,为扭转长期以来存在的以侦查为中心的司法倾向明确了有关工作原则,并再次指出要"推进案件繁简分流，优化司法资源配置"。随着时间的推进，为落实好上述改革任务，相关的配套改革举措也在不断完善。

2016年11月，国家监察体制改革的序幕正式拉开，中央办公厅印发了《关于在北京市、山西省、浙江省开展国家监察体制改革试点方案》，在部分地区部署设立监察委员会，相应地，检察机关的"两反"转隶工作也随之启动。2016年12月，十二届全国人大常委会第二十五次会议通过了《关于在北京市、山西省、浙江省开展国家监察体制改革试点工作的决定》。次年11月，十二届全国人大常委会第三十次会议表决通过了《关于在全国各地推开国家监察体制改革试点工作的决定》。2018年2月，全国31个省、自治区、直辖市均已设立各级监察委员会。

实践中，司法责任制改革、认罪认罚从宽制度改革、国家监察体制改革等多项改革都遵循着试点先行、总结完善、再全面铺开的渐进模式，尽可能降低相关制度在调整变革过程中的风险。通过对改革时间线的整理我们不难发现，改革的内容从最初涉及整个司法体制的根本性问题，然后逐步聚焦关键的司法领域，进而着眼于司法办案运行机制的调整。这一进程不仅在逻辑上符合改革的演进规律，也最大程度地考虑了我国司法工作的客观现实。从检察机关的角度而言，上述改革的顺利推行，在为规范司法行为、促进队伍专业化奠定坚实基础的同时，也为此后进一步深化改革提供了充分的保障。

二、改革的争议与回应

（一）改革的争议

由于捕诉一体的模式在当前域外的司法模式中比较罕见，与原有捕诉分离模式的检察权行使方式也有着较大的差别，其落地运行中还涉及内设机构改革、办案责任承担等诸多问题，因而在提出之初就引起了不少人的质疑。总的来看，对捕诉一体持反对态度的观点大体可以分为两种类型，一类观点主张批准逮捕权作为典型的司法审查权，本来就不应当由承担起诉职能的检察机关行使，该观点对捕诉一体的批判事实上是对批准逮捕权行使主体质疑的一种延伸。另一类观点对于检察机关行使批准逮捕权不持异议，认可捕诉分离模式的诉讼价值符合我国当前的司法实际，但是对于批准逮捕权和起诉权由同一办案主体负责这一情形，在案件质量控制、人权保障和内部监督缺失等方面表示了较为深刻的担忧。

其中，第一类观点由来已久，这也是部分学者主张将逮捕权从检察机关剥离的原因。"在任何法治社会，逮捕与公诉都必须是分离的，要分别由两个国家专门机关依法行使。"[1] 持这一观点的学者一般都认为，批准逮捕权作为限制人身自由的特殊权力，其行使必须遵循准司法裁判的方式，因而具有明显司法属性。同时起诉权则带有突出的行政权性质，检察机关代表国家对犯罪进行追诉，本质上是诉讼中的一方当事人，与批准逮捕权相比，其权力行使的方式和目的有着较大的差异。由于检察机关必须行使公诉权是不可动摇的前提，倘若实行捕诉一体，那么在强烈的追诉犯罪的立场下，要求检察机关保持逮捕过程中的客观中立无论是从理论上还是实践中都是不可能的。这种观点同时也认为，在逮捕权无法配置给审判机关的当下，由检察机关内部的特定部门专门行使可以看作是一种次优选择，至少能够在一定程度上保留批准逮捕的中立性，对侦查活动的质量起到一定的积极影响，甚至为今后审查逮捕深度司法化探索保留一定的可能。

第二类观点相对缓和，其认为经过多年的捕诉分离的实践完善，事实上已经形成了审查批捕和审查起诉两种较为完备且各具特点的司法活动运行模式，且能够在内部形成有效的制约和监督关系。捕诉分离事实上形成了一个层层递进的程序构造。在批捕环节，办案人员着重审查涉案行为是否构成犯罪、是否具有羁押的必要性等，并给予犯罪嫌疑人和

---

[1] 陈瑞华：《异哉，所谓"捕诉合一"者》，载 http：//baijiahao.baidu.com/s？id=1601732251417555349&wfr=spider&for=pc，2020年5月3日访问。

辩护人提供相对有效的辩护空间。上述情况既符合这一阶段的诉讼规律，也与较短的审查期限相适应。而在公诉环节由另一个司法主体进行审查判断，通过更加全面的审查精准认定罪名、案件事实以及各种量刑情节，通过退回补充侦查强化案件证据，能够减少由于前一个环节办案人员的认知局限造成误判而形成错案的概率。而在实行捕诉一体之后，相应的内部监督不复存在，被追诉方的有效辩护空间在一定程度上被压缩，起诉压力的增加会导致批捕绑架起诉的可能性增大，本来就较高的批捕率将存在更大的上升压力。

（二）对改革争议的回应

客观地说，任何一项制度本身都有其理论上的优势和风险，关键在于实践中是否能够尽可能发挥其制度效率，同时降低相关风险发生的可能性。从某一部分考察，捕诉一体和捕诉分离自然各有优劣，不过作为一项改革决策，必须站在全局的角度，结合当前的实际作系统的比较分析。笔者认为，上述若干观点都有其各自立论的依据，且一定程度上反映出此前刑事检察工作的成就与不足，但是对捕诉一体可能引发某些特定风险的担忧并无必要。在此仅对上述主要几种质疑观点进行简要回应。

首先，关于批捕权和公诉权的属性差异问题。笔者认为，批捕权在形式上属于司法审查性质并无太大争议，我国的检察机关在宪法中的定位即是法律监督机关，由作为专门法律监督机关的检察机关行使逮捕权并无任何不妥之处。至于公诉权属于何种性质的权力则存在不同的看法，有学者认为："公诉权是一种刑事追诉权，即由一个法定的专门机关代表国家对涉嫌犯罪的被告人提起刑事追诉，以实现对犯罪人的应有惩罚，维护（并恢复）被犯罪所侵害的权益或秩序。因此，公诉权在性质上属于一种行政权。"[①] 也有学者认为："审查批准逮捕和提起公诉之

---

① 沈海平：《捕诉关系的辩证思考》，载《国家检察官学院学报》2018年第4期。

前的审查起诉,都具有司法(审查)性质,并无司法属性与行政属性之别,这两项审查活动,都在侦查过程中有把关作用,检察官在审查过程中的角色带有中立性,需要认真贯彻客观义务。"① 有学者则认为:"公诉权是基于分权制衡的思想,伴随着'控诉原则'的确立而从司法权中分离出来的,肩负着制衡法官审判权和控制警察侦查权的双重使命",是"一种独立的权力形态"②。

事实上,从我国公诉权运行的实践来看,不宜简单地将公诉权界定为行政权,尽管通常情况下,公诉权的行使大多追求实现法官对犯罪行为的认定并判处一定的刑罚,但不过是因为经过立案、侦查终结的过滤机制,处在审查起诉阶段的案件大多数具备了追诉的条件,并不意味公诉权能和权力行使主体立场的单一。在我国,公诉权也包括对未达到起诉标准的案件不起诉或者在特殊情形下变更起诉。其中,不起诉权的行使毫无疑问与法院判决一样对案件有着程序和实体上的双重意义。即便是从权力运行的外观上考察,审查批捕与审查起诉活动也高度相似,都需要办案主体对案卷内容进行客观审查,犯罪嫌疑人和辩护人都有权向办案主体提出意见。即便是近年来较为常见的"公开听证"模式也并非只能适用在批捕阶段,越来越多的检察机关也通过公开听证的方式确保审查起诉阶段所作决定公开透明、保障当事人的合法权利。③ 可见,在我国的司法制度中,公诉权的司法属性极其鲜明。因此,基于两种权力性质存在差异而反对捕诉一体的理由并不充分。

其次,关于捕诉一体模式下的内部监督缺乏问题。笔者并不否认,相较于捕诉分离,捕诉一体的确弱化了递进式的案件质量检验功能。但就司法办案而言,任何时候内部监督并非确保案件质量的主要依托,而

---

① 张建伟:《"捕诉合一"的改革是一项危险的抉择?——检察机关"捕诉合一"之利弊分析》,载《中国刑事法杂志》2018年第4期。
② 周长军:《公诉权滥用论》,载《法学家》2011年第3期。
③ 吴晓、陈晓丽:《一场特殊的案件诉讼式审查公开听证会》,载正义网2019年7月15日,http://www.jcrb.com/FYFZ/FY/jx/201907/t20190715_2023914.html。

是防范办案风险的一种补强。这一观点主要关心两种情形：一是对于已逮捕的案件未达到起诉标准，办案主体为了避免司法责任追究而起诉的风险。二是由于办案人员可能面临巨大追诉犯罪的压力，将批准逮捕作为确保侦查机关取证优势的工具，从而导致决定将不符合逮捕条件的案件予以批捕的风险。①

在第一种情形下，由于以审判为中心的刑事诉讼制度改革的推进，审判活动的规范化和标准化将使提起公诉的案件经受严格的检验，将存在严重质量问题的案件起诉并不会导致办案责任转移或消失的结果，有时甚至恰恰相反。对于第二种情况，随着司法改革的不断深化，办案活动的规范化和人员的专业化已经有了显著的进步，办案质量的重要性已经深入人心，很难想象作为独立主体的检察人员仅为了保障侦查取证工作的开展而付出自己的职业前途、职业声誉代价。事实上，司法责任制改革的功能之一就是要通过责任倒逼的方式，将对司法人员的压力传导至侦查机关，扭转侦查活动中存在的不适应现代法治理念的消极成分。再者，从事后监督的角度看，愈加科学化的案件评查机制也能够对检察机关办案人员的司法行为形成一定约束。此外，办案人员在对已批捕的案件进行审查起诉时，证据的结构和内容通常会发生变化，仍然需要全面审查证据，而不会因为已经作出逮捕决定而轻率作出起诉决定，办案人员仍然需要进行自我检验，尽管这一检验的效果从理论上低于由另一主体独立实施。退一步说，只要严格遵守办案规范，捕后不诉的案件也并非一定是需要追责的错案，该机制反而可以促使办案人员从第一阶段就严格进行审查。可见，在当前的司法环境中，相较于其他机制对办案

---

① 实践中当然也会发生应捕而不捕，不捕后应诉而不诉或应不诉而诉的风险，以及批捕之后应起诉而未起诉的风险，但这并非内部监督所能控制的问题。对于不批捕的案件，无论是在捕诉分离还是在捕诉一体的模式下，无论是作出起诉还是不起诉的决定，办案人员都无须面对来自批捕阶段的压力。而对于已批捕的案件，在作出不起诉的决定前，承办人虽然既要面对来自司法责任追究的压力，还要接受检务公开后的外部监督，但在大多数地区由检察长决定，提升了质量控制的水平，故该风险实际上相当低。

质量控制的增强，内部监督缺乏的影响事实上微乎其微。

再次，关于捕诉分工的专业化消解问题。在2000年后十余年检察机关捕诉分离的工作模式下，由于两种职能在目标、价值、程序等方面存在一定差异，各自形成了不同的专业化办案方式和特点。例如批捕办案人员更关注办案的效率，注重与侦查机关的沟通机制，提前介入的频率较高，开展立案监督、侦查活动监督的效果较好，公诉工作则需要对案件进行全面细致审查，办案人员因而更加重视非法证据排除，在罪名认定和量刑建议方面的专业素养要求更高，重视对审判活动的监督。在捕诉一体实施之初，部分原办理批捕案件的检察官的确有可能未能及时达到公诉工作的要求，在审查起诉过程中出现认定罪名不当等问题，或者一些原办理公诉案件的人员因过于谨慎，人为拔高批准逮捕的门槛，因而未能对犯罪嫌疑人准确适用强制措施。但是上述现象即使存在，也只会在捕诉一体实施后办案人员适应新机制的较短时间内存在，关于捕诉不同阶段的思维转换能力很快将随着人员交流和办案经验的增加而得以养成，办案人员的视野因而能够更加开拓，以达到一种更加全面的专业化水准。毕竟批捕和起诉工作所遵循的基本的司法规律仍有着较大的共性。退一步说，即使上述问题发生了，相关制度也能够予以有效控制。例如对于检察机关不捕的案件，侦查机关可以要求复议、复核，对于不起诉以及重大案件的起诉，多数地区由检察长决定，本身就提升了质量控制的水平。为进一步做好捕诉一体落地初期可能发生的因专业化不足导致的风险，各地还可以通过设置检察官办案组，临时性加强内部管理等方式进行防范，因而无须过分担心。

最后，关于犯罪嫌疑人权利保障的问题。对实施捕诉一体后犯罪嫌疑人权利缺乏保障的担忧，某种程度上同样来自于对办案人员立场的不信任。例如认为由于控辩对抗的因素，审查起诉阶段的辩护效果不尽如人意，捕诉分离的情形下，在审查批捕阶段能够有一次独立性较强的辩护机会，但是捕诉一体后，这一机会消失殆尽，大大影响了审前的辩护效果。这一观点的问题在于假设办案人以公诉人的角色贯穿整个刑事诉讼过程，默认批捕阶段服务于审查起诉阶段。但无论是在法律规定还是司法实践中，这两个阶段仍然是互相独立的，仍然保留着各自独立的诉讼价值，不存在谁被谁吸收的问题，日益专业化的办案人员显然能够在审查批捕和审查起诉两个不同的阶段履行不同的职责。

事实上，一起案件是否需要批捕、是否要追诉，根本在于案件本身，而非预设的办案人员的立场。审查批捕阶段先于审查起诉阶段，犯罪嫌疑人及其辩护人完全可以照常进行辩护，没有必要因尚未进入的后一阶段而心存疑虑。程序上的权利保障并不会也不可能因承办人的个人意愿而有所缩水。在司法责任制的背景下，这一假设显然将办案人员视为非理性人，因为任何一位理性的办案人，都不可能在承担终身司法责任的前提下，违背客观义务为自身设定一个单向立场。因此，有效辩护不足而可能引发批捕率上升的担忧并无太大必要。如前所述，在严格的责任制约下，办案人员同样有可能将批捕的标准不当提升，导致应捕而未捕的情形发生。而从改革后某些地区的办案数据上显示，大部分地区的批捕率并没有明显变化，部分地区还呈现出下降的趋势。当然，相较于审判阶段，审查逮捕、审查起诉阶段的有效辩护相对弱一些，这是现阶段的实际，但这种状况非捕诉一体所致，也不会因捕诉一体而加剧。强化审查逮捕、审查起诉阶段的有效辩护则是另外一个课题。

第二节 检察机关恢复重建以来逮捕权与公诉权配置之历史沿革

自20世纪70年代末恢复重建以来，检察机关经历了多次改革，检察权的权能及其配置形式不断调整完善，并随之产生了丰富的理论和实践成果。可以认为，40多年来的检察史就是一部检察机关不断自我革新、自我创造的历史。在历次检察改革的权力重构中,关于逮捕权与公诉权的配置问题,始终都是检察改革的重要内容。从权力运行的模式角度考察,批捕权、公诉权从重建之初的由单一部门(刑事检察部门)行使,到后来因强调内部监督制约而由不同部门分别行使,再到现阶段的捕诉一体,经历了由合到分再到合的过程。但是,此"合"非彼"合",即便在并不短暂的"分离"模式进程中,检察机关也并未对"合一"模式完全地否定和放弃。在权力配置相似的表象中,我们必须清晰地看到不同时代检察权运行侧重点的差别,更深层次地认识到不同时期权力设置的必然性,从而避免在割裂历史的前提下片面地判断制度的优劣。

一、司法改革前的批捕权与公诉权配置(1978年—1996年)

(一)恢复重建时期(1978年—1982年)

1978年,最高人民检察院恢复重建,设置了刑事检察厅、信访厅等机构,次年7月1日第五届全国人民代表大会第二次会议通过的《人民检察院组织法》(以下简称79年《组织法》)第20条明确规定,最高人民检察院设置刑事、法纪、监所、经济等检察厅,地方各级人民检察院和专门人民检察院可以设置相应的业务机构。在这一时期,各级检察机关内设机构的设置基本保持一致,在截至1999年检察系统机构改革之前的近20年时间内,检察机关的批捕权和起诉权基本上由刑事检察部门行使,在部门层面确保了刑事诉讼检察权的一体化行使。需要指出的是,该法首次以专条文本的形式规定了人民检察院是国家的法律监督机关。这一重要定位被随后制定的《宪法》吸收,1982年,第五届全国人民代表大会第五次会议通过了新《宪法》,其第129条正式确立了人民检察院是国家法律监督机关的宪法地位。

1979年经第五届全国人民代表大会第二次会议通过的《刑事诉讼法》(以下简称79年《刑事诉讼法》) 第39条至第41条、第44条至第52条对批准逮捕的主体、逮捕的适用条件以及提请逮捕、审查逮捕的程序及期限等内容作出了具体规定。其中，公安机关对于需要逮捕的案件，最长需在拘留的7日以内提请检察院审查批捕，而检察机关则需要在接到提请批捕书的3日以内作出决定。考虑到该时期的发案数量和犯罪复杂情况，上述关于办案期限的规定并不苛刻。第52条则对侦查监督的内容作出了规定："人民检察院在审查批准逮捕工作中，如果发现公安机关的侦查活动有违法情况，应当通知公安机关予以纠正，公安机关应当将纠正情况通知人民检察院。"从文本上考察，此时的侦查监督仅指侦查活动监督而未将立案监督涵盖在内。从第44条规定"对于需要逮捕而证据不足的，可以取保候审或者监视居住"等条文的内容以及系列关于"人犯"的概念使用不难看出，这一阶段的刑事法律，没有实现无罪推定。

该法第95条至第104条对检察机关办理审查起诉案件的有关事项进行了规定，包括审查内容、作出相关决定的期限、提起公诉的条件、补充侦查以及自行侦查等。不过上述规定的内容较为单薄，对于改变管辖的情形、补充侦查的次数等内容并未作出详细说明。需要注意的是，这一时期的公诉权还包含了免予起诉权，根据第101条的规定，免予起诉的条件是依照刑法不需要判处刑罚和免除刑罚两种情况。上述规定的内容显然包含了有罪的情形，因而一般认为，此时的检察机关拥有部分定罪权。

为配合当时《刑法》《刑事诉讼法》《人民检察院组织法》的实施，1980年7月，最高人民检察院检察委员会通过了《人民检察院刑事检察工作试行细则》。除在《刑事诉讼法》的基础上对相关诉讼流程进行了细化外，第五章专门对侦查活动和审判活动监督的对象、手段、程序进行了详细规定，同时也对办案制度进行了说明。第六章明确了检察机关办理批捕、起诉案件，实行"专人审查、集体讨论、检察长决定"的制度，从批捕到起诉、出庭公诉程序中形成的材料，是"按照一案一卷的原则，立卷归档"。我们不难发现，批捕、起诉作为刑事检察工作的两个有机组成部分，在当时"打击敌人、惩罚犯罪、保护人民、维护社会治安"的目标导向下，其相互联系的向心力远胜于因不同诉讼价值追求而可能产生的离心力。

尽管上述法律和试行细则规定相对粗糙，但是仍然在恢复重建这一关键历史时点构建了刑事检察工作的基本框架，对于检察工作初期的发展具有重要意义。① 在此之后，相对规范的刑事检察工作模式逐渐成形，为后期的检察实践和改革积累了宝贵的经验。这一时期的检察机关，实行的是形式上的捕诉合一，然而囿于特定时代的社会环境和司法理念，同时也缺乏相关配套制度的支撑，其在实践中更关注的是对犯罪的惩戒和威慑，而对监督效能和案件质量本身重视不足。

（二）检察制度初步探索时期（1983年—1996年）

由于79年《组织法》的规定关于内设机构改革的限制较为严格，并不适应当时外部改革环境和政治经济形势的变化。1983年六届全国人大常委会第二次会议修订《人民检察院组织法》时将第20条改为"最高人民检察院根据需要，设立若干检察厅和其他业务机构。地方各级人民检察院可以分别设立相应的检察处、科和其他业务机构"（1986年《人民检察院组织法》修改时保留这一表述方式）。这一相对灵活的规定，并未限定内设机构的名称和职能，为此后20年检察机关改革的顺利实施保留了较大调整空间。当然也有学者认为这同时也导致相当一段

---

① 除前述提到的有关侦查监督的内容之外，"人民检察院可以派人参加公安机关对于重大案件的讨论"的规定为后期的提前介入侦查等制度的建立和完善奠定了法律基础。

时间检察机关内部机构设置的不稳定和不规范。[①] 总体来看，这一时期的检察机关，捕、诉权力的基本配置方式并无变化，仍然由刑事检察部门负责这两项主要的刑事诉讼权力。关于批捕、起诉以及诉讼法律监督职能的探索，主要体现在各级检察机关的实践中，而1983年开始的"严打"，则为两项职能的紧密联系提出了更加紧迫的要求。

需要注意的是，1994年八届全国人大常委会第七次会议通过的《国家赔偿法》，为督促司法机关正确履职起到了积极作用。公民在特定情形下获得国家赔偿是一项重要的宪法性权利，能够有效降低国家机关和国家工作人员不当运用权力的风险。在刑事诉讼领域，除因错误判决外，强制措施和侦查手段的滥用也极易对人身权和财产权造成严重的侵害。以刑事检察工作为例，逮捕作为严重约束人身自由的强制措施，其启动与否完全取决于检察办案人员的审查，如果缺少当事人受侵害后救济的途径，潜在的错捕风险就可能很难引起办案人员的重视。1994年《国家赔偿法》明确规定了检察机关及其工作人员在行使职权时，存在所规定的侵犯公民人身权和财产权的具体情形，受害人有取得赔偿的权利，[②] 但是对赔偿范围的规定并不明晰，例如在错捕方面，仅规定"对没有犯罪事实的人错误逮捕"的，受害人有取得赔偿的权利。

1996年第八届全国人民代表大会第四次会议对《刑事诉讼法》进行了修改，相比于79年《刑事诉讼法》，此次修改无论是在立法原则还是具体内容上都有着极大的进步。就捕、诉领域而言，该法在第87条增加规定了检察机关立案监督的职权，实现了检察机关对刑事诉讼程序监督的全覆盖。第140条、第142条分别规定了证据不足不起诉、无罪不起诉以及罪轻不起诉等三种情形，同时取消了检察机关的免予起诉

---

① 朱孝清、张智辉：《检察学》，中国检察出版社2010年版，第281页。
② 该法第15条规定："行使侦查、检察、审判、监狱管理职权的机关及其工作人员在行使职权时有下列侵犯人身权情形之一的，受害人有取得赔偿的权利：……（二）对没有犯罪事实的人错误逮捕的；……"同时第19条规定了："……作出逮捕决定的机关为赔偿义务机关……"

权,确保了公诉权权能的科学合理。当然部分内容仍存在继续完善的空间,例如规定对于补充侦查后仍然认为证据不足,不符合起诉条件的,"可以"(而非应当)作出不起诉决定,尽管如此,这仍然是刑事立法从"疑罪从有、从轻"到"疑罪从无"迈出的关键一步,对批捕、起诉工作的导向产生了积极影响。刑事诉讼法的本次修改为检察机关在随后迎来的司法改革构建更加完备的刑事检察工作框架奠定了基础。

二、两次司法改革中逮捕权与公诉权配置(1997年—2013年)

(一)第一次司法改革时期(1997年—2007年)

党的十五大报告提出了推进司法改革的要求,明确指出要"从制度上保证司法机关依法独立行使审判权、检察权"。这意味着检察机关的运行模式即将进行深度调整。为贯彻落实司法改革的目标,2000年1月,最高人民检察院第九届检察委员会第五十二次会议审议通过了《检察改革三年实施意见》,明确要"改革检察官办案机制、全面建立主诉、主办检察官办案责任制,改革检察机关内、外部监督制约机制"。特别提出"根据业务归口的原则,进一步调整检察机关业务部门的职责范围"。从捕、诉权力配置的角度上说,这一阶段刑事检察改革的重点内容是,因强调内部监督而推行的机构改革和因强调司法责任、专业化建设而试行的主诉检察官制度。

1999年,最高人民检察院原刑事检察厅的相应职权分别由审查批捕厅和审查起诉厅负责,在随后开展的机构改革中,上述两个部门分别更名为侦查监督厅和公诉厅。2001年至2002年间,省、市、县三级检察机关先后进行内设机构改革,其中大多数省一级检察院内设机构与最高人民检察院相对应,各市、县级检察院根据各地情况的不同,内设机构有5至15个不等,相应地设置了侦查监督处(科)和公诉处(科)。由此,检察机关进入了长达十余年的"捕诉分离"时代。

笔者认为，此时捕诉职能的由合到分，确有其特定的历史意义。随着经济发展和各类犯罪行为的复杂化，司法机关的办案质量和司法公信力逐渐引起社会的广泛关注。1999年3月，第九届全国人民代表大会第二次会议将"实行依法治国，建设社会主义法治国家"写入宪法，标志着国家治理的重点由"法制"转向"法治"。因而对司法权力规范运行重视程度的增加也成为题中之义。

检察机关拥有着职务犯罪侦查权以及全面的刑事诉讼和执行监督权，如何强化对检察权运行的监督成为法治建设的重要方面。早在1998年10月，最高人民检察院《关于完善人民检察院侦查工作内部制约机制的若干规定》就围绕侦查工作建立了较为细致的内部监督模式，规定了职务犯罪案件的举报、查处、审查逮捕、审查起诉、控告申诉等环节相互衔接和制约机制。捕诉分离后，最高人民检察院持续出台的一系列文件也能够说明这一改革思路。例如2003年10月发布的《关于人民检察院直接受理侦查案件实行人民监督员制度的规定（试行）》，为检察权的规范行使引入了一套具有中国特色的外部监督机制。再比如2003年12月最高人民检察院第十届检察委员会第十六次会议通过的《关于人民检察院办理直接受理立案侦查案件实行内部制约的若干规定》，进一步明确了检察机关对相关职务犯罪案件的受理、立案侦查、审查逮捕、审查起诉等工作由不同内设机构承办，实行分工负责、互相配合、互相制约，并明确了有关领导分工、备案审查、请示报告制度等内容。

事实上，不难看出，最初关于强化对检察权监督的主要动力来自于对检察机关侦查权行使风险的担忧，捕诉分离本身能够将一次监督裂变为两次，从而更好地实现对侦查权的制约，降低发生错案的概率。另外，通过制度的逐步完善，捕诉分离事实上也发挥着制约职务犯罪侦查活动之外的价值。由两个不同的审查主体在不同阶段对同一起案件进行审查，一定程度上能够矫正单一主体在办案过程中可能存在的认知偏差，以确保案件在检察环节，特别是公诉环节的质量。

与《检察改革三年实施意见》同时通过实施的《关于在审查起诉部门全面推行主诉检察官办案责任制的工作方案》，在促进检察队伍专业化发展，落实司法责任方面发挥了重要作用。该方案对主诉检察官的选任、职责和考核作出了详细规定。例如规定了检察机关按照办案数和人员结构合理确定主诉检察官岗位数、选任程序（包括由省级检察院组织的书面考试和由分州市级以上检察院组织实施的能力测试）、在检察长的领导下独立承办案件（对于拟作不起诉、决定抗诉等事项报请检察长决定）等内容，可视为是后来检察官遴选、检察官权力清单等制度的雏形。此外，随着《检察官法》的修订和司法考试制度的确立，针对检察官的选任和晋升构建了一套科学明确的标准，检察队伍专业化建设进入了快车道。

值得注意的是，最高人民检察院随后出台的方案将主诉检察官制度延伸至民事行政检察部门、侦查部门（称之为"主办检察官"），但并未在侦查监督部门推行。这一差异某种程度上源于批捕与起诉工作重点的不同，当然也凸显出顶层设计在捕诉分离后对两者专业化进路上的区别对待。在此后一段时间内，公诉工作成为检察机关重点建设的领域，最高人民检察院先后发布了《关于进一步加强公诉工作的决定》（2002年9月）、《关于进一步加强公诉工作强化法律监督的意见》（2005年6月），要求"加强规范化、制度化建设，提高公诉工作整体水平"等，对公诉工作提出了"强化诉讼监督、维护司法公正"的要求，也即要加强对侦查活动监督、审查活动监督、强化职务犯罪内部制约和监督等。实践中，相较于职能较为单一的侦查监督部门，具备更多监督手段和更广泛监督事项的公诉部门确实也承担着更大的办案压力和监督压力。

尽管如此，基于对办案质量的逐渐重视，侦查监督工作和审查起诉工作在对侦查活动的质量控制方面仍有着共同的目标导向。"引导（介入）侦查"和"强化侦查监督"成为一段时间内反复强调的工作。侦查监督部门和公诉部门各自发挥着专业化的优势，在一大批重大疑难复杂案件的侦办过程中向相关部门提出了关键建议，明确取证方向，提升了办案质量和办案效率。2005年，最高人民检察院印发了《关于进一步深化检察改革的三年实施意见》，提出了要改革和完善对诉讼活动的法律监督制度、完善检察机关接受监督和内部制约制度、创新检察工作机制等内容，例如要建立健全"两法衔接"机制（后由侦查监督部门负责），强调要通过规范介入侦查的范围、方式和程序，健全审查逮捕中讯问犯罪嫌疑人制度等措施深化审查逮捕方式的改革，以及通过继续推进主诉检察官办案责任制，探索公诉部门引导取证的工作机制，进一步完善被告人认罪案件通过程序简化审理等措施从而深化公诉方式改革。2006年最高人民检察院发布的《关于在审查逮捕和审查起诉工作中加强证据审查的若干意见》，则在一定程度上统一了刑检工作的两项核心工作标准，围绕排除非法证据、补强瑕疵证据、纠正违法取证等方面提出了多项要求。

（二）第二次司法改革时期（2008年—2013年）

在第一次司法改革取得积极成果的基础上，党的十七大提出了要深化司法体制改革，优化司法职权配置等要求。本轮改革的整体方向并无大的调整，其中捕诉关系仍然维持大体分立的格局，并沿着各自诉讼构造路径发挥着重要作用。随着社会经济的发展和人员专业化程度的提升，各地检察机关在严格落实党中央、最高人民检察院关于改革的各项要求的同时，也在改革框架内探索新的检察工作模式。

关于内部监督的强化，在大体维持原有内设机构改革分工的基础上，在职务犯罪侦查方面更加严格。最高人民检察院于2009年9月印发了《关于省级以下人民检察院立案侦查的案件由上一级人民检察院审查决定逮捕的规定（试行）》，调整了职务犯罪案件逮捕决定权的主体，规定了职务犯罪案件的逮捕决定权上提一级，以强化对职务犯罪侦查权的制约。2013年9月又印发了《关于切实履行检察职能防止和纠正冤假错案的若干意见》，再次强调要把好审查逮捕和审查起诉关，注重证据的综合审查和运用，认真听取辩护律师意见以及依法排除非法证据等。

随着检察实践的深入，一方面，在整体捕诉分离的模式下，在部分检察工作领域以及部分地区衍生出了新的捕诉运行机制。例如基于办理未成年人案件的特殊性，2012年最高人民检察院印发了《关于进一步加强未成年人刑事检察工作的决定》，明确要求设立未成年人检察独立机构的检察院，一般应当实行捕、诉、监（法律监督）、防（犯罪预防）一体化的办案模式。两年后又印发了《关于进一步加强未成年人刑事检察工作的通知》，再次强调要按照上述模式，逐步完善相关的业务流程和制度，为司法办案实践提供了有益的参考。另一方面，基于对监督职能效果的重新审视，部分地区试行了诉讼与监督职能相分离模式。具体是将部分检察机关原侦查监督部门，分解为承担立案监督、侦查活动监督以及两法衔接职能的侦查监督部门和负责审查批捕（以及批准延长羁押期限）的批捕部门，将原公诉部门分解为只负责办理审查起诉、出庭公诉案件的公诉部门和负责刑事审判活动监督的审判监督部门。[①] 而对于规模较小的基层检察机关，则将内设机构整合为批捕公诉部、诉讼监督部等（其余的内设机构则包括职务犯罪侦查部、案件管理部、综合管理部等）。

这一时期相关法律的修改也为刑事检察工作提出了新的要求。2012年《刑事诉讼法》再次修改，与刑事检察工作相关的主要体现在改革完善了辩护制度以及证据制度，对逮捕的条件进行了修改等。其中，非法证据排除规则的确立，对强化审查逮捕、审查起诉工作，降低刑讯逼供风险，倒逼侦查质量提升有着重要意义；对逮捕范围调整后，三类逮捕的情形较之前的规定更加明确和具体，为进一步规范强制措施使用提供了保障。此外，《国家赔偿法》先后在2010年和2012年进行了修改完善，其中细化了错捕情形下公民有权申请赔偿的条件和程序，在保障公

[①] 敬大力：《检察实践论》（上册），中国检察出版社2015年版，第610-611页。

民合法权益,提升司法公信力方面起到了积极作用。

应当说,两次司法改革立足于特定的历史现实进行了多项卓有成效的实践,为推动司法现代化发挥了积极的作用,并且为后续的改革提供了宝贵的经验和样本。新一轮的司法改革得以在一个相对完备的框架下做出更加深入的探索,作为体制层面的司法责任制改革、员额制改革以及作为机制层面的捕诉一体改革就此逐步展开。具体内容在第二章第一节中详细阐述。

第三节 捕诉一体运行机制之基本内涵

关于捕诉一体的概念,不同的学者曾先后作出了概括,总体来说差异不大。例如,有观点认为捕诉一体是指"检察机关对本院管辖的同一刑事案件的适时介入、审查逮捕、延长羁押期限审查、审查起诉、诉讼监督等办案工作,原则上由同一办案部门的同一承办检察官办理的工作模式"[1]。也有观点认为,捕诉一体是指"检察机关的员额检察官或办案组织全面负责办理,集中行使对公诉案件的审查批捕权和公诉权"[2]。还有观点认为捕诉一体"从检察职权配置的角度而言,是指将内设的审查批捕部门与公诉部门进行整合,使得同一案件的审查逮捕、审查起诉、提起公诉和出庭支持公诉等由同一个检察官或检察官办案组办理,遵循着'谁批捕、谁起诉、谁出庭支持公诉'的运行原则,具有主体合一、权力合一、部门合一等合一特征,以实现捕诉职能整合优化、人员与案件的统一调配及管理"[3]。

---

[1] 叶青:《关于捕诉一体办案机制的理论反思与实践价值》,载《中国刑事法杂志》2018年第4期。

[2] 洪浩:《我国捕诉合一模式的正当性及其限度》,载《中国刑事法杂志》2018年第4期。

[3] 步洋洋:《除魅与重构,捕诉合一的辩证思考》,载《东方法学》2018年第6期。

笔者认为，上述观点大体均围绕审查批捕和审查起诉以及与之相关联的职能进行阐述，基本上囊括了捕诉一体最主要的特征，但由于大多是改革落地前进行的学术探讨，各有侧重但并不全面。根据2018年12月中办印发的《最高人民检察院职能配置、内设机构和人员编制规定》的有关内容，捕诉一体办案机制是由同一刑事办案机构专门负责办理一类或几类刑事案件，由同一办案组或检察官全过程负责同一刑事案件的审查逮捕、审查起诉、出庭公诉、抗诉、侦查监督、审判监督和相关案件的补充侦查工作。2019年12月最高人民检察院第十三届检察委员会第二十八次会议通过修订后的《人民检察院刑事诉讼规则》，其第8条第1款明确了捕诉一体运行原则："对同一刑事案件的审查逮捕、审查起诉，出庭支持公诉和立案监督、侦查监督、审判监督等工作，由同一检察官或者检察官办案组负责，但是审查逮捕、审查起诉由不同人民检察院管辖，或者依照法律、有关规定应当另行指派检察官或者检察官办案组办理的除外。"

因此，理解捕诉一体运行机制，可以从两个层面进行把握。一是就办案基本单元①而言，同一办案主体（检察官办案组或者独任检察官）负责同一案件的审查逮捕、审查起诉、出庭公诉以及与之相关的法律监督工作、补充侦查等工作。二是就办案管理单元而言，同一刑事办案机构负责某一类或几类刑事案件的办理。大多数学者围绕前者的部分内容展开了大量研究，但是对于捕诉一体在内设机构改革层面的分工关注不多。

一、办案主体一体化：捕诉一体的核心意蕴

主体一体化意指原分别承担审查批捕、审查起诉职能的不同办案主

---

① 笔者此处所谓的办案基本单元，是相对于内设机构这一办案管理单元而言的，是直接行使办案权力，承担办案责任的主体。

体合并为同一类型职能办案主体——捕诉办案主体,其自然也就意味着相关的权力由合一后的主体统一行使。在刑事诉讼领域,司法机制的任何一个细小的调整都必须符合司法规律,对于检察权力配置这一重大问题,则更需要从司法实践的全局进行把握。捕诉一体改革,是在司法责任制改革基础上,结合新时代检察工作面临的现实需要作出的重大改革,因而要认识到这一改革不仅涉及捕诉权力的整合,也要明确这一整合必须是建立在司法亲历性之上。

(一)建立在司法亲历性之上的办案主体一体化

办案主体责任的承担,来源于其权力的行使,而其权力的行使,则毫无疑问必须建立在办案主体的亲历性之上。这是由司法活动的性质所决定的。司法亲历性无法通过任何媒介予以复制和传递,只能由办案主体以个别的方式形成。对此,龙宗智教授的论述极为经典:"司法权最重要的特征是判断权,而这种判断,是司法官对涉案事实与法律适用的判别和确认。如果说表达意志与作出决定,可以依循集合管道,采用集体决定或指令方式,而判断只能基于个体的理性,体现个体的差别,因此须以个体在精神上独立的方式作出。"[①] 司法亲历性的意义在于,建立司法官对证据的直接感知,尽可能消除信息传递过程中导致的法律事实失真。不同于审判活动中法官的亲历性通常在一个连续的时空中形成,捕诉一体模式下的检察官,其亲历性具有明显的阶段特征,因而对司法权力的有效行使提出了不同的要求。

处在审查批捕阶段的检察官,需审查是否有犯罪事实发生以及犯罪嫌疑人是否具有羁押的必要性。检察官需要通过阅卷,有时则需要通过讯问犯罪嫌疑人,听取辩护律师意见、与侦查机关沟通的方式确保其作出决定的依据建立在相对全面的信息的基础上。处在审查起诉阶段的检察官,对案件主要事实已经有较为清晰的认知,其主要关注捕后或不捕

---

① 龙宗智:《检察官办案责任制相关问题研究》,载《中国法学》2015年第1期。

后事实、证据的变化情况，通过讯问犯罪嫌疑人，以及了解辩护人更为完整的辩护意见验证其对案件的把握是否准确，必要时通过退回补充侦查以及自行补充侦查的方式完善证据结构。由于侦查活动本身的发展规律，案件在不同阶段呈现出的事实不一定完全一致，因证据不足未批捕的案件可能因后期证据的补强而达到起诉的标准，以某一罪名批捕的案件也可能因事实、证据的更加全面而导致审查起诉阶段罪数和罪名认定的变化，检察官须得时刻保持客观公正立场。可见，捕诉阶段不同的诉讼目的、证据形态，使得检察官的亲历性在矫正认知偏差、保证办案质量方面有着重要意义。需要强调的是，正是司法责任制改革从真正意义上实现了"谁办案谁负责，谁决定谁负责"，给予了司法人员的亲历性以充分保证，捕诉一体才有实现的坚实基础。

当然，对司法亲历性的尊重，并非抛弃司法民主原则，一个完备的司法体制一定离不开对司法民主的坚持，正如检察委员会制度、人民监督员制度仍然是检察制度的重要组成部分。但是在实现司法民主的过程中，必须有着司法亲历性的有力支撑。例如由检察委员会讨论决定重大案件时，在严格的议事审查规程的要求下，承办检察官须得毫无保留地如实陈述案件的全部事实证据，检察委员会才能够集体作出妥当的决策。正是因为如此，从责任分担的角度两者仍有不同，即检察官对事实和证据负责，检察委员会对决定的事项负责。

（二）捕诉权力的重新配置

捕诉一体关键是将批捕职能和公诉职能以及相应的刑事诉讼监督等职能配置给同一办案主体，而刑事诉讼监督等职能在实践中仍然紧密围绕着批捕权和公诉权两个核心权能展开。事实上，有论者认为，几十年来关于刑事检察职能特别是批捕权配置的改革，从本质上说，并未超出批捕、起诉、监督三项职能排列组合的范畴。[①] 不同时期捕诉权力配置，

---

① 聂友伦：《检察机关批捕权配置的三种模式》，载《法学家》2019年第3期。

有其各自的历史背景和运行特征。当下的捕诉一体改革，就是检察机关在新时代检察工作面临转型发展的重要时期，为履行好刑事诉讼主导责任所作出的积极调整。

如前所述，检察机关在开展刑事诉讼工作的过程中，除以诉讼参与主体的身份完成审查批捕、审查起诉、出庭公诉等必须的程序性工作外，还承担着刑事诉讼监督的任务，但在捕诉分离模式下各有侧重。如批捕工作偏重监督立案、监督撤案、纠正漏捕以及对前期侦查活动的纠违等监督事项，审查起诉和出庭公诉工作偏重非法证据排除、纠正漏诉、审判活动纠违、裁判结果审查等监督事项，根据被监督事项内容的差异，具体的监督方式包括提出抗诉、纠正意见、检察建议等。[1] 应当说这一模式下的批捕、起诉、监督工作成绩斐然，但是需要注意的是，上述所谓监督重点的差异很大程度上是由制度分工所决定的，有时会产生不能满足办理案件全部实际需求的情况。如批捕阶段对案件的审查，由于围绕的核心问题是犯罪嫌疑人是否需要羁押这一问题，办案人员并不需要面对出庭指控犯罪的压力，因而其重点审查涉案的主要行为是否构成犯罪，而对于案件的其他事实是否完全查清或者是否有查清的必要缺乏足够关注，相应的监督工作也较难投入一定精力，容易引发审查起诉阶段的办案困局。

捕诉一体所实现的权力整合从制度上解决了上述相关问题。其消除了批捕、起诉因阶段分离、办案主体分离造成的人员认识上的差异，使得从提前介入侦查、审查批捕到审查起诉、出庭公诉、裁判结果审查的刑事诉讼全过程，办案人员均能以同一立场科学合理地行使相对应的检察权。从监督职能与捕诉职能之间的关系来看，由于相应的诉讼监督职能不再分别围绕批捕工作和公诉工作展开，而是围绕刑事诉讼的全过程展开，因此不再受不同办案人主观偏好的影响，监督工作的重点将更多地聚焦于办理刑事案件的需要。这就促使原处于从属地位的监督工作，

---

[1] 参见《人民检察院组织法》第21条。

其重要性上升到与批捕、公诉相并列的程度。从批捕与公诉职能之间的相互促进来看，在保留各自独立诉讼价值的前提下，因以审判为中心的刑事诉讼制度改革而强化的证据裁判原则所形成的办案质量的控制压力，能够借由一体化的权力运行模式由起诉阶段延伸到批捕阶段，使得审查批捕工作在程序上优先完成原本只能在审查起诉阶段完成的工作任务，让办案人员在后一阶段有更多的精力应对"以庭审为中心"的出庭公诉任务。

二、刑事办案机构的整合：捕诉一体的应有之义

在实行捕诉一体后，所有办理刑事案件的检察官均被授予相同的办案权力，其数额占到每个检察机关员额检察官比例的一半左右，因而如何在权力同质化的办案基础单元之上构建一套科学的内设管理机构相当关键。有学者指出，检察机关设置内设机构主要是基于辅助检察长之管理以及检察业务专业化发展需要两个方面的考量。[①] 笔者深以为然，捕诉分离模式下由于权力类别的差异，导致刑事办案机构设置有些刚性，缺乏调整的空间，其作用主要体现在管理层面。捕诉一体模式则给予了办案管理单元以较大的构建弹性，使得检察机关能够聚焦刑事办案工作的重点领域，根据不同案件办理需求合理配置办案资源。横向比对域内外刑事司法办案机构的设置，基于不同犯罪案件在办理方式和所需专业素养的差别，将分案类型作为内设机构的设置标准是妥当的。从某种程度上而言，刑事办案机构的重新整合实际上可以理解为分案机制的改革。

从各地检察机关的改革方案看，除未成年人检察部门之外，与最高人民检察院的机构职能相对应，省级、部分规模较大的市级检察院一般

---

① 万毅：《检察机关内设机构改革的基本理论问题》，载《政法论坛》2018年第5期。

将刑事办案部门分为四个部门,① 分别负责办理普通犯罪、重大犯罪、职务犯罪、经济犯罪案件。部分地市检察院将其分为三个部门,将职务犯罪和经济犯罪案件合并由同一部门办理,规模较小的市级检察院以及少数基层检察院则设置普通犯罪检察部和重大犯罪检察部,由后者承担相应的办理职务犯罪和经济犯罪的任务。此外部分承担了地区特别类型案件管辖的检察院还专门设立了如知识产权检察部等专业的办案机构。2021年2月,为进一步发挥检察职能加强知识产权保护,最高人民检察院下发试点方案,在北京、上海等8个省市检察机关开展知识产权职能集中统一行使试点工作,若干地区检察机关相继成立了知识产权检察办公室,统筹推进知识产权刑事、民事、行政检察工作。少数规模较小的检察机关因办案量有限,无进行细分的必要,故只设置了一个刑事办案机构。② 从实践运行的反馈来看,上述部门架构以较为灵活的方式实现了机构管理和业务专业化发展的双重功能。

(一)管理优化层面的机构改革

内设机构的设置为检察长的办案管理活动设定了基本的框架,并在不同层面发挥效用。从捕诉一体模式下部门之间的类型化分工来看,不同部门的办案工作有着各自的特征,提升了检察长在办案资源整体调配和案件办理个别监督上的针对性。如普通犯罪检察部门负责快速办理数量较大的轻罪类案件,重大犯罪检察部门负责攻坚疑难复杂案件,职务犯罪案件由于涉及与监察机关的对接,其办理程序、工作制约方式与办

---

① 实践中未成年人检察部门的主要工作也是办理涉未成年人犯罪案件,由于未检工作近年来一直采用捕诉一体的办案模式,且其在部分检察机关一直作为独立的办案部门,故在此暂不将其纳入捕诉一体内设机构改革的研究范畴。

② 为突出研究的重点,下述分析将围绕设置了两个以上刑事办案机构的检察机关展开。

理公安机关侦查的案件有所区别,① 经济犯罪案件大多涉案金额较大、人员较多,对办理过程中的社会矛盾化解需要更加谨慎。因此,哪些部门相对依赖高效规范的办案流程来运作,哪些部门需要加强对重点案件的跟进办理,哪些部门需要加强与其他办案单位沟通协调有着不同的侧重。

在当前的司法实务中,基于办案实践的需求对办案力量进行临时性调配的情形越来越常见,不仅在于同一内设机构内部的办案单元之间常常需要进行协作,不同内设机构之间的办案单元进行协作的需求也时有发生。捕诉一体模式下的内设机构设置事实上为这种应急机制的有效运作提供了可能。过去捕诉分离的情况下,批捕业务或者公诉业务的检察官由于工作内容和工作理念的差别,很难在某些复杂办案任务中进行临时性有效协作。而在捕诉一体模式下,尽管不同办案组的日常类型不同,但是办案当中所遵循的办案规律和证据把握的方式具有较大的共性。因此,在某些重大专案办理的过程中,在检察长或者主办检察官的指导下,不同办案组的成员可以在较短的时间内达成办案标准的共识,从而更容易在案件具体办理的过程中进行充分而密切的协作。

(二) 专业化建设层面的机构改革

检察业务的专业化发展在日益复杂的犯罪治理形势下显得愈加关键。捕诉一体改革则为此提供了一个良好的契机。就某一检察机关内部而言,内设机构本身的专业化分工使得办案人员能够在相对较短时期内积累较多的类案办理数量,形成办理专门案件的经验优势。由于内设机构本身同时也是内部办案基础单元配置的平台,检察官办案组和独任检察官的职责安排相比于内设机构设置是在分案层面的进一步细化,各检

---

① 根据《监察法》第 4 条第 2 款的规定,监察机关办理职务违法和职务犯罪案件,应当与审判机关、检察机关、执法部门互相配合、互相制约,与《刑事诉讼法》相关内容的表述有所不同。

察机关可以根据实际需求进行更加灵活的调整。例如有的检察机关由于办案数量巨大，基于繁简分流的需要设置了专门办理微罪案件的速裁办案单元，有的则基于工作重点设置了办理涉黑涉恶案件、非法吸收公众存款案件的办案单元等，使得相关办案单元的专业化特质更加突出。

捕诉一体也为上下级检察机关之间开展专业化建设提供了更好的基础。以市、区检察机关为例，基于刑事诉讼法明确的管辖机制等规定，上下级检察机关的沟通联络主要基于案件性质的严重程度、抗诉以及疑难复杂案件办理的指导方面。机构改革之前，由于缺乏专业化分工，市级检察院个别部门承担着对下级检察院提请的所有类型案件的指导或办理，其工作显然难以面面俱到。在机构改革后，各级检察机关内设部门办理的案件进行了适当细分，市级检察院承担指导下级检察院相关业务的办案力量相对分散，[①] 专业化程度更高，其基于案件本身的指导可以更加深入，针对性也更加突出。上述情形既符合司法办案的规律，也大大提升了上下级之间沟通的效率。

需要引起重视的是，在过去以办案环节为划分的管理体系中，上下业务条线之间往往泾渭分明，管理错位或者失位的空间较小，捕诉一体改革后内设部门设置的差异化加大，上下级检察机关内设部门之间出现一对多或者多对一的情形一定程度上有所增加，在某些具体案件的指导和相关改革项目推进的过程中容易发生衔接不畅的问题。针对这一情形，各级检察机关之间应根据实际情况，对日常工作的薄弱环节进行梳理，特别是要对常规部门之外设置的专门化办案机构做好办案成效和运转情况的评估，在尽可能短的时间内健全对口上下级之间的工作机制。

[①] 例如市检察院第一检察部（普通犯罪检察部）对口区检察院第一检察部（普通犯罪检察部），市院第二检察部（重大犯罪检察部）、第三检察部（职务犯罪检察部）、第四检察部（经济犯罪检察部）指导区检察院第二检察部（负责重大犯罪、职务犯罪、经济犯罪案件办理）等部门的相关工作。

第四节 捕诉一体运行机制之价值预期

正如提出改革肇始所希望的那样,捕诉一体运行机制所意欲达到的效果,是在进行权力重新配置的基础上实现办案质量和办案效率的改善。2019年1月3日,张军检察长在国新办举行的新闻发布会上就明确指出:实行捕诉一体,办案的质量、效率都能够得到进一步保障提高。[①]尽管在改革之初部分人员对捕诉一体运行机制提出了种种不同意见,但主要还是围绕办案质量提出的担忧,对于其对办案效率的提升效果并无太多质疑。事实上,司法办案活动对公平正义的价值追求,意味着对兼顾办案质量和办案效率的追求。办案质量和办案效率本身即是办案活动的两个侧面,两者之间存在着密切的联系,没有办案效率的质量无甚意义,脱离了办案质量的效率也无法持续。经济社会的不断发展给司法办案活动提出了越来越高的要求,检察机关在刑事诉讼中的关键地位意味着其必须通过不断完善自身的机制,在实现刑事办案质量和效率提升的过程中发挥更大作用。

一般而言,办案质量通常体现在司法程序上对诉讼参与人权利的保障、司法调查活动的全面规范程度以及司法决定是否符合法律文本的规定,办案效率直接体现在一定数量案件办理期限的长短或者说办案单元单位时间内办案数量的多少。新时代背景下的捕诉一体改革不仅有助于办案效率的有效提升,其对办案质量的促进作用也是显而易见的。

一、捕诉一体模式下的办案质量提升

由于司法机关的刑事诉讼活动具有一定的封闭性,主要的诉讼活动

[①] 《最高人民检察院机构改革:实行捕诉一体进一步保障诉讼质量提高诉讼效率》,载人民网,legal. people. com. cn/n1/2019/0103/c42510 - 30501994. html。

只能由具备司法办案资格的人员完成，因此，其结果如何不仅依赖于相关诉讼主体严格依照程序实施法律所授权的行为，而且需要有关人员具备高度的责任意识和完备的办案技巧。在法治观念越发彰显的现代社会，以牺牲程序合法换得实体正义的实现路径将对司法机关的公信力产生极为不利的影响，这种路径存在的空间也越来越狭窄。

刑事程序法对案件质量设置了严苛的标准，且在刑事诉讼的每一个环节，都规定了避免发生错案的机制。例如从侦查机关立案开始，规定了有关检察机关立案监督的内容，对于侦查机关移送审查逮捕的不符合证据标准的案件，检察机关可以不批准逮捕，对于移送审查起诉的不符合证据标准的案件，检察机关可以不起诉或要求补充侦查，对于起诉的不符合证据标准的案件，审判机关可以判决无罪，特殊情况下检察机关还可以撤回起诉等。上述规定在杜绝冤假错案中起到了重要作用，但是这仅仅是被动层面的制度保障，且通常只能够对存在明显且严重问题的案件才有突出的过滤效果，有时无法从源头刺激办案质量的提升。

比如，在审查起诉阶段，对于证据较为薄弱的犯罪事实，检察官向侦查人员提出需要补强哪些证据，但是就如何获取证据有时很难提出具体细致的建议，以至于其希望达到的证据标准与侦查机关实际能够完成的情况有差距。尽管从分工上看，侦查机关对于侦查技术和侦查手段的掌握更为全面和专业，但这并不意味着检察官无需了解侦查活动的运作细节。事实上，脱离了对侦查活动规律和具体侦查方法的认知，所提出的取证意见即便在逻辑上站得住脚，也不能因过于理想化而无法落实。例如在部分利用互联网平台开展犯罪活动的案件中，相关的互联网平台公司能够提供何种类型的电子信息数据，提供数据的时效以及从调取证据到获取证据的时间，在指导侦查活动中就相当重要，对于相关需要补充查证的事实，如果检察官不了解上述内容，或者可能错失发现关键证据的时机和渠道，或者可能因提出不切实际的取证要求而降低侦查效果。

应当说,因证据不足而未予以认定犯罪事实抑或是作出不起诉决定、判决无罪的案件,固然是宣示法治精神的重要表现,但是因没有注意相关办案的源头问题,更应当引起司法机关的警醒和反思。笔者并非以有罪推定的思维去判断某一具体案件,相比较于错捕、错诉案件明显的外在表现形式,这一潜藏在严格适用法律之下的问题具有更大隐蔽性。

在捕诉一体的模式下,由于办案的重心前移,检察官对案件质量的控制更及时、全面。就批捕环节而言,办案检察官不仅仅要根据法律规定完成批准逮捕和相关监督工作,侦查机关在捕后阶段应如何有针对性开展取证工作,以使案件达到起诉的标准也是其必须关心的内容。因此,办案检察官既要客观公正地审查案件具体事实,核实羁押必要性的程度,还要以前瞻思维分析现阶段存在的问题以及下一阶段的取证难点。对于部分达到了批捕的标准,但是彻底查明犯罪事实还要开展更加精细化取证工作的案件,在批捕的同时要与侦查机关进行充分有效的沟通,列明细致的侦查意见,降低捕后取证工作停滞或是效果不佳的风险,实现质量控制的源头治理。由于侦查人员负有向同一检察官移送审查起诉案件的职责,因而其认真听取并落实相关侦查意见的动机会更加充分。从原有公诉业务办案人员的角度上看,这一制度事实上促使检察官更早地介入到侦查环节中,有助于其将在出庭环节积累的丰富办案经验充分应用到这一阶段,及时提供具有针对性的引导侦查意见。

从另一个角度说,捕诉一体模式下检察官与侦查人员这种密切而持续的交流,有助于构建一种良性检警沟通机制,可以让检察官深入了解侦查活动本身,特别是对具体案件的取证难度、侦查人员取证习惯、取证工作模式有了直观感受,检察官能够在熟悉法官思维的同时,逐步掌握侦查员思维,从而使自身能够从侦查员和法官的两种职业立场的角度思考解决办案中的疑难问题,以在复杂的办案活动中寻求最优解。

二、捕诉一体模式下的办案效率提升

尽管不同的地区对办案效率提升的需求存在差异,但是鉴于社会经济的高速发展,犯罪数量攀升给大多数地区检察机关的办案人员带来越来越多的压力已经成为不争的事实。在证明标准不能变,办案期限不可变的前提下,通过对办案机制进行适当调整来实现效率提升、缓解压力具有一定必要性。从表面上看,捕诉一体对于办案效率影响最直接的方面在于,由同一办案单位负责同一刑事案件的批捕、起诉等工作,减少了不同环节办案人员重复审查阅卷所消耗的精力。但如果对检察机关司法办案工作进行深度分析,捕诉一体对于办案效率提升的作用事实上贯穿于检察机关刑事司法办案全过程。

检察机关办理刑事案件,除去分案和送达环节,在不考虑提交检委会讨论等极个别重大疑难复杂案件办理的情况下,日常工作主要包括:阅卷、开展讯问或者询问、分析研判,开展法律监督(非法证据排除、纠正违法等),作出办案决定(批捕或者不批捕、起诉或者不起诉),制作法律文书,出庭公诉等。在捕诉一体的办案模式下,由于案件质量控制的压力前移,审查批捕阶段的工作量有所增加,同时由于批捕的期限较短,整体办案效率的高低通常体现在审查起诉阶段而非审查批捕阶段。具体来说,如果批捕阶段提前对相关问题进行了妥善处置,那么审查起诉的效率将会大大提升,倘若批捕阶段未能很好地处理好办案质量的问题,那么相关的症结将加大办案人员在审查起诉阶段的精力消耗。更进一步说,审查起诉阶段办案精力的消耗集中在两个方面,一是通过补充侦查的方式(通常为退回补充侦查)完善案件的证据结构。二是对违法行为开展法律监督。捕诉一体模式对审查起诉阶段上述两个方面产生了较大的影响。

(一)审查起诉环节对退回补充侦查的依赖程度降低

一般情况下,普通案件的审查起诉时限为一个月,退回补充侦查的时限为一个月,因而一次退查的办案时长可达三个月,二次退查的办案时常则达到了五个月。经笔者对一定时期内退回补充侦查提纲的内容进行比较分析,发现除少数案件由于特殊情况确实需要较长的办案期限外,多数案件所涉及的退查原因,仍属办案初期需要注意和纠正的问题。同时,笔者在对某基层检察机关近两年的退查案件进行分析的过程中发现,二次退查与一次退查提纲的内容有较大重合。可以认为,一次退查的效果不佳是二次退查的主要原因,除个别情况是由于检警之间沟通不畅外,多是由于补充侦查时点距发案时间过长,取证难度加大而引起,因而二次退查案件事实上也很难达到预期效果。退回补充侦查比例较高使得一部分案件停滞在检察环节,造成案件堆积,分散了检察官的办案精力,更进一步降低了办案效率。

在捕诉分离的模式下,由于批捕检察官与公诉检察官对于案件证据的标准掌握不一致且缺少有效的衔接,引发捕诉环节之间的明显断层,部分原本细小的问题可能由于诉讼程序的推进而扩大化,导致补充侦查的使用率较高。在捕诉一体模式下,侦查人员不必等到审查起诉时间耗尽并经历冗长复杂的案件流转过程才了解到检察官的具体办案意见,而是在侦查阶段就能与检察官形成交互式的沟通模式。其对办案效率的提升主要体现在:一是对于办案质量存在严重问题或者无须诉诸刑事诉讼的移送审查批捕案件,借助审查批捕环节,建议公安机关通过撤案及时终止办案资源消耗,起到对部分案件进行分流的作用。二是对于取证工作存在遗漏的,及时提出办案意见督促侦查人员尽快补强。此外,对于未进入批捕阶段的有重大影响的案件也可以实施提前介入侦查,尽早明确案件的关键点。原本在补充侦查中需要完成的工作内容事实上前置到了侦查环节,取证的效率更高,效果也更好。

(二)缓解审查起诉阶段开展法律监督的压力

对于刑事诉讼中侦查机关或者审判机关违反程序法或者实体法规定

的行为，检察机关通过法定的方式予以监督。由于检察官在发现违法线索时，法律并未规定额外的办案期间，此时办案人员既要确保在法定期间内办结案件，又需要针对违法行为展开监督程序，因而对诉讼效率的影响较为明显。在捕诉分离模式下，大量的诉讼监督压力堆积在审查起诉环节。

毫无疑问，针对违法行为进行监督是检察机关的职责使命，但是因某些重复性的或者可以更早予以纠正的违法行为而过多消耗检察机关的办案资源，反过来会影响监督精准性，事实上也凸显出监督效果的不足。换言之，刑事法律监督工作的目标是被监督主体合法有效行使职权，而非检察机关报表中不断攀升的监督数量。要切实提升监督质量，则有必要转变监督思路，捕诉一体模式下，检察机关能够以更早和更深入的方式与被监督对象进行沟通，将部分的法律监督压力化解在批捕阶段，会使得法律监督实效增强，从而间接缓解各个环节法律监督的压力，能够逐步降低潜在的违法办案的风险，还能够降低审查起诉阶段开展法律监督的压力，使得审查起诉阶段的工作针对性更加突出，从而有效提升办案效率。

从捕诉一体后某基层的办案数据来看能够明显发现相关数据的变化，A区院在实施捕诉一体后，批捕阶段的监督数据明显增加，起诉阶段的监督数据明显减少。当然，实践中也反映出一定的问题，也即原本较为紧张的批捕期限，在更高的质量控制压力下显得更加捉襟见肘。笔者认为，在法律期间有限的情况下，通过健全各类案件的办案指引、完善提前介入机制，充分发挥侦查监督与协作配合办公室的信息共享功能，是提升整体监督质效的有效路径。

第二章 我国捕诉一体运行机制之必要性与正当性

第一节 捕诉一体——新时代司法体制改革之必然选择

司法改革通常包括司法体制改革和司法运行机制改革两个层面,前者涉及司法机关的设置、职能、地位、人员等宏观结构方面的内容,后者涉及司法运行的规则、具体程序等微观技术方面的内容。① 2013 年启动的第三轮司法改革与之前的司法改革相比,更重视司法体制层面的改革。此次改革围绕确保司法权力依法独立公正行使、优化司法职权配置等改革目标提出各项改革任务,其内容更加深入具体。在司法体制改革初具成效的背景下,检察机关适时地开展了捕诉一体运行机制改革,作为司法改革框架下不同层面的改革,两者之间有着深层次的逻辑演进关系。

一、新时代司法体制改革的核心内容

本次司法改革所涵盖的举措相当丰富,其重要内容包括司法责任制改革、司法人员分类管理和员额制、完善司法人员职业保障机制、省以下司法机关人财物统管等,接下来,笔者围绕其中最为核心的司法责任

---

① 陈光中、魏晓娜:《论我国司法体制的现代化改革》,载《中国法学》2015 年第 1 期。

制改革与员额制改革进行阐述。

（一）司法责任制改革

作为司法体制改革的基石，司法责任制改革对后续的其他多项改革均起到了至关重要的作用，其核心要义是"让审理者裁判，让裁判者负责"①。此次改革，就是旨在通过更加深入全面的制度设计，实现办案主体—办案权限—办案责任相匹配，让办案活动真正符合司法规律的要求。司法责任制是责任的一种形式，首要问题是确保权力责任对等。更进一步说，办案主体的类型、办案主体的权限边界以及如何落实办案责任是司法责任制最重要的内容。笔者以最高人民检察院下发的《关于完善人民检察院司法责任制的若干意见》（以下简称《若干意见》）为例展开说明。

在办案主体方面，《若干意见》对有关办案组织的构成、所办理的案件类型等内容作出了原则性规定。笔者认为，检察机关办案主体包括独任检察官、检察官办案组、检察长和检察委员会。② 司法机关办案主体的明确，不只具有人员管理层面的意义，更是确定司法权限和司法责任的基础，正如有学者指出的"检察办案组织不仅是检察权运行的载体，更是司法责任承担的载体，是办案权力与办案责任的统一体"③。

---

① 张文显：《论司法责任制》，载《中州学刊》2017 年第 1 期。
② 尽管文本上考察，《若干意见》对于办案组织只规定了独任检察官和检察官办案组两种形式，由于检察长可以以独任检察官的身份办理案件，亦可以参与到检察官办案组办理案件，同时基于检察一体化的原则和司法民主的原则，检察长和检察委员会都可以在一定情形下对案件进行决策，因此检察长和检察委员会当然也是办案主体。特别要强调的是，笔者此处的办案主体检察长，是指前述直接参与办案之外的情况下，即行使审核权时的办案主体。与之相对，审判机关的相关规定则明显不同，除审判委员会讨论决定的案件以外，院长、副院长等对其未直接参加审理案件的裁判文书不再进行审核签发。院长并无更改独任法官、合议庭办案处理意见的权力，故审判机关的办案主体只有独任法官、合议庭以及审判委员会。
③ 桂万先、杨吉高：《检察办案组织的内涵、类型及其运行机制——以司法责任制改革背景下检察办案组织构建为视角》，载《人民检察》2016 年第 5 期。

需要注意的是，当检察长作为独任检察官或参与检察官办案组办案时，与基于检察一体化的需要对检察官办案进行监督审核时，其行使权力内容并不一样，故其承担的责任形式也有不同。

在办案权限方面，《若干意见》初步规定了检察官、主任检察官、检察长、检察委员会的职责权限。特别是明确了检察委员会讨论决定的案件，主要是本院办理的重大、疑难、复杂案件等类型。不过作为改革初期发布的纲领性的文件，为给后期各地的检察官权限配置预留足够的弹性，其对检察官的职责范围规定得较为保守。关于实体的裁量权均为检察长所有，而检察官的职责多为程序性事项。2017年3月，最高人民检察院发布了《关于完善检察官权力清单的指导意见》，随着权力清单在各地实践中不断完善，绝大多数地区一般案件的批准逮捕、提起公诉、延长审查起诉期限等事项已经过检察长授权，由检察官决定。

办案责任则是一个较为复杂的概念。有学者认为，此处的责任包括积极责任和消极责任，前者包括对案件事实认定和法律正确适用负责，对司法公正和社会公正负责，坚守法治信仰等，后者则体现在对特定情形下的错案负有终身责任。[①] 笔者赞同这一看法，办案责任不能单纯地理解为办案人员因错案所承担的消极责任，否则无法全面理解司法责任制改革在促进执法办案规范化、提升办案质量领域所做出的种种努力，事实上《若干意见》也正是从上述两个层面对办案责任进行了规定。关于办案主体积极责任的承担，内部主要是通过依托统一业务应用系统网上办理案件、随机与指定相结合的分案机制，建立检察官业绩评价体系和案件质量评价机制等方式加强日常管理，外部则通过阳光司法机制、接受外部各界监督等方式激励主动履职。在消极责任的追究方面，《若干意见》明确了司法责任的三种类型，即故意违反法律法规责任、重大过失责任以及监督管理责任，并详细列举了应当承担上述责任的20种情形。对于不同办案主体所承担责任的范围，亦作出了科学界定，如明

---

① 张文显：《论司法责任制》，载《中州学刊》2017年第1期。

确了"属于检察长（副检察长）或检察委员会决定的事项，检察官对事实和证据负责，检察长（副检察长）或检察委员会对决定事项负责"。此外，《若干意见》还对办案人员承担相关司法责任的程序作出了相应规定。

司法责任制改革聚焦了整个司法活动最核心的责任问题，立足我国的司法环境提出了极具针对性的举措。当然，"任何制度都是在一定的环境下运行的，都需要一定的配套制度来保障，一个新的制度，如果缺乏与之相适应的运行环境，就很难发挥其应有作用"[1]。随后关于员额配置机制、人员分类管理机制、司法人员职业保障机制等配套改革的推进，则进一步激发了制度的生命力，确保将司法责任这一内核深深地嵌入我国司法体系中。可以说，后续改革的顺利推进与司法责任制的统领作用密不可分。

（二）员额制改革

司法责任制在明晰责任的前提下扩大了办案主体的权限，也就意味着行使权力的主体必须实现精英化，否则难以保障相应权力行使的质量。2015年，最高人民检察院公布的《关于深化检察改革的意见（2013—2017年工作规划）》，明确提出要建立检察官员额制度，并完善检察官职业准入和选任制度。2017年，各级检察机关先后展开了首批员额检察官遴选，共产生了84444名员额检察官。[2] 员额制的落实确保将检察机关的工作重心进一步向司法办案业务倾斜。

与此同时，相关的分类管理机制也建立起来并逐步完善，检察机关按照检察官、检察辅助人员以及司法行政人员三类人员对干警进行分类

---

[1] 张智辉：《论司法责任制综合配套改革》，载《中国法学》2018年第2期。

[2] 数据来源于曹建明同志2017年11月1日在第十二届全国人民代表大会常务委员会第三十次会议上所作的《最高人民检察院关于人民检察院全面深化司法改革情况的报告》。

管理，当然最重要的仍然是要突出"检察官"这一群体在检察管理体制中的主体地位，实现检察官的职业化、专业化、精英化。① 员额制是一项系统性制度，包括员额遴选、考核、晋升、惩戒、退出、激励保障等一系列机制。② 笔者认为其中最重要的是三个方面的内容：严格的员额遴选机制、有效的员额业绩考评机制、科学的员额退出机制。各地已经在相关改革方案的指导下围绕上述环节进行了卓有成效的实践。

从入额的流程来考察，程序的严格化和考察领域的多样化才能确保遴选结果的相对全面客观。以 H 省 2019 年组织实施的员额遴选工作为例，其主要包括资格审查、笔试、考核、面试及专业审查等环节。其中资格审查设置了参加遴选人员的基本条件，包括业务工作经历时长、法律职业资格、学历水平等，并以负面清单的方式列举了禁止参加遴选的情形，如因违法违纪情形受到党纪政纪处分且尚在影响期内，纪检、监察部门或者司法机关立案审查尚未结案等。遴选的总成绩在笔试、考核、面试三个环节按比例分配。其中笔试由省级政法部门与人社部门一同组织实施，考察的重点是案件分析、文书制作等实际办案能力；面试由省级政法部门组织实施，重点考察法律专业水平、语言表达能力等综合素质；考核主要围绕近年来办案数量、质量以及业务能力、司法廉洁情况展开，分为业绩评价和领导评价两个部分，其中的业绩评价结果又由工作实绩和部门考核构成。

关于检察官的业绩考评，根据《检察官法》的规定，检察机关设立检察官考评委员会，负责对本院检察官的考核工作。以 H 省 W 市基层检察机关的检察官考核工作为例，基层院除检察长、副检察长、检察委员会专职委员由上级院负责考核外，员额检察官（含业务部门工作负责

---

① 黄维智、王沿琰：《检察人员分类管理改革研究——兼论"员额制"的落实》，载《四川大学学报（哲学社会科学版）》2016 年第 1 期。
② 龙宗智、符尔加：《构建合理、有效、协调的员额检察官退出机制》，载《人民检察》2017 年第 22 期。

人）的考评由各检察机关自行开展。在最高人民检察院《关于开展检察官业绩考评工作的若干规定》（以下简称《若干规定》）印发之前，考评结果由领导评鉴和业务工作评价两个方面组成，后者占比相对更高，达70%。其中领导评鉴的评价要素包括检察官的职业操守、研修成果等，业务工作评价则是结合办案数量、办案质量和办案效果综合确定。2020年4月《若干规定》的出台，则构建了一套更加全面系统的检察官业绩考评体系，该体系涵盖了"四大检察""十大业务"，采取量化打分并进行计分总量控制，总分由质量得分、效率得分和效果得分三部分组成，在细化各业务类型、计分方式和有关加减分内容的基础上，《若干规定》同时也赋予了各级检察机关灵活设置考评项目指标和积分分值的灵活性。2021年10月，最高人民检察院印发《检察人员考核工作指引》，对检察官、检察辅助人员和司法行政人员的考核分别作出了具体要求。将对检察人员的量化评分分为业绩指标、共性指标和综合评价三个部分，同时强调要建立以月、季度、半年、年度为时间节点的实时动态考核管理机制。各级检察机关迅速响应，结合自身实际，依托信息化手段进一步抓好建章立制，检察机关内部的考核工作日趋精密科学。

员额退出作为与员额遴选相对应的关键机制，其对于维持检察官队伍的精英化水准有着重要意义。2018年H省出台了《法官检察官员额管理办法（试行）》，规定了自然退出员额和应当退出员额两种退出机制。其中自然退出只有退休和去世两种情形，应当退出则包括丧失国籍、调离本单位、办案岗位、辞职或者被辞退等12种情形。主要是因为上述情形的发生表明员额检察官主观方面不具备履职的职业素养或者因客观原因无法继续履职办案。目前来看，随着检察官管理机制和检察人员考核机制的不断完善，员额退出机制逐步发挥着促进人员合理流动的效用，部分检察官因个人原因调离办案岗位而退出员额，转任检察辅助人员或者行政人员，所形成的缺额由检察辅助人员择优遴选。以W

市检察机关为例,自2016年员额制改革至2021年,市区两级院入额816人次,退出员额304人次,其中市级院入额145人次,退出61人次,基层院入额671人次,退出243人次。但总的来看,因故意或者重大过失导致案件错误并造成严重后果以及因考核等原因退出员额的情形还较为少见。

二、捕诉一体:司法体制改革的检察应对

对于检察机关来说,全面落实司法体制改革的各项要求是实现自我革新的第一步,面对更加严峻复杂的社会治理形势,其必然要在前述改革的基础上进行细分领域的继续改革。司法体制改革也并非为了实现机械化的责任追究和人员管理调整,其本身也呼唤更加有效的办案机制予以接合。捕诉一体,就是在新时代司法体制改革的背景下,检察机关在刑事办案领域做出的一次科学变革。

(一)终身责任制下的权力再整合

终身责任制对每个办案人员来说,都是一个沉甸甸的概念。司法权力的运用深刻影响着公民的基本权利,其必然需要相应的制约,而制约的方式和程度,则与司法制度所处的历史环境和其所希望达到的目的息息相关。当然,终身责任制并非无限责任制,其科学地限定了司法责任追究的情形和程序。笔者认为,司法责任制所希望达到的目的,绝不是让司法人员"一边用颤抖的手指翻动法书,一边自问:'假如我这样做,要负赔偿损害的责任吗?'"[1] 因为对于司法人员来说,即使依靠司法责任惩戒能够使其勉强完成司法任务,也可能是低效率的。[2] 责任制的根

---

[1] [英]丹宁勋爵:《法律的正当程序》,李克强等译,法律出版社2011年版,第75页。

[2] 宋远升:《司法责任制的三重逻辑与核心建构要素》,载《环球法律评论》2017年第5期。

本目的，仍然在于为司法行为提供一个规范的框架，只要在这一框架之内，司法机关就可以根据实际采取合适的制度构建以实现其对于公平正义的追求。

因此，在明确了司法权限和责任后，如何保证司法主体拥有充分的权力行使空间以匹配其所负担的严格责任就成了一个必须面对的问题。近年来，刑事司法活动的规范程度日益提高，但是冤假错案仍会出现，严重损害了司法机关的公信力。司法体制改革为检察机关解决上述问题提供了一个契机，即检察官有必要在相关权力行使的过程中拥有更大的灵活性。换言之，"以刑事检察业务为核心的权力覆盖领域，需要赋予行动主体更大的机动性"①。

捕诉一体运行机制改革实现了这一目标，有效地增加了检察官在办理每一起刑事案件过程中权力行使的空间，促使检察官以更加积极主动的作为来保障办案质量，切实担负起司法责任。由于检察官无须局限在批捕或者起诉环节来思考或者应对案件，其视野将更为开阔，关于案件信息的来源更加充分，基于信息作出的判断也能够更加及时准确。从外界的角度来看，捕诉一体带来的检察官权威的提升也有利于深化有关监督指导活动的效果，使得相应的司法行为在更广的范围内发挥指引评价作用。

应当说，捕诉一体改革本身就对司法权运行的基础环境提出了较高的标准，而这一条件已经由司法体制改革予以实现。例如捕诉一体制度基于对权力行使机动性以及主体亲历性的高度依赖，决定了其很难建立在原有的案件三级审批的模式下，而改革实现的司法权运行去行政化，从根本上消解了层层审批对权力运行的不当约束。相应的司法体制改革中对司法权地方化趋势的有效遏制以及提出的一系列保障司法权运行的机制，能够让检察官全身心投入到司法办案本身，确保作出的司法决定

---

① 孙皓：《论反科层的科层制——基于S市检察员额选任的实证分析》，载《政法论坛》2018年第5期。

取决于案件本身。最为关键的是，司法体制改革对司法责任本身的强化，使得办案质量的重要性更加深入人心，从而有效地降低了捕诉一体因增加办案人员权限而可能引发的权力运行失范的风险。

从实践操作层面看，司法体制改革也为捕诉一体预设了精密的机制运行模块。由于捕诉一体从制度构建上仍然是在不同的诉讼环节行使权力，办案主体当然要遵循不同诉讼活动中的权力运行规则。在司法责任制背景下各级检察机关制定的权力清单对相关办案主体的职责权限作出了详细的规定，这使得主体合一后的权力运行边界仍然是清晰明确的，而无须再去寻求新的权力运行规范，从某程度上说也降低了捕诉一体改革的初始成本。

（二）司法精英化下的办案资源再整合

由员额制和人员分类管理所推进的司法队伍专业化建设，对办案资源的使用提出了新的要求。尽管上述改革增强了业务部门的办案力量，特别是在基层检察机关大体实现了办案部门配置85%的人力资源，但实践中因具有办案资格的人员大幅减少，检察官的人均办案压力仍在增加。从权力分配的角度上看，如果说司法责任制因赋权（Empowerment）而实现了办案主体的权力扩张，那么员额制则因权力行使要求的提升限制了拥有权力的主体数量。根据各地初期推行员额制的实践来看，不同地区对员额比例的掌握有一定差异，业务部门除少数是由原行政岗位转入外，有相当一部分是由原来具有办案资格的人员转为司法辅助人员。由于辅助人员主要承担的是事务性工作，无法超越权限分担只能由检察官承担的责任，加之由于各条线检察工作布局的需要，刑事检察部门的辅助人员也常常发生数量紧张的现象，故充分发挥检察官的办案能力以弥补办案资源稀缺的现状就成为一项较为紧迫的任务。

捕诉一体机制则是现阶段对刑事检察办案资源进行全面调动的最佳方案。其最大限度运用了检察官这一核心办案力量，使每一名检察官能够通过全流程办理检察环节的刑事案件以节省审查精力、提高监督质效，相应的检察辅助人员在承担同一案件不同阶段的事务性工作时也更加顺畅快捷，从而使每一起案件的办理消耗更少的办案资源。从另一个方面说，员额制改革为检察机关筛选出了办案队伍中最优秀的办案力量，但阶段性的分工对其能力素养的发挥有着较大限制，由于批捕、起诉环节的办案思维并无本质上的差别，打破捕诉之间的权力运行壁垒实现办案主体合一，并无太多技术上的障碍。

捕诉一体也有助于司法辅助人员的成长。作为员额检察官的预备力量，其专业素养水平很大程度上决定了未来司法队伍的专业化发展进程。在捕诉分离的模式下，辅助人员也只能长期重复批捕或者起诉工作，对其今后的专业水平提升乃至入额后的职业发展道路缺乏有效的帮助。对于平均年龄较为年轻的辅助人员来说，越早接触越多的检察工作环节，更有利于其尽快形成全面的思维模式，积累丰富的办案经验，依托捕诉一体模式下的专业化分工，辅助人员能够在成长为通才的基础上逐步向专才发展，从而成为检察机关应对更加复杂社会挑战的宝贵战略资源。

第二节 捕诉一体——刑事诉讼权力结构之必然要求

我国的刑事诉讼活动分为较为分明的侦查、起诉、审判环节，由公安机关、检察机关、审判机关三个不同的主体负责完成每一阶段的诉讼任务。在大体线性单向流转的过程中，相关主体承担着复合职责，如收集证据、审查证据、采取必要的强制措施、保障诉讼参与人的合法权利等。另外，刑事诉讼对公正和效率的追求，不可避免地在制度设计上依赖强制手段。由于发现真实是一个随时间推移逐步明晰的过程，不得不进行认知层面上的预先判断，而这种预判并非总是在最终环节得以验证,故强制手段应当被限制在必要的范围以内,并防止将其视为对犯罪惩罚的先行透支。基于诉讼活动的共同目标和权力行使中的固有风险,《宪法》第140条和《刑事诉讼法》第7条均规定了三机关分工负责、互相配合、互相制约的原则。配合与制约,成为三机关权力运行过程中的关键。

随着以审判为中心的刑事诉讼制度改革的推进,刑事诉讼权力运行的方式和重心在技术层面有所调整,但整体来看,分工负责、互相配合、互相制约的原则仍然必须要坚持。事实上,诉讼制度改革后三个阶段的互相渗透得以加强,作为承载刑事诉讼中间环节的检察机关,其在刑事诉讼中的地位更为突出。借由捕诉一体运行机制的实施,检察机关能够实现刑事诉讼权力在配合与制约之间的更优平衡。

一、以审判为中心的刑事诉讼制度改革概述

以审判为中心的刑事诉讼制度改革是我国刑事诉讼制度发展进程中一个重要的节点。为切实解决"以侦查为中心"的问题,亟须对刑事诉讼活动的整体导向进行系统性调整,以审判为中心的刑事诉讼制度改革由此提出。在此,笔者以2016年"两高三部"印发的《关于推进以审判为中心的刑事诉讼制度改革的意见》(以下简称《改革意见》)为基础进行简要分析。

"以审判为中心"的概念自党的十八届四中全会提出以来就引起了学者的广泛讨论。笔者赞同所谓"以审判为中心",应当是"以法院的审判为中心,侦查、起诉活动要符合法院的审判标准和要求,一切关涉被告人刑事责任的事实认定和法律适用,必须严格遵循法定程序,通过法庭的审判进行裁决"[①]。当然,同时需要明确的是,"以审判为中心"不仅不是以法院为中心,更不是以法官为中心,并不会改变公检法三机

---

① 张泽涛:《"以审判为中心"的内涵及其制度完善》,载《法学》2016年第11期。

关的相互关系，其改革的重点在于强化审判标准在审前程序中的作用，并进一步推进庭审的实质化。例如，《改革意见》针对侦查机关的取证活动提出了若干具体要求，对检察机关提出了要完善公诉机制、不起诉制度以及对侦查活动、审判活动的监督机制等，对审判机关提出了完善庭前程序、法庭质证、辩论规则、当庭宣判制度等。不难发现，《改革意见》的全文围绕着证据这一关键词展开，因此，有学者认为"司法审判的证据规则成为落实以审判为中心改革方案的'牛鼻子'"①。可见，"以审判为中心"概念的深化，事实上将侦查和起诉程序置于更加关键的地位，也对侦查机关和检察机关的工作质量建立了更高的标准。

此次改革对直接审理原则和直接言词原则的强调，无疑是针对实践中案卷书面审理暴露出的问题所作出的回应。案卷本身作为侦查活动的书面记录，即便制作者的专业水准能够在大多数情况下给予其真实性以有效保证，但是侦查主体本身的倾向性立场难以保证内容的全面客观，在被告人和辩护律师缺乏有效取证手段的当下，过分依赖案卷审理除了能够在办案效率上有所收益，其在事实认定、程序保障等方面发生误判的风险是无法预估的。总的来说，以审判为中心的改革，是要在三个机关与三种权能之间，实现法院的审判是公安机关侦查与检察机关公诉的审核者，合法性与否的判断者。② 基于刑事诉讼的基本规律和三机关的职能分工，审判机关的这种审核和判断并不直接作用于侦查活动，而是要通过审查起诉活动的过滤。因此具体来看，以审判为中心在实践中体现在两个层次：一是侦查要经得起审查起诉的检验，二是侦查和起诉要经得起审判的检验。③

---

① 褚福民：《以审判为中心与国家监察体制改革》，载《比较法研究》2019年第1期。

② 钱大军、李桂久：《以审判为中心的司法观及其实践要求——一个功能视角的考察》，载《求是学刊》2018年第3期。

③ 卢建平、王晓雪：《以审判为中心视角下检察权的定位与运行》，载《浙江大学学报（人文社会科学版）》2017年第3期。

《改革意见》最后强调要"完善刑事案件速裁程序和认罪认罚从宽制度",即是对符合一定条件的案件进行程序简化,确保日益紧张的司法成本得以精准分配,集中更多资源投入到疑难案件的办理,服务"以审判为中心"的大局。从实践运行的角度看,上述制度在试点工作期间取得了较突出的成绩,并成为2018年《刑事诉讼法》修改的关键内容。特别是认罪认罚从宽制度,作为贯穿整个刑事诉讼程序的重大制度创新,其在"依法及时惩治犯罪、强化人权保障、优化司法资源配置、推动繁简分流、提升诉讼质量效率、完善多层次刑事诉讼程序体系等方面发挥了重要作用"[1]。其中涉及关于认罪、认罚的认定和适用从宽原则和限制,以及法律援助、量刑建议等规定,不仅现实地关系到每一起案件的走向,也深刻地影响着今后刑事诉讼工作的格局。从检察机关的角度而言,在以审判中心的刑事诉讼制度改革提出以后,原有的工作思路和工作模式已然面临着巨大的挑战,伴随着社会发展带来的更高质量"法治产品"的需求,对刑事检察工作进行专业化改革已经迫在眉睫。

二、实质真实:配合机制的终极目的

我国的法律传统向来极为重视对案件事实的揭示,以至于程序的设计仍须服从于真相探知的目的而尚不具有超脱之外的独立地位。亦即有学者所指出的:"程序正义的马车不应当停在实质正义这匹马之前。"[2] 实质真实投射于犯罪认定的标准,主要体现在《刑事诉讼法》第200条关于有罪判决的规定——"案件事实清楚,证据确实、充分"。无论是在检察机关的起诉书中,还是在公安机关的移送审查起诉书中均会注明"事实清楚,证据确实、充分"。显然,即便是在办理同一起案件的过程

---

[1] 孙谦:《检察机关贯彻修改后刑事诉讼法的若干问题》,载《国家检察官学院学报》2018年第6期。

[2] 张国香:《风雨阳光八十秋法治前行终生求——清华大学法学院教授张建伟谈陈光中教授治学印象》,载《人民法院报》2010年4月23日。

中，不同的主体对这一相对抽象概念理解也会存在差异，当程序上的后一主体对前一主体所作出的肯定结论持不同看法时，通常会优先考虑进行沟通协作，以寻求在事实和证据标准方面达成共识，而非立即作出否定性评价（例如不起诉、判决无罪）。鉴于我国刑事诉讼阶段相对分离的现实以及案件事实还原本身的难度，符合法律规定前提下的协作实属恰当。当然，需要强调三机关之间的配合，必须是为达成探寻实质真实的配合，倘若这种配合以降低犯罪认定标准为代价，只能算是一种违背原则的单向妥协，并不符合法律条文中互相配合的要旨。

为推进刑事案件办理质效进一步提升，2021 年 12 月，最高人民检察院和公安部联合发布《关于健全完善侦查监督与协作配合机制的意见》，对检察机关和公安机关在刑事诉讼中的健全完善监督制约机制、协作配合机制和信息共享机制明确了 14 项具体任务，提出设立侦查监督与协作配合办公室，为今后检察机关与公安机关之间更好地开展监督与协作奠定了科学的制度基础。需要注意的是，2021 年 1 月，最高人民检察院印发了《关于加强和完善监察执法与刑事司法衔接机制的意见（试行）》，对反腐败工作领域监察机关与司法机关之间的互相配合、互相制约也作出了详细的规定。

（一）职能分工下的配合现状

在刑事诉讼活动中，公安机关拥有着最丰富的办案资源和最多样化的办案手段，这也使得侦查权的行使具备较大的灵活性及较高的效率。侦查权的内容主要包括侦查启动、侦查行动以及结果处置。[1] 其中侦查行动所完成的调查取证和强制措施等任务，是形成案件事实的基础。考虑到我国当前刑事侦查机关承担的较大压力，侦查人员通常在人员抓捕、信息采集等领域的专业素养更为突出，在部分类案办理方面的规范

---

[1] 王芳：《审判中心趋向中的刑事侦查权重构》，载《社会科学战线》2019 年第 6 期。

化程度较高。而对于重大案件以及专业化程度要求较高的案件，仍需要与司法人员进行充分协作。相关的配合工作表现为两种方式：一是在各自的办案阶段内，通过侦检、法检之间的沟通联络机制实现证据信息的补充，二是通过程序回流的方式，将案件退回至上一阶段进行相关的调查核实。

第一种方式下，也即在公安机关、检察机关、审判机关在各自负责的环节中与相关主体进行配合。如前所述，侦查环节中，检察机关可以通过提前介入侦查的方式对取证活动进行适当引导；审查起诉环节中，对于补充证据难度不大且公安机关可以在短期内完成等情形，检察机关可以直接通知公安机关补充；① 审判环节中，根据《刑事诉讼法》第196条的规定，合议庭对证据有疑问的，可以休庭并开展核实工作。

第二种方式即程序回流主要有两种类型：一是在审查起诉阶段回流，检察机关将案件退回侦查机关补充侦查；二是在审判阶段回流，检察机关发现案件需要补充侦查，提请建议延期审理后，开展补充侦查。在后一种情形中，检察机关可以自行侦查，也可以要求公安机关提供协助。

尽管法律文本均赋予了检察机关和审判机关在对案件事实和证据有疑问的前提下，有自行调查的权力，但受制于办案资源的紧缺和直接取证经验的有限，实践中通过相关的协调机制由侦查机关完成具体证据调取工作情形更为多见。客观来看，相关的配合机制在多数案件办理的过程中发挥了较为重要的作用，但也存在一些问题：一是因某些案件办理的进度紧张，少数办案人员有时将上述配合机制作为变相延长法定办案期间的工具（实践中所称的借时间）；二是过分依赖案件回流的办案模式，对调查取证的时效有负面影响，配合效果有时不尽如人意。

---

① 参见最高人民检察院、公安部印发的《关于加强和规范补充侦查工作的指导意见》第10条。

（二）捕诉一体——破除消极路径依赖的一种方法

路径依赖（Path – Dependence）是指制度演进的过程中，一旦沿着某种模式行进，则会形成不断依赖这种模式的惯性。长期的司法实践活动中部分内容或许在提高办案效率方面有一定的积极作用，但仍然存在某些不适宜的消极成分，例如对言词证据的过度依赖，"由供到证"的侦查模式等。从三机关互相配合的层面上看，消极的路径依赖制约着刑事诉讼关于公正和效率的追求。

在相关配合机制运转的过程中，检察机关权力运行的跨度最大，因而可以作为化解有关配合机制困局的一个突破口。在此意义上的捕诉一体，事实上有利于侦、诉、审之间的配合的规范化、实质化，能够促进司法权力在"以审判为中心"的诉讼制度中维持良性运作。

首先，捕诉一体在确保侦查权积极行使方面有一定优势。一是检察机关对侦查活动的介入程度加深，能够有效避免侦查程序空转。无论是在批准逮捕前后还是在审查起诉、退回补充侦查阶段，建立在捕诉一体模式之上的侦检关系便于检察机关在侦查资源的有效投入方面给予适当的压力，防止配合机制的虚化。二是随着检察机关与侦查机关的合作更加密切，有利于形成更加符合现代法治理念的案件办理模式。剥离侦查环节对言词证据的依赖并非一朝一夕，而是要在个案办理的基础上寻找有效的可替代模块。检察官较强的法律素养和侦查员侦查技术优势不是矛盾的双方，两者需要通过深度融合寻求一种理性的更优的办案困局的解决方案。当前，科学技术手段对刑事司法的影响越发深刻，凭借技术支持同样可以完成司法证明的任务。[①] 在捕诉一体的模式下，检察官能够运用证据审查的经验，为侦查人员以更开拓的视野运用侦查措施提供必要的支撑。

其次，捕诉一体能够间接确保审判权在刑事诉讼过程中的作用更加

---

① 陈卫东：《"以审判为中心"与审前程序改革》，载《法学》2016年第12期。

突出。在审判环节，对存疑证据和事实的调查应当迅速高效，过度依赖侦查机关的协助并非始终是最优选择，检察机关有必要激活自行侦查权。捕诉一体使得检察机关在对公安机关取证实践有了更深入的了解的基础上，可以充分利用节省的办案资源加大对自行侦查权运用的尝试。来源于不同主体的证据内容不仅具有更高的可信度，而且其对庭审的及时反馈能够保证审判流程的连贯性，缩短被告人接受强制措施的期限，避免诉讼拖延。

三、偏差矫正：制约机制的功能导向

在任何一个权力秩序中，制约都是不可或缺的重要内容。刑事诉讼权力的高度强制性意味着其行使的偏差可能导致严重侵害的后果，因此制约机制的效率极为关键。刑事诉讼中的权力制约是一种双向的互动状态，其包含着两层内容：一是具有一定侵害性的权力能够得到控制，二是受控制的对象拥有一定的对抗手段。[1] 基于我国刑事诉讼的线性结构，权力的制约主要体现在公安机关与检察机关，检察机关与审判机关两个方面的关系中。大体来看，制约是通过某一阶段的办案机关对前一阶段办案行为和结论进行判断，并对其中不符合法律规定的内容作出否定性评价来实现的。其中，由于检察机关能够对前后两个阶段诉讼权力主体进行制约，因此，即便是在以审判为中心的诉讼制度中，其仍然处在制约机制的枢纽地位。

（一）制约的规则与实践

侦查机关和检察机关的相互制约主要有以下几种方式：一是在审查逮捕过程中，检察机关对不符合逮捕条件的公安机关提请逮捕的案件作出不批捕决定，公安机关有权要求复议或复核。二是在审查起诉过程

---

[1] 李蓉：《论刑事诉讼权力配置的均衡》，载《中国人民大学学报》2006 年第 4 期。

中，检察机关对不符合起诉条件的公安机关移送审查起诉的案件作出不起诉的决定，公安机关有权要求复议或复核。三是检察机关可以通过行使侦查监督权对公安机关的立案活动和侦查活动进行制约，如对不应当立案而立案的、应当立案而不立案的，要求公安机关书面说明理由，并根据情况通知公安机关立案或者撤销案件，公安机关认为检察机关通知撤销案件的决定不正确的，有权申请复议或复核；同时还可以对公安机关在侦查活动中发生的违法取证行为进行制约。四是对办案机关采取的羁押性的强制措施进行制约，如对被羁押人员的羁押必要性进行审查，对于不需要继续羁押的情形，建议办案部门释放或者变更强制措施。

检察机关和审判机关的制约主要有以下几种方式：一是审判机关对检察机关提起公诉的案件，经审理后认为不足以认定有罪的或者认定有罪但认为检察机关适用法律不准确的，作出无罪判决或者与检察机关指控罪名和量刑建议不一致的判决，检察机关可以提起抗诉；二是检察机关能够通过行使审判监督权，对审判机关的相关程序违法行为进行制约。需要指出的是，审判机关只能就检察机关指控的犯罪事实进行判决，而不能对指控内容之外的犯罪事实作出评判。

总的来看，从制约机制的启动方式出发，对相关权力的制约既可以由有权限的机关主动进行，如检察机关依职权对违法的侦查行为进行纠正，也可以被动启动，如审判机关对检察机关移送起诉的案件作出无罪判决等。实践中，制约机制呈现出以下现象：一是部分制约手段逐渐受到重视且发挥着越来越重要的作用，如检察机关的审查逮捕工作，随着对案件质量责任的加强，办案人员对批准逮捕的适用条件把握得更加严格，在审查案件的过程中，非法证据排除的情形越来越常见。二是部分制约机制使用的频率仍然较低，如检察机关受长期以来的起诉法定主义的影响，对不起诉的适用较为谨慎，审判机关的无罪判决率也一直处于低位。三是部分制约手段的效果有限，如在检察机关的羁押必要性审查工作中，办案机关因审查建议程序而改变逮捕强制措施的情形较少。

（二）捕诉一体——提升纠偏的精度与广度

笔者认为，在整体司法资源仍然有限的背景下，制约机制应当着力去纠正较为严重的权力不当行使的问题，而非为追求考核目标数字的美观而将精力集中于一些细枝末节的瑕疵。相对于捕诉分离，捕诉一体模式下的检察机关能够更加注重充分发挥制约本身的功能，也即更易通过制约机制的运行实现实质真实和人权保障的目的。

首先，捕诉一体机制有助于强化本身已经处在不断完善过程中的审查逮捕机制。作为消解侦查活动封闭性的一个端口，捕诉一体后的检察官有足够动力充分利用审查逮捕环节对侦查权行使的规范性进行及时的审查，毫无疑问非法证据排除的紧迫性更加突出，由此衍生出的不捕后的补充侦查意见也能够为侦查权行使校准方向。同时，出于对办案风险和犯罪嫌疑人权益保障的综合考量，检察官也不得不重新审视羁押必要性的这一要素，以防止侦查机关滥用《刑事诉讼法》第81条关于犯罪嫌疑人"社会危险性"[①]的规定。

其次，在精准把握逮捕条件的基础上，检察机关能够更加大胆地运用不起诉权。由于捕诉一体模式下，审查逮捕阶段的检察官必须将后期开展的审查起诉工作也纳入分析的范畴，其当然会预判案件各种可能走向，这反过来督促检察官结合案件的实际情况对起诉和不起诉的决定进行更加全面的衡量，不起诉权有被更加充分运用的可能性。笔者认为，不起诉率的上升是以审判为中心的诉讼制度落实后的必然趋势，也有利于更好地发挥刑事法律的谦抑性。当然，除了对于特定情形的案件要果断作出法定不起诉外，不起诉范围扩大重点在于附条件不起诉和酌定不

---

① 根据笔者对公安机关移送审查逮捕文书的分析，大部分侦查人员均注明犯罪嫌疑人可能毁灭伪造证据，或者干扰证人作证或者串供，可能逃跑等。事实上，从常理上推断，任何一个审查人员都无法完全否定被追诉人有逃避追诉的可能性，大多数情况下只能予以笼统地肯定。这也是羁押必要性审查被虚化的一个重要原因。

起诉,这两者并非是对侦查行为的绝对否定性评价,但客观上能起到国家强制程序的终止和案件过滤的效果。从广义上看,这是对过度恪守起诉法定主义的一种调整,可以视作是一种司法理念的纠偏。

最后,捕诉一体带来的检察机关在刑事诉讼中主导地位的强化,将提升检察权与审判权的互相制约的效果。由于捕诉一体对办案质量的进一步保障,在可以预见的时期内,无罪判决率仍然会保持低位运行,但相应的检察办案专业化程度加深,能够实现更高层次的法检制衡。例如,检察权对前期侦查行为的质量控制减轻了审判机关查明案件事实的压力,促使后者能够投入更多精力完成法律解释工作,因而可以在罪名认定上对检察机关的指控进行更加深入的判断,此外,在捕诉一体模式下检察机关量刑建议精准化将有着更加坚实的基础,在一定程度上实现了对审判机关的量刑权的制约,而特定情况下审判机关也能够突破限制,确保量刑的科学合理。

第三节　捕诉一体——法律监督宪法定位之再强化

自 1982 年《宪法》第 134 条明确人民检察院是我国的法律监督机关以来,检察机关始终牢牢把握自身的法律监督属性,逐步构建起一套完整的以司法权力为主线的法律监督体系。从职能的属种关系上看,有学者将诉讼职能和诉讼监督职能并列,共同作为法律监督职能的下位概念。① 从权力属性的层面上考察,有学者认为检察权,也即法律监督权是司法权和监督权两种平行权力的相互融合。② 无论何种观点,都将监

---

① 张建伟:《论检察》,中国检察出版社 2014 年版,第 117 页。
② 苗生明:《新时代检察权的定位、特征与发展趋向》,载《中国法学》2019 年第 6 期。

督作为检察工作的关键要素,并强调其不同于诉讼职能但又与诉讼职能密不可分的特征。事实上,几十年来检察机关的各项改革举措,无不以凸显法律监督宪法定位为目标导向。而相应的改革目的,最终都是通过诉讼和监督两个层面的复合作用才得以实现。

在新时代四大检察的整体布局下,刑事诉讼法律监督依然是最受瞩目的工作领域之一。以合法性的角度考察,捕诉一体不仅完全符合中国的司法文本和法律传统,而且有利于法律监督宪法定位的强化,因而能够在今后发展变革的进程中,持续激发中国特色检察制度旺盛的生命力。

一、捕诉一体的合法性证成

《宪法》第137条规定了上下级检察机关之间的领导与被领导关系,《人民检察院组织法》第29条规定了检察官在检察长的领导下开展工作,在检察机关上下级以及内部的人员管理层面,检察一体化始终是必须坚持的原则。如果说检察机关独立行使检察权是基于其权能中司法属性的要求,那么这一"上命下从"的传统则主要是为了服从实现监督效能这一总体目标。这一原则不仅体现在检察工作的方方面面,而且使得检察机关在司法体制改革的细节层面与审判机关存在一定的差别。从某种角度而言,不妨将一直以来的机构人员的一体化运作看作是管理机制层面的纵向一体化,而将捕诉一体视作是权力配置层面的横向一体化。

虽然捕诉一体改革落地后,相关的司法文本如《刑事诉讼规则》进行了修订,但即使是从改革前的法律条文进行考察,捕诉一体仍然没有超出法律规定的权力运行范畴。改革前后相关文本调整,或者只是在原有内容基础上的细化明确,或者仍然在有关制度设计上保持了相对弹性的空间。

(一)检察权力的分配模式:基于文本的考察

根据《人民检察院组织法》的规定,检察权力最终归属于"检察长+

检察委员会"二元权力主体。一是在检察长与检察官的办案权力分配关系上，第 29 条明确了检察官的权力来自于检察长的委托，且检察长保留有重大办案事项的决定权。二是在检委会与检察官的权力位阶上，第 33 条明确了检察官应当执行检委会的决定。三是在检委会职能和权限上，检委会拥有讨论决定案件和重大事项的职能，而作为制约检察长权力的方式，检委会实行民主集中制，如检察长不同意检委会成员关于办理案件的多数意见，不能直接否定，但可以报上一级人民检察院决定。此外，最高人民检察院关于发布司法解释、指导性案例等，也只能经检委会讨论通过。

如果仅从办案活动考察，检察长则拥有法律赋予检察机关的所有权力。因为检委会对重大、疑难、复杂案件的讨论决定，本身在检察长的职权行使范围之内，而且其效力也并非绝对高于检察长。同时，检委会议事程序的启动，一般为检察官提请、检察长决定，这也意味着在实践中，不可能将召开检委会作为处理办案疑难问题的常用手段。因此，检察机关内部，检察长是所有办案权力合一的主体，既然检察官的办案权力又来自于检察长的委托，那么检察长将何种类型的权力在何种期间内委托检察官，则是一个技术性问题，通常取决于司法实践的需要。事实上，这也就是司法责任制改革后各地检察官权力清单存在差异的主要原因。

一方面，即使是同一种权力，检察长也可能仅将其中的一部分委托给检察官行使，例如在大多数地区的检察官权力清单中，公诉权（包含起诉和不起诉等内容）并未完全委托给检察官，即一般案件的起诉由检察官决定，但不起诉权、撤回起诉权仍仅能由检察长行使。另一方面，即使法律明确规定某一项权力由检察长行使，也并不意味着只能由检察长行使，其仍然能够基于《人民检察院组织法》的规定，通过授权的方式将其委托给检察官。例如《刑事诉讼法》第 89 条规定审查批准逮捕由检察长决定。笔者认为，这一规定是围绕《宪法》第 37 条对公民人身自由的特别保护所作出的一项注意性说明，旨在强调要慎重运用这一权力，并非绝对限定权力行使的主体。事实上，要求检察长亲自办理每一起审查批捕案件，不仅无落实的可能，而且无现实的必要。各地的权力清单多将一般案件的批捕权委托给检察官，而不批准逮捕的权力仍由检察长保留。这主要是由于我国大部分地区仍然以批捕为多数情形，不捕率并不高，不排除随着诉讼制度的完善和司法理念的变化，当不批捕为常态时，检察长仅会保留批捕权或者将一般案件的批捕和不批捕权力完全委托给检察官。

在各类法律文本中，相关检察权力主体的表述绝大多数均为人民检察院。事实上，经过检察长的委托授权，每一名检察官都能够在权限范围内代表检察机关作出决定。批捕、起诉权委托给同一检察官抑或是由不同的检察官分别行使，本质上仍然未超出检察长授权这一基本权力分配机制的范畴。此外，为适应司法实践对检察权力配置的灵活性需求，《人民检察院组织法》第18条赋予检察机关业务机构设置以较大弹性，捕诉一体后的内设机构调整亦无任何障碍。

（二）捕诉权力运行的共性：基于法律传统的考察

在中国的法治语境下，被认为具有明显司法审查性质的审查批捕活动亦承担着治理犯罪的职责，而被外界视为以惩治犯罪为目的的公诉活动亦需要检察官秉持客观公正的立场。两者在诸多层面上并无泾渭分明的差异，而在运行过程中的若干共性意味着两者具有合一的天然基础。

第一，批捕、起诉等司法决定均建立在审查的基础之上。审查的对象主要是侦查行为以及办案证据等，因办案阶段的发展，审查对象会呈现出丰富程度的差别，但是证据本身需要达到的最低标准如对犯罪构成的认定并无不同，是作出批捕、起诉决定的共同必要前提。虽然批捕并非每起案件的必经环节，但由于公安机关通常会将存在一定办案难度的案件移送审查批捕，以至于提请逮捕的案件基数较大，基本上能够覆盖当前刑事办案领域的主要类型，直诉案件一般限于案情简单且刑罚较轻的类案，如危险驾驶、金额较小的盗窃等犯罪。因此，捕、诉人员对绝大多数疑难案件在办理过程中有着直观共鸣。尽管刑事审判活动有逐渐减少案卷依赖的改革趋势，但在审前阶段，由于我国检察机关并无控制侦查的权力，除部分案件因提前介入、处理控告申诉线索而扩大了审查范围外，检察机关对侦查活动的审查仍然比较偏重于侦查卷宗本身。因此捕、诉办案人员对于长期因案卷审查而形成的法律经验在一定层面上是相通的。

第二，审查批捕、审查起诉工作在立案监督、侦查活动监督领域有着共同的目标。换言之，尽管批准逮捕与提起公诉的法定条件存在差别，但是办案人员在上述环节开展法律监督的标准始终是一致的。过去形成的批捕部门偏重对侦查环节的监督，公诉部门更重视对审判环节的监督，更多是由于整体考核机制在目标导向上的偏好，并不意味着两者在监督领域上的互斥。例如审查起诉阶段的办案人员对于尽早纠正侦查活动中的违法行为就有着现实的需求，但是由于分工不同，其时效性很难保证。而从监督的成果来看，批捕、起诉部门的人员对侦查行为在取证规范化、全面化的关注点高度重合。从个案办理过程中的内部沟通情况来看，批捕、起诉人员对案件处理意见的共识要远多于分歧。当然，笔者并非意在否定分离状态下两个阶段互相监督的作用，而是从实践角度说明捕诉办案人员在履职过程中本来就已经形成了较为一致的法律思维传统。

二、监察体制改革后的刑事诉讼监督格局

国家监察体制改革是推进国家治理体系和治理能力现代化的一次重大改革。这一改革的重点之一就是将原来由检察机关负责的反贪污贿赂、反渎职侵权以及职务犯罪预防工作纳入新设立的监察体系中，实现反腐败力量的整合以及对公权力监督的全覆盖。由于其不仅事关国家权

力分配的宪法问题，相关机制的运行亦涉及不同法律程序和不同机关之间的衔接配合问题，因而引发了全社会的广泛关注。2018年3月，第十三届全国人民代表大会第一次会议通过了《监察法》，标志着我国的监察制度步入了新的历史时期。

职务犯罪侦查工作自检察机关恢复重建以来，就是检察工作的重要组成部分，一直以来被很多人认为是检察机关作为法律监督机关宪法定位的支柱。但事实上，兼具多重职能的检察机关在履职过程中，不可避免地将较多的人力物力投入到任务繁重的反贪、反渎业务中，各级检察机关特别是司法资源极为紧张的基层检察机关，缺乏足够的精力对更大范围的法律监督工作予以充分关注，其实际层面的监督效用并未得以充分发挥。监察体制改革的推进，为检察机关重新审视自身的职能定位并将若干改革举措付诸实施提供了宝贵的契机。事实上，在推进国家治理体系和治理能力现代化的进程中，"两反"转隶后的检察机关面临着更加重大的任务。2021年6月，党中央专门印发《中共中央关于加强新时代检察机关法律监督工作的意见》，明确了新时代检察事业发展的总体要求，并提出了充分发挥法律监督职能作用、全面提升法律监督质量和效果等具体意见。这充分彰显了检察工作在国家治理中的重要地位和作用，也要求进入新发展阶段后的检察机关还需要在诸多领域更进一步积极作为。

监察体制改革中检察机关并非简单地做减法，而是亟待在现有的法律框架下对检察机关的工作机制、资源分配进行优化升级。刑事检察工作始终是检察工作的重中之重，也是发挥法律监督职能最直接最关键的途径，而刑事检察工作中最核心的毫无疑问是批捕、起诉工作，结合司法实践和前述改革给检察机关提出的新要求，检察机关内部改革应运而生。2018年7月，最高人民检察院检察长张军在大检察官研讨班上再次强调转隶就是转机。反贪等职能、机构、人员转隶，为检察工作创新发展、法律监督全面落实提供了难得的契机。最高人民检察院随后在业已完成的司法改革基础上谋划推动新一轮检察改革,以进一步完善检察工作机制体制,新一轮改革的突破口选在内设机构改革上,其中一项重要内容就是"捕诉合一"①。

(一)"非刚性化"的法律监督

"两反"转隶后,引发了众多学者对检察监督刚性缺失的担忧。诚然,一般而言,如无强制性的法律后果,针对违法行为监督可能就很难达到预期效果。但是我们也应当清晰地看到,在我国的国家治理体系中,监督是一个多维概念,人大、政协、政府等主体有着各自的监督领域和监督方式,由于监督对象和监督内容的差别,其刚性也各有不同。在国家监察体制改革后,检察机关的监督职能有所调整,整体仍然维持法律监督的地位,与承担对公职人员实施一般监督的监察机关相对应,检察机关主要实施的是诉讼活动中的专门监督。② 除针对刑事诉讼法规定的十四类犯罪行为可以启动自行侦查权外,诉讼活动中呈现出的违法行为的样态,无论是危害性还是秘密程度都较为有限,因此对监督手段的刚性需求并不强烈。况且即使是在检察机关拥有完全的职务犯罪侦查权之时,其对于贪污贿赂、渎职侵权案件的查办与诉讼监督也是分别在两个不同的领域发挥作用。因为在国家工作人员个体不涉及任何犯罪行为的前提下,其所代表国家机关实施的行为仍然有可能违背法律的规定,两者通常无直接关联。即便有人认为基于某种场域行为或者权力博弈的关系,并不直接作用于相关单位或者人员的职务犯罪侦查权能够在事实上给予被监督对象一定的压力,这种间接压力导致的顺从也只是一种错位的效果,并非制度设计的初衷。例如,我们很难认为审判人员因

---

① 《1+1=2还是1+1>2?——全国人大监察和司法委员会、最高人民检察院联合邀请法学专家赴基层检察机关调研"捕诉合一"侧记》,载《检察日报》2018年7月24日,第1版。

② 苗生明:《新时代检察权的定位、特征与发展趋向》,载《中国法学》2019年第6期。

面对被认定为渎职的压力而放弃原本坚持的某个适当的裁决就是合理的。

根据《人民检察院组织法》第 21 条的规定，检察机关行使法律监督职权，可以在调查核实的基础上提出抗诉、纠正意见、检察建议。从语词的严厉性逐次递减不难看出，三类监督方式的严格程度逐渐变小，不过即便是最为严格的抗诉，也仅仅是要求法院启动审理程序，并无实体或者程序上的消极后果。由于抗诉适用的范围和对象较窄，实践中最常用的手段是后两者，为弥补两者在刚性上的不足，该条文还特别规定有关单位应当予以配合，及时将有关情况书面回复检察机关。事实上，非刚性化的法律监督手段与检察机关法律监督地位并不冲突，① 相反其应当是一种有效且更加稳妥的监督。被监督者的行为一般发生在规则明确且易受感知的公开环境中，其行为偏差的动因可能是基于对法律的偏差理解或者是某种不合时宜的思维惯性。非刚性的手段追求的是一种平等监督，更注重对法律条文的解释和对事实逻辑的阐明。这种更多诉诸于理性的柔性监督，相较于依赖权威的刚性监督不仅在适用范围上更加灵活，而且更易实现长久的治理效果。

退言之，构建一个新的具有高度强制性的职能，不仅需要继续构建与之相配套的新的制约机制（无论是内部制约还是外部制约），而且要注重防范其在日常行使过程中发生错误的概率，否则其就可能异化成不受控制的新的权力主体。从系统风险和法律成本的角度来说，这并非总是一个最优或者唯一有效的解决方案。法律制度对国家机关权力的规定，最终是为了实现集体和个体对规则的遵守，以形成其所追求的规范秩序。在很多情形下的追责，目的仍在于督促、警示或迫使义务主体及时履行法定义务。② 追责体系固然重要，但其更多的是针对性质严重的

---

① 李奋飞：《论检察机关的审前主导权》，载《法学评论》2018 年第 6 期。
② 万毅：《〈人民检察院组织法〉第 21 条之法律分析》，载《国家检察官学院学报》2019 年第 1 期。

个例发生作用，所消耗的巨大资源决定了其不可能面面俱到，因此，将全域范围内的被监督者履行义务过多地寄托于强制的威吓，恐怕也只能是一厢情愿的结果。

（二）纠正违法和检察建议①：各有侧重的监督方式

在刑事诉讼活动中，纠正违法和检察建议是当前主要的监督手段，相关法律并未设置过于细致的启动标准，只是明确了可以采取一定的方式调查核实，主要包括询问相关人员、调取相关资料，进行相关的检查或者鉴定等。两者也可以同时适用。大体来看，在刑事诉讼监督领域，纠正违法主要实施的是个案监督，检察建议则主要偏向于类型化问题的治理。

纠正违法包括针对较为轻微违法行为的口头纠正以及针对情节较重违法行为的书面纠正。后者需制作规范的纠正违法通知书，是刑事诉讼监督活动中较为常见的文书类型。对于侦查人员在办案过程中侵犯被调查人合法权利的，超期羁押的，违反程序规定造成证据存在瑕疵需要补强的以及严重违背法律规定取证造成证据需要予以排除的，均可以由检察长决定制发纠正违法通知书。此外，检察机关在对公安机关发出通知立案或撤案通知书后，公安机关未予及时回应亦属于违法行为，检察机关也应当作出纠正违法的决定。对于被监督对象不予回应的，根据《人民检察院刑事诉讼规则》的规定，检察机关应当向上一级人民检察院报告。

根据《人民检察院检察建议工作规定》（以下简称为《工作规定》），检察建议分为再审检察建议、公益诉讼检察建议等五种类型，具

---

① 笔者此处的纠正违法是指主要以纠正违法通知书为载体的监督方式，根据最高人民检察院 2018 年 12 月 25 日通过的《人民检察院检察建议工作规定》第 5 条的规定，检察建议包括纠正违法类检察建议在内的五种类型，该类型仍属于检察建议而非纠正违法的范畴。

体到刑事诉讼领域,实践中主要涉及的是纠正违法检察建议和社会治理检察建议。前者主要是针对相关单位在刑事诉讼活动中的违法行为、重大隐患或者普遍性、倾向性的违法问题等提出建议,后者则主要从犯罪预防的角度,针对涉案单位或者行业主管部门在社会治理层面上的风险提出建议。从某种程度上说,检察建议的监督是一种由点及面的监督,检察人员通过对个案的挖掘,分析引发相关问题的成因,形成具有较强操作性的对策并要求被监督对象予以修正,以减少或杜绝相关问题再度发生的可能。检察机关同样也需要对监督事项做好督促落实。《工作规定》明确了被监督单位对于检察建议的落实的时限为两个月,检察机关也可根据实际确定更短的回复期限。为提高相关单位对建议内容的重视程度,必要时检察机关还可以将检察建议抄送同级党委、人大和政府等。

纠正违法和检察建议作为检察机关行使法律监督的手段由来已久,但是在"两反"转隶之前,其作用并未引起足够的重视。在相当长的一段时间内,每一起职务犯罪案件办理过程中均会对涉案单位发出检察建议,不过彼时的建议更多地被视为一种规定动作,其内容的针对性和说理的逻辑性均较为有限。在监察体制改革后,如何充分运用好上述两类监督显得日益关键。尽管上述监督手段在法律层面上表现为对单位的监督,但具体的效果仍然需要在代表单位的个体的行为中体现。在捕诉分离的模式下,由于随机分案模式的影响,特定的被监督者与特定的检察人员很难建立稳定的监督关系,同时检察人员个体思维的差异意味着对某些问题是否需要决定监督,以及需要达到何种监督效果无法形成可靠的长效机制。但是随着捕诉一体带来的人员专业化分工,对监督实效产生了两个积极影响:一是如前所述,由一个检察官实施对同一案件捕诉两个阶段的监督,侦查人员必然更加重视检察官所提出的各类意见,特别是审查批捕阶段的监督意见。二是因内设机构改革对犯罪类型的分流,同一类案件由个别检察官承办的概率大大增加,某个检察官能够更易于与辖区内的侦查人员（或是其他被监督单位的人员）形成统一的办案标准和监督模式，一定程度上实现监督效果的提升。

三、捕诉一体下的侦查监督

尽管在制度设计上，法律赋予了检察机关全流程的刑事诉讼监督权限，但实践中监督的重点长期聚焦在审前阶段。在审判活动中，通常是通过诉讼职能如提起公诉和抗诉来确保法律的正确实施。① 这主要是相比于审前活动，审判程序中发生瑕疵或者错误的风险较小，检察机关近年来的办案数据也显示，审前阶段的监督压力高于审判阶段，侦查监督在相当久的一段时间内仍然是司法活动监督的重点关注领域。

因诉讼职能与诉讼监督职能之间的紧密联系，捕诉一体实现批捕、起诉权力合一的同时，也当然实现了监督的一体化。从逻辑上并不难理解审查起诉对侦查监督的执着追求，但是基于审查批捕活动的特殊性，其与侦查监督的关系有必要进行更加深度的阐明。事实上，实现侦查监督专门化的核心内容之一，是要在厘清审查批捕与侦查监督之间价值差异的基础上，实现两者之间的适度融合，当然促进侦查监督在其他制度体系中的嵌入也相当重要。笔者认为，捕诉一体改革为两者提供了充分的制度依托。

（一）审查批捕与侦查监督的实践逻辑

不同于诉讼权力的被动性（如批捕、起诉活动始于侦查机关的移送案件），监督权力的发挥在很大程度上取决于主体的主动积极作用，检察机关所承担的复合职能意味着其不能止步于判断本身，更多时候要通过监督手段解决或者辅助侦查机关解决案件办理过程中的相关问题。无论是从办案阶段还是权力内容本身来看，审查批捕都是实现侦查监督的

---

① 陈瑞华：《论检察机关的法律职能》，载《政法论坛》2018年第1期。

理想环节。围绕批捕权形成的质量控制体系也就自然而然地成为侦查监督的主要表现形式。以至于在实务部门的日常语境中，侦查监督一度成为审查批捕的上位概念。不过其问题在于，实践中存在构罪即捕现象，其成因不只在于侦查质量的控制需求，更在于从司法办案责任的角度说，定性问题比定量问题更易受到关注。① 因为是否需要羁押，更多的时候是一个比例问题，即是否必须以犯罪嫌疑人的自由限制来换取司法活动的顺利推进，而证据是否足以构成犯罪，涉及定性，一般观点认为错捕仅限于无罪逮捕的情形。

在关于审查批捕活动回归自身独立的价值的呼吁声中，有一种观点或许能反映部分办案人员的担忧：如果构罪仍不逮捕，有关质量控制的机制便遽然瓦解。② 反过来说，捕诉一体对侦查质量控制的重要性的强调，是否会进一步导致审查批捕对人身自由保障的忽视？笔者认为，因缺乏必要性的构罪不捕对侦查质量控制的负面影响有限，而捕诉一体模式在现阶段或许更有利于促进审查批捕和侦查监督在互相融合的背景下回归各自的价值。

第一，驱动侦查的力量来自多方面。侦查机关作为高度行政化的集体，其有着相对完备的内部管理机制和激励方式，在刑事诉讼活动中，侦查质量不仅会接受检察机关的审查，最终还会由审判机关进行更加全面的裁决。对于不构成犯罪的案件不予批捕自然是实现质量控制的应有之义，但是对于足以认定犯罪的案件采取何种强制措施——在证据达到构成犯罪门槛的基础上考量限制人身自由的必要性，不仅是法律的明确要求，也是司法观念日益现代化的必然趋势。严格执法是每一名国家工作人员的义务，刑事诉讼活动对办案人员专业素养和职业精神要求尤其

---

① 即使在事后的案件质量评查中，对于审查逮捕案件的审查的重点仍集中于是否有足够的证据证明有犯罪事实，而对于逮捕必要性的判断，评查人不仅缺乏足够有效的信息予以评价，其本身也缺乏评价的意愿。

② 聂友伦：《检察机关批捕权配置的三种模式》，载《法学家》2019年第3期。

苛刻。假使侦查人员因构罪不捕而放松对侦查质量的把握，其工作会遭受来自司法机关持续否定评价，如果严重到导致本应受到追诉的行为逃脱了法律制裁，则涉嫌渎职犯罪。

第二，捕诉一体模式下检察官更易于判断羁押的必要性。在批捕的法定条件中，已然将确保诉讼活动正常进行放在较为重要的位置，随着捕诉一体后检察机关对侦查活动信息了解的全面化，检察官对于是否有社会危险性的判断将逐步建立感性认识，而不会仅取决于侦查文书的单方面表述。倘若确实会因不批捕而导致取证工作无法正常继续，检察官当然能够清晰地判断其中的因果关系，从而作出相应决定。

第三，捕诉一体模式下侦查人员的积极性得到良好保持。为了顺利推进侦查取证，侦查机关习惯于在与被追诉人的对抗中营造压倒性氛围。这本身无可指责，但是这种优势压力如超过一定程度，比如以不必要的人身自由为代价，自然需要法律进行约束。在捕诉分离的模式下，侦查人员需要通过批捕向犯罪嫌疑人、律师抑或是公诉阶段的检察官、审判阶段的法官表明其工作成果受到认可。而捕诉一体的背景下，负责捕诉的检察官对案件质量如何有着直观了解，如果是因无社会危险性不捕的，也并不会影响到侦查人员的积极性，反而会促使其加强对报捕案件的审核，减少提请审查逮捕案件的基数。

（二）完善进程中的侦查监督

尽管当前的监督模式对侦查活动中可能发生的各类问题在机制层面作出了较为全面的回应，但是仍有两个关键点亟待解决：一是侦查监督对侦查行为整体规范化程度的促进尚不足，二是监督的反馈机制尚未嵌入侦查机关的内部管理体系中。

各类司法文本对主要犯罪的认定作出了若干详细解释，不过对办案机关来说，在日益复杂的案件事实与法律适用之间仍需要构建一架更加简明稳定的桥梁——证据指引规则，以针对认定不同犯罪需要哪些种类的证据以及取证过程中需要遵循的基本流程进行具体说明。相比于捕诉分离下分散的监督模式,捕诉一体所实现的类型化监督模式更有利于建立统一的办案规范,检察机关在侦查监督过程中所发现的共性问题,以及需要侦查机关重点关注的疑难问题,均可以纳入指引规则的范畴。在制定规则的过程中,应当确保内容的普遍适用以及科学合理性,突出合法性标准。① 借助侦查监督职能的有效发挥,检察办案的专业化能够经由实践和文本两个层面的相互促进实现侦查行为在取证领域的专业化。

由于在现行的制度中,侦查监督的作用射程仅及于个案的纠违,对于行为背后的主体如何评价,缺少明确规定。违法行为和错误决定被纠正,如果有关责任人不足以吸取教训,② 相关问题也有反复出现的可能。根据《人民检察院组织法》第 48 条的规定,对于妨碍检察机关行使职权的违法犯罪行为,依法追究法律责任。实践中,被监督对象的行为构成犯罪的毕竟是少数,其能够通过检察机关自行侦查或是移交监察机关予以处理。更多的情形是尚未构成犯罪但的确有一定消极影响的行为,倘若长期无视这类行为的危害性,可能对办案人员的执法活动管理形成真空地带,必然迟滞刑事诉讼活动的规范化进程。因此,在捕诉一体模式下,加强检察机关与侦查机关的制度衔接,将侦查监督的结果反馈到侦查机关内部的管理体系中,对于一定不当的行为给予相对应的惩戒有着相当的必要。对于一个科学的监督体系来说,建立并完善与评价体系相对应的反馈机制,有助于弥补监督的漏洞,避免使相应的约束性条款无法发挥效用。

---

① 陈卫东:《以审判为中心与审前程序改革》,载《法学》2016 年第 12 期。
② 朱孝清:《国家监察体制改革后检察制度的巩固与发展》,载《法学研究》2018 年第 4 期。

第四节 捕诉一体——诉讼经济原则之最优实现

随着经济社会的高速发展，公众对惩治犯罪、实现正义的强烈需求与刑事诉讼活动的高成本投入导致了司法资源长期处于紧张状态，因而司法制度诉讼效益的重要性日益凸显。法学家们很早就借鉴了经济学家关于经济活动中成本收益的研究方法，提出了诉讼经济的概念。刑事司法资源的稀缺性，决定了国家在刑事诉讼过程中，总是力图以最少的诉讼资源投入来产出最大的案件解决数量。① 因此，诉讼经济原则也就是指国家专门机关在确保程序正义和实体正义的基础上，通过消耗尽可能少的司法资源，尽可能迅速地完成诉讼任务。从多个层面考察，捕诉一体都有助于我国的刑事司法制度实现更高水平的诉讼经济，笔者在第一章第四节中已经围绕捕诉一体的内部运行机制阐述了其在提高办案效率上的意义，接下来主要从其在优化司法成本过程中发挥的作用以及与其他诉讼制度改革之间相互关系的角度进行适当分析。

一、刑事司法成本的变与不变

刑事司法成本即国家在刑事诉讼中所投入的司法资源，一般包括人力资源、物力资源、财力资源和时间资源等。② 一般情况下，一国刑事司法机关所能够使用的司法资源在较短时期内往往没有太大变化。这主要基于国家治理体系的稳定和国家的财政经济水平的考虑，并与社会的法治观念和法律传统息息相关。同时，司法活动严格的制度规范和对办案人员专业化水准的要求，意味着通过短期提高司法成本的投入来缓解

---

① 左卫民：《刑事诉讼的经济分析》，载《法学研究》2005 年第 4 期。
② 余双彪：《诉讼经济视野中的公诉政策》，载《人民检察》2012 年第 5 期。

对犯罪的治理压力并不可行。例如,办案的时间资源以及所必须履行的保障犯罪嫌疑人、被告人权利的程序,由立法明确规定,法官、检察官的职数通过专门的程序核定,很难有变动的空间。当然不排除在某一国家体制调整的关键时期,司法资源的配置会有大幅度的变化(通常表现为增加),但这一般是由于特定历史背景下涉及社会各阶层庞大改革需求所引起,一旦相关的制度运行步入正轨,司法资源必然又继续维持长期稳定状态。笔者认为,司法资源的这种相对稳定状态是一种"数量"上的稳定,随着外在社会环境的转变和内部人员、制度的优化,其稀缺性和质量都会产生变化,并直接影响着司法活动的成本收益关系。

(一)司法成本稀缺加剧的检察应对

如果将司法成本视为供给方,待处理案件作为需求方,那么就很容易理解司法资源稀缺程度的变化。从较长的历史区间来考察,司法资源整体可能呈缓慢上升的趋势,如果待处理案件的数量维持在与司法资源投入相当的状态,那么两者之间的供需就处于相对均衡的状态,如果待处理的案件上升速率超过司法资源投入增加的速率,就会造成司法成本的稀缺程度加剧。近几十年的司法实践表明,在经济发达或者是经济发展快速的国家和地区,待处理案件的数量上涨通常远远超过司法资源的投入增长。考虑到近年来经济发达地区案件量的上升趋势更加明显,加之犯罪模式的复杂化加剧,部分地区司法资源的紧张情况愈加突出。

实践中,我们很难为每个司法人员所能够投入的最大办案成本确定一个明晰的上限,其工作精力总是会随着办案人员对工作任务的评估自然而然地填充其所承办的每一起案件中。必须要注意的是,司法办案并非流水线上的机械作业,在非专业类人士看来,大量普通类案的办理流程似乎充斥着缺乏技术水准的重复劳动,实际上背后需要的是司法人员无差别地进行细致的审查,确保被追诉人的权利以及存在瑕疵或者错误的办案行为不被湮没在同质化的程序中,同时还要围绕一些微小的案情差异进行深入的辨析并准确适用法律。例如关于盗窃罪和诈骗罪之间的争议,常常就发生在某起事实简单的案件办理过程中。① 这也就意味着,办案人员不仅要以同样严谨的态度对待每一起案件,还常常要发挥专业素养进行法律解释和适用。正因如此,司法人员需要长期保持较好的精神状态而不宜长期陷入疲惫不堪的困境,而将司法制度的有效运作寄希望于对司法人员办案极限挖掘的做法显然不可持续。

捕诉一体办案机制在缓解刑事办案司法资源层面提供了行之有效的检察方案。在假设审查批捕、审查起诉案件总数不变的情况下,每位检察官办理的平均案件数并没有变化,但是由于审查批捕和起诉的是同一起案件,显然其在审查过程中能够节省一定的精力。每起案件的节省成本或许有限,但是对于人均年办案量200件左右的检察官来说,其多出的收益总和相当可观。由于在统计数值上,通常显示某起案件的办理时间为10天或者15天,但办案人员并非在这一期间仅办理一起案件,而是要同时办理多起案件,或者说将该起案件的全部工作量分配在10天或15天之中,办案精力的紧张程度很容易因个案办理时间节省的叠加而有效缓和,检察官可以充分利用其进行办案经验的梳理总结或是进行知识体系的补充完善。如前所述,长期经历庭审环节磨砺的检察官较为容易发现案件质量薄弱环节,能够更早的向侦查机关提出侦查取证的意见,不仅有助于侦查资源的合理利用,也使得审判阶段的质证环节更加顺畅,因而也能够对侦查资源和审判资源的分配起到间接的促进作用。

(二)捕诉一体模式下司法成本的质量提升

在经济活动中,成本不仅表现为数量的多少,而且存在质量的高低,同样数量的高质量资源投入显然能够更快获取更多的收益。毫无疑问,在所有的司法资源当中,办案人是最为核心的要素。就当前来看,

---

① 张明楷:《偷换商店收款二维码案应定诈骗罪》,载微信公众号"刑事实务",2017年4月5日。

检察机关干警编制总数和员额数量将长期维持在稳定水平，短期内在数量上很难有大的变动，但是办案人员的专业化水平带来的司法成本质量的提升是可以期待的。

有学者认为，司法人员的专业能力包括法律专业知识运用能力、司法专业精神和司法专业气质三个层次。① 当然，在大多数情形下社会公众更注重前两个层面。不过无论人们在何种场合下讨论司法人员的专业化，深度掌握并精准运用法律专业知识都是一切专业化的基础。笔者认为，捕诉一体下的内设机构设置，更加符合检察人员专业化培养的目的。实践中，办案人员不仅在办理知识产权犯罪、金融犯罪等专门领域的案件需要大量的知识积累，在办理某些常见罪名的案件时也往往面临着意想不到的新问题。基于案件的类型的分工模式，能够让每一个办案单元深度研究类案的办理特征和法律条文的合理解释，促进办案人员在不断积累办案数量的基础上实现自身法律知识的体系化构建。同时由每一个办案单元完整负责每一起刑事案件的检察环节，能够促使办案人员感知刑事诉讼的全过程，办案人员拥有更加充分的时机和资源来补强办案过程中的能力短板，同时以更加全面的视野处理办案过程中的疑点和难点。

不过，需要指出的是，不能简单地认为同一检察人员反复办理同一类案件或者长期处在同一岗位就能够提升专业化水平。只能说一定时期内对同类办案任务的经验积累是办案水平进阶的基础，但专业化并不等同于重复劳动。以细分案件类型为特征的内设机构设置的确为办案人员法律专业养成提供了条件，但是专业化的养成史依赖于办案人员个体对实践问题的反复思考和研究，以及在同质化的工作中挖掘出对司法工作深度理解。检察长、部门负责人和资深检察官通过开展科学的管理活动、落实有效的激励机制，促进机关内部形成年龄结构科学、分工合理

---

① 林强：《司法人员专业能力水平的三个层次》，载《人民法院报》2019年7月19日，第7版。

的人才梯队亦至关重要。同时也需要注意，所谓内设机构的专业化分工是就岗位而言，并非指具体的办案人员，检察机关也要根据不同办案人员的知识储备和个人意愿对办案人员的岗位在不同时期予以合理调整，以实现检察机关办案效果和个人能力提升的双赢。

当然检察人员的专业化并不局限在法律专业知识的运用上，除了法律适用等技术性难题，实践中检察机关不仅面临着与公安机关、审判机关进行协调沟通的任务，例如借助个案办理的契机，纠正侦查人员对于同类型案件办理在取证思维上的偏差，在涉众型金融案件中对追赃挽损提出合理的方案，同时还面临着对案件当事人释法说理，化解信访风险的压力。因而对于检察人员来说，法律专业知识体系只是一个必须搭建的基准平台，在这一平台上构建复合的办案能力，才是专业化发展的最终方向。

二、成本投入的路径优化：捕诉一体模式下的制度耦合

司法成本以何种方式使用，也即消耗司法成本的司法程序是否科学对司法收益的影响也相当关键。诉讼经济原则的价值蕴含最重要的方面就是要求程序的设计与运行要体现"成本控制"的理念。[①] 而诉讼中的成本控制通常依赖于有效的繁简分流机制以实现资源分配的精准化，也即所谓的"繁案精办、简案快办"。捕诉一体不仅在提升诉讼效能方面有着天然的优势，而且能够与相关诉讼制度形成密切耦合。

（一）捕诉一体与认罪认罚从宽

2018年《刑事诉讼法》修改的重点之一即是将认罪认罚从宽制度以法律条文的方式予以明确。即对于犯罪嫌疑人、被告人自愿如实供述

---

① 詹建红：《论诉讼经济原则的司法实现——一种控辩协商合意的制度立场》，载《河北法学》2012年第3期。

自己的罪行，承认指控的犯罪事实，愿意接受处罚的，可以依法从宽。该制度通过程序上从简或者实体上从宽的处理，实现有效惩治犯罪、强化人权司法保障、提升诉讼效率等目的。可以认为，认罪认罚从宽制度为我国刑事诉讼结构调整描绘出了一幅与"对抗模式"完全不同的"合作模式"图景框架。① 正如所有旨在提升诉讼效率的制度都可能面临的风险一样，如果缺乏有效的质量控制机制，那么从宽就可能成为利益输送或是制造冤假错案的工具，如果控辩严重失衡，那么从宽的结果就很难落到实处，制度的运作效率因此受到抑制。因此在这一"合作模式"中，检察机关的主导作用至关重要。《刑事诉讼法》在检察机关审查批捕和审查起诉阶段均规定了认罪认罚的相关内容，例如在第81条第2款规定批准逮捕时应将犯罪嫌疑人认罪认罚作为是否可能发生社会危险性的考虑因素；在第173条规定审查起诉应告知认罪认罚的犯罪嫌疑人相关权利和法律规定，并听取相关诉讼参与人的意见；第174条规定签署认罪认罚具结书的条件和例外情形等。毫无疑问，检察机关在认罪认罚从宽程序的启动，与犯罪嫌疑人、辩护人进行认罪协商等方面发挥着核心作用。

例如鉴于认罪协商的需求，检察官需要在较短的时间内明确指控罪名的同时，提出具体的量刑建议。同时《刑事诉讼法》第201条明确规定，法院在对认罪认罚案件作出判决时，一般应采纳检察机关指控的罪名及量刑建议。因而，在认罪认罚案件中，在"人""事"和"罪名"等方面，相对于普通刑事案件，检察机关的指控对法院的约束作用更为明显。② 显然，这一约束是建立在检察人员更加精准适用法律条文以及更高办案效率的基础上。实践中，认罪认罚从宽制度对审查起诉阶段检

---

① 樊崇义：《2018年〈刑事诉讼法〉修改重点与展望》，载《国家检察官学院学报》2019年第1期。

② 汪海燕：《认罪认罚从宽制度中的检察机关主导责任》，载《中国刑事法杂志》2019年第6期。

察官办案精力的分配有着较大的影响,特别是对于适用速裁程序的认罪认罚案件,审查起诉时间仅为 10 天。因此,笔者认为认罪认罚从宽制度对于诉讼效率的提升是就整个司法过程而言,通过强化检察机关在刑事诉讼活动中的主导责任,将审判环节的压力适当向审查起诉环节传导,以更科学地完成繁简分流,尽管对于某些检察机关来说,办案压力降低的不那么明显,但是对审判机关来说获益更多,整体来看,仍然提高了司法资源的有效利用率。

捕诉一体与认罪认罚从宽在制度设计上均赋予了检察官更多的履职空间,故两者在实践运行中起到了互相促进的良好效果。从较为突出的审查起诉阶段压力而言,捕诉一体的运行机制实质上将办案人员的审查起点提前,便于其在更早的阶段熟悉案情,并能够结合案件办理情况对案件走向进行相对充分的预判。同时,由于办案人员司法亲历性的增强,其对犯罪嫌疑人认罪认罚自愿性和具结书内容的真实性也会有着更加直观的感受,能够一定程度上减少被追诉人反悔现象的发生。就侦查阶段而言,尽管刑事诉讼法仅规定了侦查人员只有告知犯罪嫌疑人认罪认罚从宽有关法律规定的义务,但是由于行使批捕权力的检察官同时也主导着启动认罪认罚程序的审查起诉阶段,能够起到激励被追诉人尽早作出认罪认罚决定的作用,降低侦查资源的消耗。办案检察官的双重身份也使得其在与犯罪嫌疑人、辩护人进行认罪协商的过程中更加具有说服力,提升协商本身的效率和效果。

当然,尽管认罪认罚从宽制度已经有了大量的实践经验,经过立法予以明确也有了一定时间,但是目前来看部分地区仍存在值班律师制度未充分落实、刑事辩护律师参与审理比例与效果不足、控审之间合作关系不够协调等问题。[①] 因此,检察机关与公安机关、审判机关以及辩护律师之间还需要进一步加深理解和磨合。

---

① 樊崇义、常铮:《认罪认罚从宽制度的司法逻辑与图景》,载《华南师范大学学报(哲学社会科学版)》2020 年第 1 期。

（二）捕诉一体与庭审实质化

庭审实质化是相对于庭审虚化而言的，具体指庭审应当进行实质性调查，法官心证应当在庭审中形成，判决结果应当根据庭审过程而作出。① 要保证庭审对证据的有效审查，需要限制案卷对法官心证形成的作用，适度阻断由案卷笔录形成的侦审联结。② 作为以审判为中心的刑事诉讼制度改革的核心，庭审实质化的呼吁由来已久，其推进和落实必然涉及法庭辩论的实质化、证据调查的实质化等内容。③ 2017年6月，最高人民法院印发了《关于在全国部分法院开展"三项规程"试点的通知》④，围绕庭审实质化对庭前会议、非法证据排除、法庭调查等重要方面进行了细节规定。从检察机关的角度而言，相关文件规定对被告人质证权的强化，对直接言词原则的强调，一方面是司法活动进化的必然趋势，另一方面也对检察机关的主动应对提出了更高的要求，意味着控方不仅要熟悉侦查结果，还要熟悉侦查过程。捕诉一体改革尽管偏重于对审前行使的批捕权和起诉权的整合，其运行的效果却能够直接或者间接的作用在庭审环节。

如前所述，由于捕诉一体形成的检察机关在刑事诉讼监督效能上的优势，案件侦查过程中形成的非法证据能够在审前环节得以有效地过滤。即便对于一些隐蔽性极大的非法证据未能及时发现的情形，借助于庭前会议的召开，与法官、辩护律师在有效沟通的基础上，检察官也能

---

① 郭天武、陈雪珍：《庭审实质化及其实现路径》，载《社会科学研究》2017年第1期。
② 龙宗智：《庭审实质化的路径和方法》，载《法学研究》2015年第5期。
③ 郭天武、陈雪珍：《庭审实质化及其实现路径》，载《社会科学研究》2017年第1期。
④ 三项规程分别是指《人民法院办理刑事案件庭前会议规程（试行）》《人民法院办理刑事案件排除非法证据规程（试行）》和《人民法院办理刑事案件第一审普通程序法庭调查规程（试行）》。

够在相对全面掌握侦查活动全貌的基础上予以有效处置。另外，在庭审阶段的非法证据排除通常有着一定的启动标准，如被告方需要提出相对合理依据（即使没有达到比较确切的标准），以避免调查程序的随意启动以造成不必要的审判拖延，此时捕诉办案人员能够在了解相对丰富侦查细节的前提下对辩方的申请进行客观评判，对于缺乏合理性的，及时向法庭陈述理由，如确实存在非法证据的合理怀疑，需要进一步调查核实的，亦可发挥对侦查机关的监督作用，协助法庭做好相关工作。

在实践中越来越常见的侦查人员出庭作证，倒逼捕诉办案人员强化对侦查行为合法性和真实性的审查。事实上，要由以侦查为中心转向以审判为中心，首先就要消解以侦查为中心的基础，而以侦查中心的核心表现就是以逮捕为中心，即以审查逮捕替代审判程序成为解决犯罪嫌疑人、被告人刑事责任的核心环节。[①] 在逮捕中心主义下有两个较为突出的证据风险点：一是由于逮捕前的诉讼时间紧张而导致的取证违法（如刑讯逼供等），二是由于逮捕后侦查人员出于对办案质量的放松而导致的取证不全面。捕诉一体模式下的检察官，能够不断接受刑事诉讼全流程特别是庭审环节对办案质量的反馈，建立对审查活动特别是审查批捕活动性质的正确认知，以通过合理行使批捕权及相关的监督权力，提升捕前、捕后侦查行为的规范化水平，为案件经受庭审实质化的检验打下良好的基础。

---

① 汪海燕：《论刑事庭审实质化》，载《中国社会科学》2015年第2期。

第三章　逮捕与逮捕权之基本范畴

第一节　逮捕之概念与价值功能

一、逮捕的概念

逮捕意为司法机关依法对犯罪嫌疑人、被告人在一定时间内剥夺其人身自由，并予以羁押的刑事强制措施。① 作为我国刑事诉讼中五种强制措施之一，有学者认为，逮捕是指公安机关、人民检察院和人民法院，为防止犯罪嫌疑人或被告人逃避侦查、起诉和审判，进行妨碍刑事诉讼的行为，或者发生社会危险性，而依法剥夺其人身自由予以羁押的一种强制措施。② 亦有学者认为，逮捕是指经人民检察院批准或决定，或经人民法院决定，由公安机关执行的，对有证据证明有犯罪事实，可能判处徒刑以上刑罚的犯罪嫌疑人、被告人，采取取保候审、监视居住等方法不足以防止社会危险性，而有逮捕必要的，暂时剥夺其人身自由的强制措施。③ 上述关于逮捕概念的表述，均基于我国刑事诉讼法的规定，不同之处在于前者侧重于对逮捕功能的解读，后者侧重于对逮捕条件的阐释。

从实施主体上看，逮捕是经人民检察院批准或决定，或经人民法院

---

① 中国社会科学院语言研究所词典编辑室编：《现代汉语词典》（第7版），商务印书馆2016年版，第252页。
② 陈光中主编：《刑事诉讼法》，北京大学出版社2012年版，第223页。
③ 张兆松：《逮捕权研究》，浙江大学出版社2017年版，第4页。

决定，由公安机关执行的国家权力行为；从实施对象上看，逮捕所针对的对象是犯罪嫌疑人或被告人；从实施内容上看，逮捕是经过法定程序对犯罪嫌疑人、被告人人身自由的剥夺。据此观之，我国刑事诉讼法所规定的逮捕，超出其语义范畴，不仅包含强制捉拿到案的意思，还意味着犯罪嫌疑人、被告人在一定时间期限内处于关押、被剥夺人身自由的状态。

二、逮捕与拘留、羁押的关系

刑事拘留是公安机关对于现行犯和重大嫌疑分子所采取的暂时剥夺其人身自由的强制措施。根据我国刑事诉讼法的规定，拘留后应当立即将被拘留人送看守所羁押，至迟不得超过 24 小时。羁押，是一种剥夺相对人人身自由的状态，具有一定时间的持续性。[①] 在中国，羁押并不是一种独立的强制措施，它是由逮捕的适用所带来的、持续限制人身自由的当然状态和必然结果。[②] 与逮捕相同，羁押也是刑事拘留的附带性后果。被刑事拘留的人少则可以被羁押 14 日，对于流窜作案、多次作案、结伙作案的重大嫌疑分子，可以被羁押 37 日。相对于逮捕而言，虽然刑事拘留亦可以产生较长时间的羁押，但短于逮捕后羁押的时间。有论者指出，我国刑事诉讼中事实上存在的"先侦后立"使刑事拘留失去了紧急、暂时地先行控制措施色彩，异化为旨在防止嫌疑人逃避侦查和审判的羁押措施，侦查实践中对于需要逮捕的犯罪嫌疑人，一般先采取拘留措施，使其不仅成为逮捕的常规前置措施，也几乎成为刑事诉讼的必经强制措施。[③] 逮捕和刑事拘留所具有的羁押效果，使其实际上成

[①] 卞建林：《论我国审前羁押制度的完善》，载《法学家》2012 年第 3 期。
[②] 林喜芬：《分段审查抑或归口审查：羁押必要性审查的改革逻辑》，载《法学研究》2015 年第 5 期。
[③] 杨依：《我国逮捕的"结构性"错位及其矫正——从制度分离到功能程序分离》，载《法学》2019 年第 5 期。

为我国刑事诉讼的审前羁押措施。

关于逮捕与羁押的关系,有学者认为我国实行"捕押合一"的模式,逮捕既意味着抓捕的行为,也意味着羁押的状态,逮捕本身产生的后果就是羁押,主张对逮捕与羁押予以明确区分,实现逮捕和羁押的分离,逮捕定位于羁押的前置程序,实行"逮捕前置主义",继而设置独立的羁押程序,以控制羁押的适用。① 有持不同观点的学者认为,我国已建立"逮捕"与"羁押"相分离的制度,只不过我们的逮捕不叫"逮捕",叫"刑事拘留"(以留置盘问、公民扭送为补充,并与拘传并列),我们的羁押不叫"羁押",叫"逮捕"。② 对此,亦有学者指出,基于我国刑事拘留与逮捕在立法定位和实践样态中的复杂性,不能笼统地将刑事拘留与逮捕在制度层面上的客观分离,等同于我国逮捕与羁押的实际分离。③

笔者认为,我国刑事拘留对人身自由的剥夺远远超出临时性强制到案措施的范畴,我国的逮捕虽然实践中多以犯罪嫌疑人、被告人被刑事拘留为前提,但法律规范层面上并未明确其实施应以人身控制为前提,逮捕的对象并非都已经被拘留,逮捕与拘传、刑事拘留一样,具有抓捕、带到措施的功效,尽管这种功效实践中因为拘传、刑事拘留等措施的实施无从发挥。所以,将刑事拘留等同于抓捕到案措施,将逮捕等同于剥夺人身自由的羁押措施,与我国刑事诉讼法的规定是不相符的。刑事拘留和逮捕实践中的问题在于,拘留本来应当是抓捕、带到措施,但是已经逐步演变为短期羁押措施。逮捕本应是最后手段,实践中却经常优先适用,取保候审、监视居住反而成为例外,④ 导致审前羁押成为对

---

① 卞建林:《论我国审前羁押制度的完善》,载《法学家》2012年第3期。
② 易延友:《刑事强制措施体系及其完善》,载《法学研究》2012年第3期。
③ 杨依:《我国逮捕的"结构性"错位及其矫正——从制度分离到功能程序分离》,载《法学》2019年第5期。
④ 易延友:《刑事强制措施体系及其完善》,载《法学研究》2012年第3期。

待犯罪嫌疑人的一种常态化处置方式。① 刑事拘留和逮捕具有的羁押效果，使羁押功能设置相对分散，未实现司法审查保障，刑事拘留的审前羁押功能缺乏正当性基础。② 对此，学者们开出不同的药方。关于拘留，有学者提出"拘留的临时化"，认为通过司法解释明确拘留的非羁押性质，促使侦查机关在拘传和留置盘问的期限内向检察机关提出逮捕申请，或者在拘留期限缩短的前提下转为拘留。③ 关于逮捕，主张确立司法审查制度或羁押权行使的司法化以及明确羁押决定的救济途径。④

笔者认为，基于拘留和逮捕共同具有的强制到案和候审羁押功能，通过缩短刑事拘留期限，取消逮捕的到案功能，使逮捕成为唯一的羁押措施，实现强制到案措施和候审羁押措施的区分，是解决我国刑事诉讼强制措施界限模糊、功能重叠的可行路径。在现行刑事诉讼立法框架内，可以通过限制刑事拘留期限延长的适用，将拘留后提请审查批准逮捕的时间限制在3日以内，特别是严格限制"流窜作案、多次作案、结伙作案"的适用，最大限度地缩短拘留羁押期限，进而消弭刑事拘留的羁押功能。同时，随着《人民检察院刑事诉讼规则》对审查批准逮捕程序的完善，特别是有重大影响的案件公开审查的推行，为逮捕羁押权行使司法化不足问题的解决创造了契机。

三、逮捕的价值功能

学术界关于逮捕的功能有以下几种观点：

一是诉讼保障功能。该观点认为，刑事强制措施用以保障刑事诉讼活动的顺利进行。体现在两个方面：其一，保证被追诉人能够始终参与

---

① 卞建林：《论我国审前羁押制度的完善》，载《法学家》2012年第3期。
② 杨依：《我国逮捕的"结构性"错位及其矫正——从制度分离到功能程序分离》，载《法学》2019年第5期。
③ 易延友：《刑事强制措施体系及其完善》，载《法学研究》2012年第3期。
④ 易延友：《刑事强制措施体系及其完善》，载《法学研究》2012年第3期。

刑事诉讼程序,确保法院裁判的结果能够得到执行;其二,保证公安司法机关能够依法顺利进行案件事实和证据的调查认定工作。①

二是查证保障功能。该观点认为,无论是刑拘还是逮捕,除了约束犯罪嫌疑人人身,防止其逃跑、重新犯罪、串供、隐匿或者毁灭证据之外,还具有提供讯问及调查条件的功能,即通过羁押限制犯罪嫌疑人的人身自由,为讯问犯罪嫌疑人及收集其他证据提供有利条件。②

三是犯罪预防功能。该观点认为,刑事强制措施的预防性功能主要体现为预防犯罪嫌疑人、被告人继续犯罪。根据不同的情况采取相应的刑事强制措施,限制或者剥夺犯罪嫌疑人、被告人的人身自由,就能起到预防其继续犯罪的作用。③ 该功能主要表现为预防性羁押,即以犯罪嫌疑人、被告人可能再犯罪或实施危害社会的行为作为羁押的理由。

四是惩罚教育功能。惩罚功能是指将强制措施作为对犯罪嫌疑人、被告人的一种惩罚手段以及对其他人的一种威慑来予以运用。④ 教育功能主要表现在对被采取强制措施本人的教育、对社会上不稳定分子的教育以及对公众的鼓舞教育三个方面。⑤

除上述关于逮捕功能的观点外,有学者认为逮捕还有刑罚预支功能和人权保障功能。刑罚预支功能表现在羁押可以折抵刑期,对犯罪嫌疑人"先行羁押、再予折抵"。人权保障功能是为了调和强制措施特别是羁押性强制措施被过度适用与人权保障之间的矛盾,要求强制措施的内容设计应体现对被追诉人人权的充分尊重与保护,适用强制措施违反人

---

① 卞建林:《我国刑事强制措施的功能回归与制度完善》,载《中国法学》2011年第6期。
② 左卫民、马静华:《侦查羁押制度:问题与出路——从查证保障功能角度分析》,载《清华法学》2007年第2期。
③ 李忠诚:《刑事强制措施功能研究》,载《法制与社会发展》2002年第5期。
④ 卞建林:《我国刑事强制措施的功能回归与制度完善》,载《中国法学》2011年第6期。
⑤ 李忠诚:《刑事强制措施功能研究》,载《法制与社会发展》2002年第5期。

权保障的行为应得到制裁，人身自由遭受不当强制处分的被追诉人能够得到有效救济。

论证逮捕的价值功能，有三个方面的概念需要澄清：一是目的、价值与功能的区别。目的是主体通过客体希冀实现的目标，价值是客体对于主体所具有的意义，功能是客体对主体具有的能力或作用。上述观点存在较为普遍的问题是将目的与功能混为一谈。如认为诉讼保障功能是刑事强制措施的原初功能，设置刑事强制措施的主要目的即在于保障侦查、起诉、审判以及执行等诉讼活动能够顺利推进。① 二是将刑事强制措施应有功能与实有功能、附带效应加以混同。应有功能是基于客体的本质和结构应当具有的功能，实有功能是客体实际呈现的功能，附带效应是基于客体本身的特点附带产生的效果。三是将刑事强制措施的功能与逮捕的功能混为一谈。② 逮捕作为刑事强制措施的一种，与其他强制措施在剥夺人身自由的程度和严厉性上不能等同而视，在功能上也与其他强制措施存在着显著区别。

关于逮捕的诉讼保障功能。"刑事强制措施本身只不过是一种手段，而运用这种手段则是为了达成某种目的。刑事强制措施的发动与实施，都应指向其所欲达成的目的，若没有目的的存在，刑事强制措施就不应该发动，否则即构成刑事强制措施的滥用。"③ 逮捕作为刑事诉讼中的一项制度，刑事诉讼的程序属性决定逮捕的最主要目的应当是程序性的。从本质上讲，逮捕"是刑事诉讼程序中为了确保诉讼程序之进行及

---

① 卞建林：《我国刑事强制措施的功能回归与制度完善》，载《中国法学》2011年第6期。

② 杨雄：《刑事强制措施实体化倾向之反思——以预防性羁押为范例》，载《政法论坛》2008年第4期。

③ 杨雄：《刑事强制措施实体化倾向之反思——以预防性羁押为范例》，载《政法论坛》2008年第4期。

刑之执行而对被告所施行之自由之剥夺"。① 据此而言，逮捕的目的，其一，确保诉讼程序的进行。体现在两个方面：一是确保犯罪嫌疑人、被告人在刑事诉讼中及时到案，避免犯罪嫌疑人、被告人因自杀、逃跑而逃避到庭应诉；二是保障侦查活动不因犯罪嫌疑人、被告人的行为而受妨碍，避免犯罪嫌疑人、被告人出于趋利避害的本性实施毁灭、伪造、变造证据，串供或干扰证人作证，打击报复被害人、举报人等干扰侦查活动进行的行为。其二，确保刑罚得以执行。避免犯罪嫌疑人、被告人逃跑而使后续的刑罚执行活动因丧失执行对象而落空。"实施逮捕的根本目的就是保障刑事诉讼活动的顺利进行，保证国家对刑事犯罪进行追诉能够有效实现。"②

逮捕除具有程序保障的目的之外，是否还应有其他目的，学术界存在争议。否定说认为，"逮捕作为一项刑事强制措施，本质上是一种程序保障措施而非实体处罚手段，逮捕的根本目的是保障刑事诉讼活动的顺利进行，除此之外，逮捕并无其他刑事诉讼法上之目的，也不应对逮捕附加任何其他目的"。③ 肯定说认为，"除了要具有犯罪嫌疑和为程序保障的目的以外，审前羁押的适用还要考虑预防社会危险性这一特殊理由。构成这一羁押理由的根据，通常在于被告人有可能再犯新罪，继续危害证人、被害人，或者对整个社会具有极为严重的危险性"。④ 上述争论的焦点在于预防性羁押的正当性问题。预防性羁押在理论上备受争议。反对者认为，对尚未经审判确定有罪的犯罪嫌疑人、被告人，因其

---

① ［德］克劳思·罗科信：《刑事诉讼法》（第24版），吴丽琪译，法律出版社2003年版，第281页。

② 陈卫东：《转型与变革：中国检察制度的理论与实践》，中国人民大学出版社2015年版，第104页。

③ 万毅：《逮捕并非"打击刑事犯罪"的手段——检察机关不宜向人大汇报批捕人数》，载《法学》2009年第2期。

④ 陈瑞华：《审前羁押的法律控制——比较法角度的分析》，载《政法论坛（中国政法大学学报）》2001年第4期。

可能再行犯罪预先剥夺人身自由，有违无罪推定原则。① 赞成者认为，预防性羁押具有社会防卫性质，对"维护公共利益""保障公共安全"具有重要意义。基于实用的立场，预防性羁押在各国司法实践中大行其道。② 鉴于预防性羁押并非确保刑事诉讼程序顺利进行，为实现人权保障和公共安全利益的平衡，承认预防性羁押的国家，多通过立法或司法判例将其严格限制于社会危害性极大或者再犯率较高的特定犯罪，避免将"再犯之虞"作为羁押适用的普遍理由。如德国刑事诉讼法第112条规定，对于性犯罪、严重伤害、抢劫、勒索、严重盗窃、欺诈、纵火及毒品犯罪案件，不需要嫌疑人有逃跑的嫌疑，只需要有确定事实证明嫌疑人在审判前可能犯同种类更严重的罪行即可预防性羁押。③

我国刑事诉讼法将犯罪嫌疑人、被告人可能实施新的犯罪以及有危害国家安全、公共安全或者社会秩序的现实危险规定为逮捕适用的理由。这表明预防犯罪嫌疑人、被告人再犯新罪或实施新的危害社会的行为成为逮捕适用的目的。在基于保障人权的目的将逮捕定位于程序保障的同时，需要兼顾刑事诉讼法惩治犯罪目的，承认逮捕在社会防卫方面的价值。从这个意义上讲，逮捕以保障刑事诉讼顺利进行，预防犯罪嫌疑人、被告人实施危害社会的行为为目的。与此对应，逮捕便具有诉讼保障功能和犯罪预防功能。

关于逮捕的查证保障功能，有学者认为，按照无罪推定原则和反对自证其罪原则，羁押只能作为保障其到庭的例外措施，同时亦不得通过羁押的强制性获得口供及其他证据，但在当下中国，完全脱离犯罪嫌

---

① 杨雄：《刑事强制措施实体化倾向之反思——以预防性羁押为范例》，载《政法论坛》2008年第4期。

② 陈瑞华：《审前羁押的法律控制——比较法角度的分析》，载《政法论坛（中国政法大学学报）》2001年第4期。

③ ［德］托马斯·魏根特：《德国刑事诉讼程序》，岳礼玲、温小洁译，中国政法大学出版社2004年版，第99页。

人进行侦查还不太现实，侦查羁押的查证保障功能具有一定的现实意义。① 笔者认为，即使在犯罪嫌疑人被逮捕羁押的情况下，包括犯罪嫌疑人供述在内的证据是通过讯问、辨认等侦查措施获取的，逮捕本身不能作为获取口供的手段，如果将逮捕作为侦查替代行为获取证据，特别是口供，必将导致逮捕的滥用，构成对犯罪嫌疑人、被告人人权的侵犯，这也是将逮捕定位于强制措施而非侦查措施的意义所在。逮捕对于侦查取证的意义在于排除犯罪嫌疑人、被告人实施毁灭、伪造、变造证据以及串供、干扰证人作证等妨碍侦查的行为方面，而这属于逮捕诉讼保障功能的题中之义，逮捕在证据发现方面的作用从属于诉讼保障功能。

对于逮捕的惩罚教育和刑罚预支功能，学术界一致予以否认。比如，有的学者认为，"刑事强制措施只能作为保障程序进行的手段而存在，不能如同刑罚和行政处罚一样，具有实体的惩罚目的指向，不能额外的兼具惩罚、教育公民等社会功能"。② "在任何情况下，审前羁押与其他任何强制措施都不能被赋予惩罚性的功能，也不能被视为变相的'预期刑罚'。"③ 上文已述及，逮捕的主要目的应当是程序性的，而不是实体性的。将逮捕视为惩罚性措施或刑罚预演，无疑是将逮捕实体化了。根据无罪推定原则，犯罪嫌疑人、被告人在经法定程序判决有罪之前，处于法律上无罪之地位。刑事诉讼的目的在于通过正当程序实现刑罚权，而非在未判决之前即对法律上无罪之人实施惩罚。所以，尽管逮捕因极强的人身控制性，对被逮捕之人具有惩罚的性质，可能产生教育预防的效果，但这是逮捕实施的附带效应，而非逮捕的功能。

---

① 左卫民、马静华：《侦查羁押制度：问题与出路——从查证保障功能角度分析》，载《清华法学》2007年第2期。
② 杨雄：《刑事强制措施实体化倾向之反思——以预防性羁押为范例》，载《政法论坛》2008年第4期。
③ 陈瑞华：《审前羁押的法律控制——比较法角度的分析》，载《政法论坛（中国政法大学学报）》2001年第4期。

关于逮捕的人权保障功能。"逮捕仅是确保诉讼活动顺利进行的消极防御手段，并非从积极的角度为国家刑罚权的实现而'扫除障碍'。"① 逮捕就其剥夺人身自由的本质而言，本身并没有人权保障的功能，反而是为了防范其过度适用对人权造成不必要的侵害，立法和司法中从审查主体以及适用条件等方面对其适用进行严格的规制，使其被限制在最必要的层面上。所以，笔者认为人权保障并非逮捕的功能。"逮捕制度的价值追求之一，就是对犯罪的有效控制，即保护社会利益。"② 作为刑事诉讼中的一项制度设计，保障人权同惩治犯罪一样，属于逮捕立法和司法的价值追求。"逮捕有其自身的价值立场：保障人权，包括犯罪嫌疑人的人权。"③

第二节　逮捕权之基本内容

我国《刑事诉讼法》第 80 条规定：逮捕犯罪嫌疑人、被告人，必须经过人民检察院批准或人民法院决定，由公安机关执行。由此可见，逮捕权由提请批准逮捕权、批准逮捕权、决定逮捕权和执行逮捕权等权能构成。

一、提请批准逮捕权

提请批准逮捕权是审查逮捕程序启动和逮捕权发动的前提条件之一，本质上是一种刑事诉讼法上的请求权。"未决羁押的决定都是首先由侦查机关或侦查机关通过检察机关向法官提出申请，如果他们不提出

---

① 杨依：《逮捕制度的中国进路：基于制度史的理论考察》，载《政法论坛》2019 年第 1 期。
② 邱灵：《论逮捕的必要性及其完善措施》，载《政法学刊》2006 年第 2 期。
③ 张海峰：《逮捕权运行的实证研究》，载《西南政法大学学报》2011 年第 3 期。

羁押申请并获得法官批准，则不可以羁押任何人。"① 在法国，适用临时羁押的请求通常由共和国检察官向预审法官提出。② 我国《刑事诉讼法》第 87 条规定，公安机关要求逮捕犯罪嫌疑人的时候，应当写出提请批准逮捕书，连同案卷材料、证据，一并移送同级人民检察院审查批准。侦查机关根据经过侦查掌握的情况，针对案件性质和犯罪嫌疑人的情况，认为需要逮捕犯罪嫌疑人的，应当向人民检察院提请批准逮捕。

二、批准逮捕权

关于批准逮捕权的含义，学术界有不同观点。有的学者认为，批准逮捕权是指在刑事诉讼中，检察机关或检察官对侦查机关在侦查过程中，需要采取逮捕措施而提请批准逮捕犯罪嫌疑人的请求，进行审查并决定是否予以批准逮捕的权力。③ 亦有学者认为，批准逮捕权是指在刑事诉讼中，司法机关对侦查机关在侦查过程中，需要采取逮捕措施而提请批准逮捕犯罪嫌疑人的请求，进行审查并决定是否批准逮捕的一项权力。④ 上述定义在文本上基本相同，差异在于关于批准逮捕权主体的表述。第一种观点立足于我国的实际，明确批准逮捕权由检察机关或检察官行使，第二种表述则侧重于批准逮捕权应由司法机关行使的属性。批准是指对请求表示同意或不同意，包含了"决定"的含义，上述表述存在语义重复的问题。

笔者认为，批准逮捕权是指刑事诉讼中，人民检察院对公安机关在侦查过程中，需要采取逮捕措施而提请批准逮捕犯罪嫌疑人的请求，进行审查并作出同意或不同意逮捕决定的权力。我国《刑事诉讼法》第

---

① 顾永忠：《关于未决羁押的几个理论与实践问题——兼谈我国逮捕制度的改革思路》，载《河南社会科学》2009 年第 6 期。
② 施鹏鹏、王晨辰：《法国审前羁押制度研究》，载《中国刑事法杂志》2016 年第 1 期。
③ 邓思清：《检察权研究》，北京大学出版社 2007 年版，第 358 页。
④ 朱孝清、张智辉主编：《检察学》，中国检察出版社 2010 年版，第 360 页。

90条规定，人民检察院对于公安机关提请批准逮捕的案件进行审查后，应当根据情况分别作出批准逮捕或不批准逮捕的决定。我国的批准逮捕权有以下特点：一是批准逮捕权由人民检察院行使；二是权力行使的对象是公安机关提请批准逮捕的案件；三是权力行使的结果包括批准逮捕和不批准逮捕。

三、决定逮捕权

决定逮捕权是指人民检察院对于直接受理侦查的案件，在侦查过程中认为需要对犯罪嫌疑人采取逮捕措施或人民法院在审判过程中，对于未被逮捕的被告人，认为符合逮捕条件，决定予以逮捕的权力。在我国，决定逮捕权与批准逮捕权有以下几点区别：一是启动主体不同。批准逮捕权是应公安机关的请求而启动；决定逮捕权由人民检察院或人民法院自行启动。人民检察院办理公安机关提请批准逮捕的案件过程中，发现遗漏应当逮捕的犯罪嫌疑人，要求公安机关提请批准逮捕，而公安机关不提请批准逮捕或者说明的不提请批准逮捕的理由不成立的，人民检察院可以直接作出逮捕决定。二是行使主体不同。批准逮捕权的行使主体只能是人民检察院；决定逮捕权的行使主体既可以是人民检察院，也可以是人民法院。三是适用的诉讼阶段不同。批准逮捕权只能在侦查阶段行使；决定逮捕权则可以在刑事诉讼的任何阶段行使。四是适用的程序不同。批准逮捕权只能适用审查批准逮捕程序；决定逮捕权既可以由人民检察院适用审查决定逮捕程序，也可以由人民法院适用审查决定逮捕程序。五是适用的案件不同。批准逮捕权只能针对公安机关立案侦查的一般刑事案件；决定逮捕权既可以针对监察委调查终结的职务犯罪案件和人民检察院直接受理侦查的案件，也可以由人民法院针对未被逮捕的公诉案件和自诉案件。六是权力行使的结果不同。批准逮捕权的行使结果是批准逮捕或不批准逮捕；决定逮捕权的行使结果则是逮捕或不予逮捕。

四、逮捕执行权

《刑事诉讼法》第 93 条规定，公安机关逮捕人的时候，必须出示逮捕证。逮捕后，应当立即将被逮捕人送看守所羁押。除无法通知的以外，应当在逮捕后 24 小时以内，通知被逮捕人的家属。我国逮捕执行权统一由公安机关行使。公安机关执行逮捕时，应当出示逮捕证，立即将被逮捕人送看守所羁押，并将执行的情况通知人民检察院和被逮捕人的家属。我国宪法和刑事诉讼法在赋予公安机关逮捕执行权的同时，将批准逮捕权赋予检察机关，由检察机关对公安机关运用逮捕措施的申请进行审查、批准，其目的就是过滤公安机关不必要和不合法的逮捕申请，以此确保公安机关逮捕措施运用的正确性。[①]

逮捕执行权的核心是被逮捕人的羁押，包括羁押的场所。我国逮捕的羁押场所是由公安机关领导管理的看守所。由于看守所似乎缺乏中立性以及可能导致被逮捕人人权受到侵犯，有论者主张"使监禁场所置于司法行政机构的管理之下"[②]。笔者认为，被逮捕人的羁押场所区别于经审判确定有罪的已决犯，对于保障被逮捕人的人权、避免交叉感染具有重要意义。区别于羁押罪犯的监狱，建立羁押犯罪嫌疑人、被告人的专门场所是必要的。正如有学者所言，看守所中立化的理念重在实质而非形式。[③] 虽然看守所实行由公安机关管理和领导的体制，公安机关内部已实现侦查部门与羁押场所监管部门的分设，为看守所保持与侦查部门的中立和独立创造了条件。看守所作为法定羁押场所，其实现中立性的重点在于法律规定的执行和监督机制的落实上。

[①] 万毅：《逮捕并非"打击刑事犯罪"的手段——检察机关不宜向人大汇报批捕人数》，载《法学》2009 年第 2 期。

[②] 陈瑞华：《审前羁押的法律控制——比较法角度的分析》，载《政法论坛（中国政法大学学报）》2001 年第 4 期。

[③] 卞建林：《我国刑事强制措施的功能回归与制度完善》，载《中国法学》2011 年第 6 期。

五、逮捕撤销、变更权

逮捕撤销权是指人民检察院或人民法院发现对犯罪嫌疑人、被告人作出的批准逮捕或不批准逮捕决定不当,并予以撤销的权力。逮捕变更权是指人民法院、人民检察院、公安机关发现对犯罪嫌疑人、被告人采取逮捕措施不当,对被逮捕的人予以释放或变更逮捕措施的权力。逮捕撤销权派生于批准逮捕权和决定逮捕权,只能由人民检察院(撤销批准逮捕权和撤销不批准逮捕权)和人民法院行使。公安机关释放被逮捕的人或者变更逮捕措施,无须经人民检察院批准,但应当通知原批准的人民检察院。这是因为人民检察院享有批准逮捕权,同时便于人民检察院对公安机关变更逮捕措施的行为进行监督。

六、不批捕异议权

公安机关对人民检察院不批准逮捕的决定,认为有错误的,可以要求复议,犯罪嫌疑人被拘留的,必须立即释放。如果意见不被接受,可以向上一级人民检察院提请复核。上级人民检察院应当立即复核,作出是否变更的决定,通知下级人民检察院和公安机关执行。公安机关对不批准逮捕的复议和复核权是对人民检察院批准逮捕权的制约,是分工负责、互相配合、互相制约原则的体现。

七、逮捕救济权

"如果一项法律承认一项权利,就必须为权利被侵犯的情形提供救济……简而言之,如果有一项权利,就必须有一项救济,因为虽然存在一项被承认的权利,但当权利被侵犯时,如果受害者得不到救济,那么这种具有无法实施之性质的权利,就成为没有实质的幻影并且不再称其为法律权利。"① 没有救济权保障的权利是虚幻的权利。逮捕救济权主要是指被逮捕的人不服人民检察院批准逮捕决定,认为逮捕侵犯其合法权利时所能采取的救济措施,包括被告知逮捕理由的权利和要求对批准逮捕决定进行审查的权利。

我国刑事诉讼法规定对于不批准逮捕的,人民检察院应当说明理由。实践中,人民检察院对不批准逮捕的,只对公安机关说明理由。有学者认为"从字面上来解释该条款,人民检察院说明理由的对象应该不仅包括公安机关,还包括犯罪嫌疑人、被告人以及律师等"。② 笔者认为,该条款针对的是不批准逮捕的情形,人民检察院向公安机关说明理由,便于公安机关不批捕异议权的行使。对于被逮捕的人而言,其更关注的是被逮捕的理由,既是保障被逮捕的人知情权的需要,也有利于其进行权利救济,故应建立人民检察院向被逮捕的人说明被逮捕理由的机制。

"因为人身自由涉及公民的重大利益,西方国家普遍要求羁押决定机关应当随时复查羁押是否仍有必要,同时赋予被羁押之人向上一级司法机关上诉的权利。"③ 我国刑事诉讼法规定被逮捕的人可以采取的救济措施,包括强制措施法定期限届满时要求解除以及申请人民检察院进行羁押必要性审查。笔者认为这两项权利都不是严格意义上的救济权。首先,强制措施法定期限届满及时予以释放、解除,是人民法院、人民检察院或者公安机关的法定义务。相关权力机关怠于履行义务构成对犯罪嫌疑人、被告人人身自由权的侵害,犯罪嫌疑人、被告人要求予以解除的权利属于其人身自由权的范畴。其次,申请羁押必要性审查的权利针对的是逮捕后羁押的必要性和合理性,而非逮捕决定的合法性,并非

---

① 孙世彦:《论国际人权法下国家的义务》,载《法学评论》2001 年第 2 期。
② 陈卫东:《关于逮捕条件与程序若干问题的思考》,载《河南社会科学》2009 年第 6 期。
③ 易延友:《刑事强制措施体系及其完善》,载《法学研究》2012 年第 3 期。

针对逮捕的救济权利。最后，检察机关掌握了绝大多数犯罪嫌疑人的批准逮捕权，同时也是唯一享有公诉权的机关，为了防止其逮捕权力的滥用，加强对公民人身自由的保护，有必要在不违背宪法规定的前提下，引入对检察机关逮捕决定的司法救济制度。① 法律赋予公安机关不批捕异议权，作为犯罪嫌疑人、被告人也可被赋予与公安机关相似的救济权利。即赋予被逮捕的犯罪嫌疑人、被告人对逮捕的异议权，被逮捕的人不服逮捕决定的，犯罪嫌疑人、被告人向原决定机关申请复议的权利，原决定机关复议维持的，有向上一级检察机关申请复核的权利，上一级检察机关应当立即复核并作出维持、撤销或变更的决定，维持逮捕决定的应当告知被逮捕人理由。复议、复核期间，不改变逮捕的执行。

八、羁押必要性审查权

我国《刑事诉讼法》第 95 条规定：犯罪嫌疑人、被告人被逮捕后，人民检察院仍应当对羁押的必要性进行审查。对不需要继续羁押的，应当建议予以释放或者变更强制措施。有关机关应当在 10 日以内将处理情况通知人民检察院。羁押必要性审查权是指刑事诉讼中，人民检察院在犯罪嫌疑人、被告人被逮捕之后，对羁押的必要性进行审查，经审查认为不需要羁押的建议予以释放或者变更强制措施的权力。羁押必要性审查制度是"针对'一押到底''普遍羁押''超期羁押'等司法实践中的顽疾而确立的。该制度的确立实现了逮捕与羁押程序的适度分离，改变了传统逮捕与刑事诉讼进程的一体化格局，一定程度上弱化了羁押对逮捕的依附性，加大了检察机关对强制措施滥用的监督力度，强化了对犯罪嫌疑人、被告人合法权益的保护"。②

---

① 黄朝义：《中国刑事诉讼法——从比较法观点论起》，台湾新学林出版股份有限公司 2010 年版，第 108 页。
② 郭冰：《羁押必要性审查制度实践运行审视》，载《中国刑事法杂志》2016 年第 2 期。

羁押必要性审查权被赋予人民检察院，但检察机关对羁押必要性审查后认为不需要继续羁押的，只能建议公安机关、人民法院变更或释放，是否变更或释放仍有办案机关决定。"规定为'建议'而非强制性要求，主要是从监督角度考虑人民检察院在审查中发现被羁押人没有必要继续羁押的，提出建议，由有关机关就羁押必要性进行全面审查，既考虑了监督的性质、特点，不代替其他有关机关做决定，又体现了对于解除、变更措施的慎重。"① 立法机关将羁押必要性审查权视为具有监督性质的权力，而非决定权。"但该条文没有规定监督对象的具体义务以及不履行义务时应承担的法律后果，使得检察机关的监督缺乏法律刚性保障。"② 针对此问题，有学者提出，羁押必要性审查的结果不应当是建议释放或者变更强制措施，而应当是有权直接决定释放或变更强制措施。③ 检察机关享有批准逮捕的权力，却无权变更与解除，这无疑是矛盾的。④ 笔者认为，赋予人民检察院释放或者变更强制措施的决定权确实有利于增强羁押必要性审查制度刚性，但在刑事诉讼法未修改的情况下，可以通过加强跟踪督促等方式强化检察建议的落实。

第三节 逮捕权之属性

本节讨论的是人民检察院批准逮捕权和决定逮捕权的属性，对于人民法院决定逮捕权的属性理论上并无争议，故不在讨论之列。

---

① 全国人大常委会法制工作委员会刑法室编：《〈关于修改《中华人民共和国刑事诉讼法》的决定〉条文说明、立法理由及相关规定》，北京大学出版社 2012 年版，第 124 页。
② 王伟、戚进松：《羁押必要性审查制度的具体构建》，载《检察日报》2012 年 7 月 6 日，第 3 版。
③ 陈卫东：《羁押必要性审查制度试点研究报告》，载《法学研究》2018 年第 2 期。
④ 刘计划：《我国逮捕制度改革检讨》，载《中国法学》2019 年第 5 期。

一、逮捕权属性之争

同检察权的性质有行政权说、司法权说、行政权司法权双重属性说和法律监督权说一致①，学术界关于逮捕权的属性主要有四种观点：

一是行政权说。该种观点系持检察权为行政权的学者所主张。持该论者认为，检察权实质上是一种行政权，采取行政的运作方式，检察权包括侦查权、侦查监督权、批准决定逮捕权、公诉权、审判监督权、执行监督权、监所监督权等。②

二是司法权说。该种观点认为，审查逮捕权本质上是一种具有司法裁断性质的权力，其逻辑基础在于较大幅度的自由裁量权。③ 逮捕权是检察机关依据事实和法律对侦查机关提请批捕诉求的裁判权力，直接关涉到被追诉人的自由权利，属于司法权性质。④ 还有观点认为，批捕权是检察机关履行法律监督职能的一种法定形式，是一种派生出来的司法权。⑤

三是行政权司法权双重属性说。该种观点认为，批捕权兼具行政权和司法权双重属性。批捕权是逮捕权的一个环节，逮捕权本身从属于侦查权，所以批捕权具有本源意义上的、难以磨灭的行政权属性；同时，批捕权具有一定的司法属性，这种司法属性是有限度的、非典型的。⑥

四是法律监督权说。该种观点认为，审查批捕权是法律监督权的一

---

① 陈卫东：《我国检察权的反思与重构——以公诉权为核心的分析》，载《法学研究》2002年第2期；万毅：《检察权若干基本理论问题研究——返回检察理论研究的始点》，载《政法论坛》2008年第3期。

② 夏邦：《关于检察院体制存废的讨论》，载《法学》1999年第7期。

③ 郭晶：《逮捕制度改革的两条道路及其反思——以逮捕功能异化现象为立论基点》，载《时代法学》2014年第4期。

④ 闵春雷：《论审查逮捕程序的诉讼化》，载《法制与社会发展》2016年第3期。

⑤ 郝银钟：《论批捕权的优化配置》，载《法学》1998年第6期。

⑥ 谢鹏程、彭玉：《论捕诉关系》，载童建明主编：《检察智库成果》（第3辑），中国检察出版社2019年版，第236页。

个重要组成部分。① 我国宪法将检察机关定位为国家的法律监督机关，将批捕权、起诉权都赋予了检察机关，这样批捕权和起诉权都具有了法律监督的属性。② 审查逮捕是一种司法审查机制，直接决定犯罪嫌疑人审判前是否羁押，是审前程序中对侦查权实现有效控制和监督制约的重要方式，也是检察机关法律监督权的重要表现。③

二、对逮捕权属性各学说的述评

上述关于逮捕权属性的观点，学术界展开激烈的讨论。

（一）关于行政权说

有学者认为，将审查批准逮捕权定位为行政权是基于将检察机关定位于行政机关，这种定位的理论依据是"三权分立"理论。我国政权组织体系中，检察机关不是行政机关，我国检察机关的一切活动，围绕着揭露、查明、追究犯罪等诉讼活动开展，具有明显的适用法律，对案件进行司法裁断的性质。从本质上讲，审查逮捕权不能归属为行政权。④ 还有学者认为，羁押的权力既不属于法律监督权，也不属于侦查权，而是独立于侦查、独立于实体裁判之外的一种程序性裁判权。⑤ 对行政权说持批判观点的学者均认为，逮捕权不属于行政权，而是具有裁判性质的权力。

---

① 刘国媛：《也谈批捕权的优化配置——与郝银钟同志商榷》，载《法学》1999年第6期。
② 邓思清：《捕诉合一是中国司法体制下的合理选择》，载《检察日报》2018年6月6日。
③ 张晓津、刘涛：《简论审查逮捕的诉讼化转型》，载《人民检察》2017年第21期。
④ 胡婧：《审查批准逮捕权的属性探讨》，载《西部法学评论》2016年第6期。
⑤ 孙长永：《检察机关批捕权问题管见》，载《国家检察官学院学报》2009年第2期。

(二) 关于司法权说

有学者认为,审查逮捕权作为一项检察机关的职权,既是由法律监督职能派生的,也是法律监督的具体方式和途径;既是法律监督的方式,也是司法权属性的体现,侦查机关向检察机关提请批准逮捕,实质上是接受检察机关监督的重要方式。① 对司法权说持异议者多为法律监督权说的主张者。持该论者认为,在一元论的基础上理解检察权与法律监督权的关系,检察权的所有权能中都蕴含着法律监督的属性,在检察权的每一项具体权能中都体现着法律监督的实质,都是法律监督权的具体表现形式。② 审查批捕权属于检察权之一,所以审查批捕权本质上属于法律监督权。

(三) 关于行政权司法权双重属性说

有学者认为,虽然审查批准逮捕权在内容上和运作方式的某些方面兼有行政性质和司法性质,但行政性和司法性都是局部的、从属性的、次要方面的和非本质的特征,而法律监督反映了其作为检察权之一的根本属性和基本功能,尤其是在中国,宪法和法律明确规定了检察机关在国家权力架构中的法律监督地位,因此,逮捕审查批准权本质上应当定位为法律监督权。③ 该论一般为持法律监督权说学者所主张,强调逮捕权虽有裁判性质,有司法权属性的体现,但本质上属于法律监督权。

(四) 关于法律监督权说

有学者认为,宪法将检察机关定位为法律监督机关,是对检察机关

---

① 孙谦:《司法改革背景下逮捕的若干问题研究》,载《中国法学》2017 年第 3 期。
② 石少侠:《论我国检察权的性质——定位于法律监督权的检察权》,载《法制与社会发展》2005 年第 3 期。
③ 刘立宪、张智辉等:《检察机关职权研究》,载孙谦、刘立宪主编:《检察论丛》,法律出版社 2001 年版。

的整体定位,具体到检察权的权能属性,不能将所有的检察权均归为法律监督权。在批准逮捕的过程中可以进行侦查监督,但不能因为要附带进行侦查监督,就将整个批准逮捕权归结为法律监督权。① 法律监督权与批捕权完全是两种不同性质的权力形态,毫无共同之点,在法理上根本就不应该存在包容关系。② 也有学者认为,批准和决定逮捕权在中国具有法律监督的性质,但把决定和批准逮捕这样具有实质意义的权力简单归结为法律监督权是欠妥当的,只有从司法权的角度来讨论批准和决定逮捕权的属性,才符合现代法治的基本要求。③ 持上述观点的学者认为,逮捕权不是法律监督权,而是程序性裁判权,属于司法权的范畴。

三、我们的主张

对检察机关批准逮捕权和决定逮捕权属性的确定,以与之相关概念的澄清为前提,但我国理论界和实务界对于检察权、法律监督权、司法权等概念尚未形成共识。

我国包括宪法在内的多部法律均有检察权的表述。《宪法》第136条规定,人民检察院依照法律规定独立行使检察权,不受行政机关、社会团体和个人的干涉。《刑事诉讼法》第5条和《人民检察院组织法》第4条的规定与《宪法》第136条的规定相同。除此之外,《人民检察院组织法》第2条第2款、第5条有多处关于检察权的表述。可见,检察权是我国宪法、人民检察院组织法和刑事诉讼法规定的法律术语。检察权,即检察机关的职权,是宪法和法律赋予检察机关的各项职权的总称。④

---

① 陈卫东:《羁押必要性审查制度研究》,载《法学研究》2018年第2期。
② 郝银钟:《批捕权的法理与法理化的批捕权——再谈批捕权的优化配置及检察体制改革兼答刘国媛同志》,载《法学》2000年第1期。
③ 张智辉主编:《检察权优化配置研究》,中国检察出版社2014年版,第239页。
④ 张智辉主编:《检察权优化配置研究》,中国检察出版社2014年版,第25页。

与检察权密切相关的概念是法律监督权。我国《宪法》第134条和《人民检察院组织法》第2条第1款规定，中华人民共和国人民检察院是国家的法律监督机关。但是，包括宪法在内的法律中并没有法律监督权的表述，法律监督权在我国是一个学术或理论用语。检察机关是国家的法律监督机关，并不意味着检察机关是一个全面监督国家法律实施的机关，也没有去统揽法律监督权。检察机关所实施的法律监督不同于舆论监督、党的监督、群众监督等一般意义上的法律监督，也不同于行政机关下属部门的法律监督，其属于"专门"的法律监督机关。[①] 基于此，有学者认为，法律监督有广义与狭义之分，广义的法律监督是指国家机关、社会组织和公民依法对国家立法、执法、司法和守法进行监督的活动；狭义的法律监督是指检察机关依照法律授权和法定程序对执法、司法和守法进行监督的专门活动。法律监督作为一个专门术语，仅指狭义的概念，即检察机关的法律监督。[②] 基于狭义法律监督概念的立场，所谓法律监督权，就是对人民检察院在履行法律监督职能时依法享有的各项权力的总称。它是与行政权、审判权并列的一种独立的国家权力。[③]

不同于全国人民代表大会作为最高国家权力机关，全国人民代表大会及其常务委员会行使国家立法权，国务院和地方各级人民政府作为国家行政机关行使行政权，各级监察委员会作为国家的监察机关行使监察权，人民法院作为审判机关行使审判权，我国宪法规定人民检察院作为国家的法律监督机关行使检察权。权力机关与立法权、行政机关与行政权、监察机关与监察权、审判机关与审判权均存在机关性质与所行使权力之间的对应性，但法律监督机关与检察权之间缺乏这种对应性，导致

---

① 韩大元、刘松山：《论我国检察机关的宪法地位》，载《中国人民大学学报》2002年第5期。

② 张智辉主编：《检察权优化配置研究》，中国检察出版社2014年版，第29页。

③ 石少侠：《论我国检察权的性质——定位于法律监督权的检察权》，载《法制与社会发展》2005年第3期。

理论上关于法律监督概念的争议,并产生法律监督权与检察权关系的问题。

关于法律监督权与检察权的关系,有"多元论"和"一元论"之争。"多元论"一方面强调法律监督机关的多元化,认为诸如行政机关行使的行政权、审判机关行使的审判权也有法律监督的性质;[①] 另一方面,主张检察权能的多元化,把检察权分为侦查职能、监督职能、公诉职能以及参与民事诉讼和行政诉讼职能等,认为这些职能不可能作出一元概括。[②] "一元论"认为,法律监督与检察的内涵是一样的,检察机关是国家的法律监督机关,检察制度是法律监督制度,所有检察工作是法律监督。[③] "一元论"主张检察权的全部权能在性质上统一于法律监督权,检察权的内涵与外延在逻辑上与法律监督权完全一致,将检察权与法律监督权作为同义概念。[④] "多元论"是基于上述广义法律监督概念的立场,认为并非检察机关的所有职权都具有法律监督属性。"一元论"则是基于上述狭义法律监督概念的立场,主张各项检察职能都具有法律监督的属性,认为检察权就是检察机关的法律监督权,内容包括法律规定由人民检察院行使的所有职权。

我国宪法和法律亦没有司法权的表述。在西方国家"三权分立"的体制下,司法权是相对于立法权、行政权的第三种国家权力。司法权往往称为司法裁判权。[⑤] 比较普遍的观点认为,在现代法治国家里司法权

[①] 刘茂林、陈明辉:《论检察权与法律监督权的关系》,载《河南工业大学学报》2013年第3期。

[②] 石少侠:《论我国检察权的性质——定位于法律监督权的检察权》,载《法制与社会发展》2005年第3期。

[③] 邓思清:《检察基础理论四十年的发展与创新》,载《人民检察》2018年第23-24期。

[④] 石少侠:《我国检察机关的法律监督一元论——对检察权权能的法律监督权解析》,载《法制与社会发展》2006年第5期。

[⑤] 陈瑞华:《司法权的性质——以刑事司法为范例的分析》,载《法学研究》2000年第5期。

只能由法院行使，专指审判权。司法权具有终局性、中立性、独立性和消极被动性几个特性。① 基于上述界定，有论者认为以公诉权为基本内容的检察权不可能具有终局性、中立性、被动性、独立性的特点，检察权在本质属性上、在终极意义上属于行政权。② 亦有观点认为，检察机关将法律监督与刑事追诉两种相互对立的权力集中于一身，无法保持中立性和超然性。③ 对于将司法权界定为司法裁判权或审判权，分析其特征，并根据是否满足这些特征进而判断是否是司法权的研究方法，有学者提出异议。认为此种观点把司法权等同于审判权，所谓司法权的特征，实际上只是审判权的特征，且是"三权分立"语境下司法权的特征，强调司法权均需具备此四种特征，以此来反证检察权不属司法权，在方法论和逻辑关系上有本末倒置之嫌。④ 亦有学者认为，我国虽然没有采行"三权分立"制度，但是根据国家权力属性将其划分为立法权、行政权、司法权等权力形式的研究范式和方法，是科学、客观的，具有普适性；研究检察权的性质，是为解决检察权的独立性问题。检察权是否独立，关键是能否将其归入司法权。据此，该论者认为检察权、司法权、法律监督权本质上是三位一体的概念，"检察权"是对检察机关权力的总体性描述，指检察机关是一个国家机关，并代表国家行使权力这一事实；"司法权"是对检察机关权力性质的定位，揭示检察机关权力的具体性质和形式，主要解决检察机关的独立性及其身份保障问题；"法律监督权"反映检察机关在国家权力结构中的地位和功能，着眼于

---

① 陈卫东：《我国检察权的反思与重构——以公诉权为核心的分析》，载《法学研究》2002年第2期。

② 陈卫东：《我国检察权的反思与重构——以公诉权为核心的分析》，载《法学研究》2002年第2期。

③ 陈瑞华：《司法权的性质——以刑事司法为范例的分析》，载《法学研究》2000年第5期。

④ 石少侠：《论我国检察权的性质——定位于法律监督权的检察权》，载《法制与社会发展》2005年第3期。

解决与行政机关、审判机关的关系问题。①

笔者认为，检察权是我国宪法和法律规定的法律术语，其概念具有明确性，是指根据宪法和法律规定由人民检察院行使的职权。人民检察院组织法也对检察权的具体内容作出了明确规定。《人民检察院组织法》第20条规定，人民检察院行使下列职权：（1）依照法律规定对有关刑事案件行使侦查权；（2）对刑事案件进行审查，批准或者决定是否逮捕犯罪嫌疑人；（3）对刑事案件进行审查，决定是否提起公诉，对决定提起公诉的案件支持公诉；（4）依照法律规定提起公益诉讼；（5）对诉讼活动实行法律监督；（6）对判决、裁定等生效法律文书的执行工作实行法律监督；（7）对监狱、看守所的执法活动实行法律监督；（8）法律规定的其他职权。

就检察权与法律监督权的关系而言，《人民检察院组织法》第21条第1款规定，"人民检察院行使本法第二十条规定的法律监督职权，可以进行调查核实，并依法提出抗诉、纠正意见、检察建议"。该款是我国立法仅有的关于法律监督职权的表述。从文义上理解，该款所称的法律监督职权具体包括《人民检察院组织法》第20条第五至七项规定的职权，而非第20条规定的全部职权。之所以如此理解，原因在于，其一，《人民检察院组织法》第20条有"法律监督"表述的只有第五至七项。其二，该款明确法律监督职权的行使措施为可以进行调查核实，行使的方式包括提出抗诉、纠正意见、检察建议。《人民检察院组织法》第20条第一至四项所规定职权的行使方式则包括立案侦查、移送审查起诉、批准和决定逮捕、提起公诉或不起诉以及提起公益诉讼等，这与"提出抗诉、纠正意见、检察建议"等方式显然是不同的。其二，"检察机关履行法律监督职责，对诉讼中的违法行为提出监督和纠正意见，只是启动相应的法律程序或作出程序性的决定，提出意见建议，甚至通过

---

① 万毅：《检察权若干基本理论问题研究——返回检察理论研究的始点》，载《政法论坛》2008年第3期。

抗诉来发挥监督作用，不具有终局或实体处理的效力。"① 这种程序性和建议性正是《人民检察院组织法》第 20 条第五至七项所规定职权的特点，与该条款第一至四项所规定的职权所具有的裁决性或终局性是不同的。

换言之，检察权包括《人民检察院组织法》第 21 条所称的法律监督职权，两者是不能等同的。法律监督权本身只是理论术语，并无法律依据，将法律监督作狭义理解的"一元论"，将法律监督权与检察权等同的观点，理论价值欠缺，容易出现由于概念的混乱造成理论和实践中的困惑。在我国宪法体制下，检察权作为与行政权、监察权、审判权并列的一种完整独立的公权力，无须将检察权归属为某种权力形式之后再来探究其属性，理论上也完全可以用检察权指代人民检察院所行使的全部职权。同监察权和审判权相同，人民检察院行使检察权不受行政机关、社会团体和个人的干涉。同时，根据《检察官法》第 6 条的规定，检察官依法履行职责，受法律保护，不受行政机关、社会团体和个人的干涉。就此而言，检察权行使的独立性是立法明确规定的，也是法律所保障的，亦无须将其归入司法权来解决检察权的独立性问题。正如有学者所言，检察权之所以是检察权，是由其所具有的法律监督性、司法性、行政性、公益性所决定的，这些属性综合于一体共同构成检察权独立的权力属性。② 检察权所具有这些属性是其区别于行政权、监察权和审判权，成为独立的国家权力形式之根本所在。

基于检察权作为一项独立的国家权力的立场，人民检察院批准逮捕权和决定逮捕权当然属于检察权。作为检察权的一项权能，批准逮捕权具有以下几个特点：一是法律监督性。批准逮捕权因侦查机关提请批准

---

① 孙谦：《新时代检察机关法律监督的理念、原则与职能——写在新修订的人民检察院组织法颁布之际》，载童建明主编：《检察智库成果》（第 3 辑），中国检察出版社 2019 年版，第 11 页。

② 王守安、田凯：《论检察权的属性》，载《国家检察官学院学报》2016 年第 5 期。

逮捕而发起，天然地具有对侦查权的限制和制约作用。逮捕审查过程中对侦查机关收集证据的审查、非法证据的排除、违法侦查行为的纠正、作出批准或者不批准逮捕决定以及决定作出后提出的继续侦查或补充侦查的意见无不体现出对侦查权的监督性质。通过逮捕批准权与请求权、执行权的分离，使逮捕执行权受到批准权的控制，以此监督、制约逮捕措施的适用，进而保障人权。二是中立性。"中立，是指裁判者对诉讼争端各方保持一种超然和无偏私的立场，既不对诉讼任何一方抱有偏见，也不与诉讼争端的利益有任何关联。"[①] 批准逮捕权的行使秉持中立性，权力行使过程中不能有价值或利益上的偏向，只注重证据和事实，在提请逮捕机关和犯罪嫌疑人、辩护人之间处于不偏不倚的立场，对双方的主张和利益同等关注。三是独立性。权力行使过程中秉持客观公正立场，在证据采纳、事实认定、法律适用上保持独立自主，只能依据法律作出批准或不批准逮捕的决定，不受行政机关、社会团体和个人的干涉。四是审查性。"人民检察院的具体职权，呈现以检察审查为核心内容的样态，成为所有检察职权的'最大公约数'，即检察机关对公安机关、法院等执法司法行为，以及涉及公共利益的行政行为、民事行为进行合法性审查并作出决定的权力。"[②] 批准逮捕权以对刑事案件进行审查为基本实现方式和途径，并以审查认定的事实和证据作出逮捕与否的决定。五是终局性。批准逮捕权具有裁判性，属于程序性裁判。批准逮捕或不批准逮捕决定作出后，侦查机关有权申请复议或复核，经复核的决定属于最终的裁判，具有终局性。

---

① 卞建林、谢澍：《"以审判为中心"视野下的诉讼关系》，载《国家检察官学院学报》2016 年第 1 期。

② 苗生明：《新时代检察权的定位、特征及发展趋向》，载《中国法学》2019 年第 6 期。

第四节　逮捕权之配置

逮捕权的配置，即逮捕权由谁行使的问题。进而言之，即人民检察院批准逮捕权和决定逮捕权的正当性问题。

一、逮捕权配置之争

关于逮捕权的配置，有三种观点。

（一）法院行使说

这种观点认为，逮捕权应由人民法院行使。持该论者主要从以下方面论述人民法院行使逮捕权的合理性。

第一，从权力性质的角度论述。该观点认为，逮捕权属于司法权，应由司法机关行使。人民法院为司法机关，所以逮捕权应由人民法院行使。如有学者认为，在刑事诉讼中，批捕权是一项重要的司法权力，应该由人民法院来行使。① 还有学者认为，逮捕权是一种程序性裁判权，即司法权的组成部分，而检察机关是公诉机关，它不应当享有裁判权，而只应有裁判的申请权。②

第二，从权力制衡的角度论述。该观点认为，逮捕权由人民法院行使可对侦查机关、检察机关的追诉权力进行制衡。如有学者认为，作为宪法分权制衡原则内在要求之一，刑事诉讼中追诉权力和司法权力分别由警检机关和法官依法行使，其中，批准逮捕权力属于司法权力，一般由法官依据司法程序行使；侦查、审查起诉和出庭公诉属于追诉权力，

---

① 郝银钟：《论批捕权的优化配置》，载《法学》1998年第6期。
② 孙长永：《检察机关批捕权问题管见》，载《国家检察官学院学报》2009年第2期。

由警检机关依据法定程序行使。①

第三,从司法审查的角度论述。该观点认为,逮捕权系对犯罪嫌疑人、被告人人身自由的剥夺,应当进行严格的司法审查。如有学者认为,将逮捕权转隶法院,由法官具体行使批准逮捕权,否则,难以达到司法审查实际效果。② 还有学者认为,检察机关所享有的审查批准逮捕的权力,及其作为刑事侦查机构所行使的涉及限制个人基本权益和自由的强制处分权,也应当逐步被纳入法院的司法裁判权之中。③

第四,从权力主体中立性的角度论述。该观点认为,逮捕权应由处于中立地位的机关行使,检察机关同时行使追诉权,存在角色冲突,难以保持中立,故不应行使逮捕权。如有学者认为,检察官既是控方,又行使未决羁押的决定权,不可能中立、独立和公正。④ 在现代国家,逮捕审查属于司法裁判权,由不承担追诉职能的中立裁判者行使,承担追诉职能的检察机关较难保持中立。⑤

第五,从检察机关行使逮捕权弊端的角度论述。该观点认为,检察机关行使逮捕权产生诸多弊端,比如"构罪即捕""以捕代侦",有违程序公正,导致羁押率较高,有违侦查主体与羁押审查主体分离原则。故"逮捕制度改革的核心问题是,检察院不能行使逮捕的决定权"⑥。

第六,从国际普遍做法的角度论述。该观点认为,国际上逮捕权大多由人民法院行使,我国应当与国际"接轨"。如有学者认为,由法官

---

① 孙长永:《"捕诉合一"的域外实践及其启示》,载《环球法律评论》2019年第5期。
② 高峰、唐益亮:《从实践到理论:诉讼逮捕程序的维度之辨》,载《清华法治论衡》2018年第26辑。
③ 陈瑞华:《司法权的性质——以刑事司法为范例的分析》,载《法学研究》2000年第5期。
④ 顾永忠:《关于未决羁押的几个理论与实践问题——兼谈我国逮捕制度的改革思路》,载《河南社会科学》2009年第6期。
⑤ 刘计划:《我国逮捕制度改革检讨》,载《中国法学》2019年第5期。
⑥ 刘计划:《逮捕审查制度的中国模式及其改革》,载《法学研究》2012年第2期。

决定未决羁押是法治国家的普遍做法。① 审查逮捕实质上是一种司法裁判性质的权力，现代国家皆由法院行使。②

（二）人民检察院行使说

这观点认为逮捕权应由人民检察院行使，或者人民检察院行使逮捕权有相对合理性。持该论者主要从以下方面进行论证。

第一，从我国宪法、法律规定的角度论证。该观点认为，人民检察院行使逮捕权是由我国宪法和法律规定的，具有正当性。如有学者认为，检察机关行使批捕权是宪法赋予的一种权力，符合我国国情。③

第二，从检察机关法律监督机关定位的角度论证。该观点认为，检察机关的逮捕权是由检察机关的法律地位所决定的。有学者认为，审查逮捕是法律监督权的具体权能，是对侦查活动的控制与监督，是实现检察机关法律监督权的重要条件。④

第三，从我国检警关系的角度论证。该观点认为，西方国家逮捕权由法院行使的原因是其实行检警一体的制度，而我国实行的是检警分立制，检察机关行使逮捕权不会影响其中立性。有学者认为，西方国家实行逮捕与公诉相分离，分别由两个国家机关行使，其前提条件是"检警一体"（大陆法系国家），检察官有权领导和指挥警察，或者警察弱化（英美法系国家），警察受制于检察官或法官。我国检察官的中立性、独立性和司法性比任何国家都强，而且批捕与起诉两项职能具有兼容性和互补性。我国批捕权和起诉权都具有法律监督的性质，由一个职能部门或者检察官行使，更能增强其法律监督力度和监督效果。我国公诉实行

---

① 顾永忠：《关于未决羁押的几个理论与实践问题——兼谈我国逮捕制度的改革思路》，载《河南社会科学》2009年第6期。

② 刘计划：《我国逮捕制度改革检讨》，载《中国法学》2019年第5期。

③ 孙长永：《检察机关批捕权问题管见》，载《国家检察官学院学报》2009年第2期。

④ 汪海燕：《检察机关审查逮捕权异化与消解》，载《政法论坛》2014年第6期。

法定主义,公诉不仅有法律条件上的限制,更应当遵循客观义务原则,即公诉应当坚持中立立场,检察官应当不偏不倚地对待犯罪嫌疑人和被告人,因而由负责公诉的检察官行使批捕权,不会影响批捕权行使的中立性,更不会影响对人权的保障。①

第四,从人民法院行使逮捕权的弊端的角度论证。该观点认为,人民法院行使逮捕权有其条件,而我国人民法院尚不具备这些条件,如果逮捕权由人民法院行使,则会产生一系列弊端。有学者认为,外国批捕权由法院行使必须具备两个制度前提:一是法官独立;二是批捕、审判由不同法院的法官负责。② 但是,我国没有分立于审判之外的治安法官或预审法官制度,且实行法院整体独立,法院自捕自判有可能使审判法官先入为主,对案件产生预断,且如果批捕错误,则不利于审判环节对错捕的纠正。③ 一旦法官作出批准逮捕的决定,其所在的法院要对该决定负责并承担相应的后果。在利益一致化的引导下,出于维护签发者的权威甚至其他利益的考虑,或者为了规避法院应当承担的消极后果,一旦作出逮捕决定,此决定就会将法院纳入追诉被告人有罪的轨道。法国2000年设立自由与羁押法官之前,预审法官既领导侦查又行使逮捕审查功能,一直为人们所诟病,即是例证。④ 检察机关行使批捕权会因控诉倾向而影响批捕的公正性,或因案件已经逮捕而先入为主影响起诉的担忧同样可能发生在法院身上。法院经审查裁决犯罪嫌疑人应当逮捕,那么法院在审判该案时也存在先入为主影响公正判决的可能性。实际上必然导致批捕权与审判权合二为一的结果。⑤

第五,从检察机关行使逮捕权弊端产生原因的角度论证。该观点认

---

① 邓思清:《捕诉合一是中国司法体制下的合理选择》,载《检察日报》2018年6月6日。
② 朱孝清:《中国检察制度的几个问题》,载《中国法学》2007年第2期。
③ 朱孝清:《对检察官中立性几个问题的看法》,载《人民检察》2016年第2期。
④ 汪海燕:《检察机关审查逮捕权异化与消解》,载《政法论坛》2014年第6期。
⑤ 朱孝清:《中国检察制度的几个问题》,载《中国法学》2007年第2期。

为实践中存在的"构罪即捕""以捕代侦"等问题的原因是复杂的,不能将其完全归咎于检察机关行使逮捕权。有学者认为,对于"以捕代侦""构罪即捕"现象要客观看待,这些问题与很多因素相关,如"侦查中心主义"的司法体制,逮捕审查中缺乏对必要性条件的审查,检察机关内部考核指标的设定等,问题的产生并非都因为逮捕权归属于检察机关而产生。[①] 还有学者认为,我国批准、决定逮捕率较高,主要是因为公安机关没有对逮捕的刑罚条件和必要性条件承担证明责任,犯罪嫌疑人及其律师在审查逮捕程序中基本上不可能发挥作用,导致检察机关除对逮捕的罪疑条件进行审查以外,难以对逮捕的刑罚条件和必要性条件进行审查,以至于构罪即捕。[②]

(三)改良说

这种观点认为,人民检察院行使逮捕权系由宪法决定,实践中逮捕存在的问题由多种原因导致,且检察机关行使逮捕权具有丰富的经验,故短期内检察机关行使逮捕权具有合理性,但需要对逮捕制度进行改革。

如有学者认为,检察机关的批捕权来源于宪法授权,宪法没有修改之前,刑事诉讼法不宜突破宪法的规定;检察机关在长期的批捕实践中积累了丰富的经验,在逮捕条件掌握总体上比较严格,不像日本法官对于羁押请求有求必应,因而就逮捕质量而言,检察机关承担追诉职能对其行使批捕权虽有影响但相对有限,司法实务中逮捕羁押率较高以及超期羁押等问题的产生有制度和操作上的原因,并非主要是由于检察机关享有批捕权造成的。通过立法提高逮捕的实质要件,完善批准逮捕程序赋予被逮捕人及其近亲属、辩护人等就逮捕的合法性和羁押的必要性申

---

① 陈实:《论捕诉一体化的合理适用》,载《法商研究》2019年第5期。
② 李昌林:《审查逮捕程序改革的进路——以提高逮捕案件质量为核心》,载《现代法学》2011年第1期。

请法院司法审查的权利,则可以减少检察机关行使批捕权的消极影响。①亦有学者认为,目前的形势下,逮捕决定主体的司法化一时难以实现,着力点应当集中于决定程序的司法化,即有权决定羁押的主体在批捕逮捕时,应当以消极、中立的姿态,平等地听取指控机关和犯罪嫌疑人双方的意见。② 还有学者认为,现阶段乃至今后一段时期,未决羁押的双轨制将继续存在,改革的重点应当按照"行使司法权力"的内在要求行使批准逮捕的权力。具体表现在:其一,权力主体应当中立、独立,不受任何其他机关、团体、单位或个人的干扰;其二,行使过程应当公开、透明,接受社会的监督;其三,行使对象应有权参与其中,能够充分表达自己的意见和诉求;其四,承受司法权行使所产生的不利后果的人,应当享有救济的权利,受到错误处理时,享有获得赔偿的权利。③

二、我们的主张

上述关于逮捕权配置之争的焦点在于检察机关行使批准逮捕权的中立性以及人民法院行使逮捕权是否比检察机关更中立,具体表现在以下三个方面:

(一)检察机关行使公诉权是否影响审查批捕的中立性

反对检察机关行使批准逮捕权的理由主要是认为检察机关由于自身的控方角色,难以保持中立和客观地位。在我国,检察机关的批准逮捕权和公诉权都具有审查的性质,属于具有裁判性质的职权。我国《人民检察院组织法》第 20 条关于检察机关逮捕权和公诉权的规定分别是

---

① 孙长永:《检察机关批捕权问题管见》,载《国家检察官学院学报》2009 年第 2 期。
② 易延友:《刑事强制措施体系及其完善》,载《法学研究》2012 年第 3 期。
③ 顾永忠:《关于未决羁押的几个理论与实践问题——兼谈我国逮捕制度的改革思路》,载《河南社会科学》2009 年第 6 期。

"对刑事案件进行审查，批准或者决定是否逮捕犯罪嫌疑人"，"对刑事案件进行审查，决定是否提起公诉，对决定提起公诉的案件支持公诉"。从权力行使的方式看，人民检察院行使逮捕权、公诉权都应进行审查；从权力行使的结果看，其中逮捕权的行使结果包括批准（决定）或不批准（决定不）逮捕，公诉权的行使结果包括决定提起公诉或决定不起诉。

"是否提起公诉（尤其是不起诉），需要检察官依据法律进行裁量并独立作出起诉或者不起诉的法律处分，这种处分权与法官的裁判权极为相近，同样具有中立性、独立性和裁量性。"[1] 权力行使结果的多样性表明检察机关行使逮捕权和公诉权时具有自由裁量权，同时也意味着批准逮捕并非必然提起公诉，不批准逮捕并非必然不起诉。权力行使结果组合的丰富性为检察机关保持批准逮捕权行使的中立性创造了制度空间。

检察机关履行审查批捕、审查起诉职能时，均存在以侦查机关为控方，以犯罪嫌疑人、被告人及其辩护人为辩方，检察机关居中审查作出批捕、起诉决定与否的三方结构。这种权力运行构造本质上表明，检察机关审查批捕和审查起诉职权的履行具有司法的特征。同时，我国"控权式"司法改革提升了检察机关的中立性。人民法院和检察机关在改革的措施、方式等方面基本无二样。因此，如果我国的法院能够独立行使职权，那么检察院同样能够独立行使职权。[2] 并且，我国检察官法明确规定了检察官的客观公正义务以及履职的中立性。我国检察官的入职条件与法官是相同的，履行职责的独立性和公正性、客观性要求也是相同的，检察机关与人民法院一样都要严格依照实体法和诉讼法的规定行使职权。[3] 这要求检察官履行审查批捕和审查起诉职权过程中不能单纯站在追

---

　　[1] 万毅：《检察权若干基本理论问题研究——返回检察理论研究的始点》，载《政法论坛》2008年第3期。

　　[2] 高峰、唐益亮：《从实践到理论：诉讼逮捕程序的维度之辨》，载《清华法治论衡》2018年第26辑。

　　[3] 万春：《检察法制建设新的里程碑——参与〈人民检察院组织法〉修订研究工作的体会》，载《国家检察官学院学报》2019年第1期。

诉立场片面强调追诉犯罪，还应当注重保护被追诉人的合法权益。检察官在履职中自身没有诉讼利益，不能简单从追诉犯罪的主观意愿出发行使职权，应当站在法律监督机关而非单纯公诉机关的立场，全面客观地收集采信证据，正确认定案件事实和性质，依法作出诉讼决定，兼顾惩罚犯罪与保障人权。那种认为检察机关承担追诉职责必然不能中立的观点，实际上是把审查批捕与控诉职能、客观公正义务对立起来，其原因在于把检察机关定位于控诉机关，把控诉作为检察机关职能、义务的本源和根据，忽视了审查逮捕权的法律监督性，实际上犯了本末倒置的错误。①

有学者认为，检察机关行使逮捕权不符合国际公约精神。《公民权利和政治权利国际公约》第9条第3款规定："任何因刑事指控被逮捕或拘禁的人，应被迅速带见审判官或其他经法律授权行使司法权力的官员，并有权在合理的时间内受审判或被释放。"根据该款规定，审查逮捕权应由审判官或其他经法律授权行使司法权力的官员行使。

有学者认为，"凡是在批准拘捕和命令羁押时不能独立作出决定的官员，以及可能或者实际上继续作为公诉机关的代表参加同一案件的后续诉讼活动的官员，均不符合独立性和中立性的要求"。② 在我国，负责审查批准逮捕的检察官，由于可能在随后的诉讼中作为公诉人参加诉讼活动，不符合中立性的要求，所以，尽管中央有关司法改革部署多次明确检察机关属于司法机关，但我国检察官不属于上述"其他经法律授权行使司法权力的官员"的范畴。该学者以联合国经社理事会"关于任意羁押的专家工作组"于2004年9月到我国考察后提交给人权委员会的报告为证，指出：由于检察官是刑事诉讼的一方当事人，缺乏关于逮捕事项作出决定所必要的中立性，要么赋予被授权作出逮捕决定的检察

---

① 朱孝清：《检察官客观公正义务及其在中国的发展完善》，载《中国法学》2009年第2期。
② 孙长永：《"捕诉合一"的域外实践及其启示》，载《环球法律评论》2019年第5期。

官必要的独立性，以便符合"法律授权行使司法权力的司法官员"的标准，要么将决定或批准逮捕权由检察院转交法院行使。① 对此，有学者进行考证后认为，国际人权组织未将检察官排除在司法审查的主体之外，根据国际人权组织的解释，在某些情形下检察官符合中立性标准，检察官享有强制处分权具有正当性。联合国经济社会发展委员会下属人权委员会 2005 年赴中国就审前羁押问题进行专题调查后认为，虽然中国检察机关采行的检察一体化体制在一定程度上削弱了检察官的中立性地位，但在一定前提下检察机关仍然有权行使批捕权，建议中国采取改革措施消除影响检察官中立性的负面因素，继续将批捕权留在检察官手中。② 所以，上述认为我国检察官因缺乏中立性不应行使批准逮捕权的观点系对国际公约的误读。

（二）检察机关捕诉一体改革对审查批捕中立性的影响

学术界比较普遍的观点认为，检察机关行使审查逮捕权的正当性前提之一，就是"捕诉分离"，如果实行"捕诉合一"，审查逮捕制度也就失去了其正当性根基。③ 持该论者认为，其一，"捕诉合一"将使公诉人具备司法裁判权，为了最大限度地将被告人定罪，势必会利用审查批捕权为公诉权服务，从而使审查批捕权沦为公诉权的附庸；其二，批捕是为了保障诉讼活动的顺利进行，判断的标准主要是羁押的"必要性"，公诉的本意是为了将犯罪嫌疑人进行定罪与量刑，由同一主体行使逮捕权与公诉权，很难使公诉人作出符合设置批捕权与公诉权本意的理性判断。④ 甚至有实务界的学者亦认为，负责批捕的检察官同负责出庭公诉的检察官不得同为一人，是体现批捕中立性必须守住的最后的底

---

① 孙长永：《检察机关批捕权问题管见》，载《国家检察官学院学报》2009 年第 2 期。
② 高峰：《对检察机关批捕权废除论质疑——兼论检察机关行使批捕权的正当性》，载《中国刑事法杂志》2006 年第 5 期。
③ 汪海燕：《检察机关审查逮捕权异化与消解》，载《政法论坛》2014 年第 6 期。
④ 张泽涛：《构建中国式的听证审查逮捕程序》，载《政法论坛》2018 年第 1 期。

线，如果逾越这一最后的底线，检察机关行使批捕权的科学合理性和正当性就会遭到更强烈的质疑。①

笔者认为，上述观点存在三个方面的问题。

其一，将公诉权等同于提起公诉，忽视公诉权的审查性质和裁判权性质。如上所述，审查起诉并非必然提起公诉，能否提起公诉的决定因素是事实和证据，而非是否已经采取逮捕措施。

其二，将审查起诉的过程混同于审查起诉的结果。人民检察院对侦查机关移送审查起诉的刑事案件必须先经审查，并根据审查认定的事实和证据决定是否提起公诉，将公诉的本意理解为对犯罪嫌疑人进行定罪量刑显然是片面的。正如上述观点所言，逮捕和公诉适用条件不同，且是两个互相独立的程序，逮捕与否的依据是侦查机关提请逮捕时移送的证据材料，提起公诉与否依据的是侦查机关移送起诉时的证据材料，二者存在时空条件的差异。纵使审查主体为同一人，但审查程序、适用条件、证明标准、证据和事实情况均存在不同，且有客观公正义务和司法责任制的加持，审查主体必然依据法律和事实作出诉讼决定，而非单纯的为追诉而枉法决定。即使在提前介入侦查以及对批准或不批准逮捕案件提出继续侦查或补充侦查提纲的情况下，检察官的目的也是引导侦查机关依法全面收集证据，查明案件事实，准确适用法律，而非追求对犯罪嫌疑人或被告人的定罪处罚。这从最高人民检察院、公安部联合印发的《关于加强和规范补充侦查工作的指导意见》工作文书样式有关"为查明案件事实"的表述中可以明确得知。所以，捕诉一体并不必然导致检察官因对案件同时行使批捕权和审查起诉权而丧失中立立场。

其三，有关实证研究表明"捕诉一体"并未导致上述论者所描述的问题。"尽管园区院实行捕诉合一，但并未出现因批捕权与追诉权交由同一主体行使导致职能冲突与角色冲突的问题，或者为方便追诉而滥用批捕权的问题；也未出现案件证据已经构成犯罪，办案人员为了保证日

---

① 朱孝清：《对检察官中立性几个问题的看法》，载《人民检察》2016年第2期。

后审查起诉的顺利进行，对可捕可不捕案件会倾向于批捕，人为提高或降低逮捕标准的问题。"①

（三）人民法院行使批准逮捕权是否比检察机关更加中立

"无论侦查中或审判中，法院为决定羁押之唯一机关，其法理基础在于（绝对的）法官保留原则。依照法官保留原则之观点，诸如羁押此等严重干预被告人身自由之拘禁处分，必须受人身即事务独立性原则保障以及受法官原则拘束之中立第三人，也就是法官来决定，始能有效确保基本权利，防范滥权侵害。"② 但法院是否必然具有中立性，在西方国家亦成为问题。在一些国家，法官掌握签发逮捕令的权力，其实不过扮演着警察的橡皮图章的角色，警察申请司法令状，法官通常都会予以批准。③ 以法国为例，为避免预审法官专权，该国于2000年的法律改革中创设了自由与羁押法官，用于取代预审法官，成为临时羁押新的适用主体。但司法数据表明，自由与羁押法官不同意预审法官请求的比例仅占9%，故乌特罗案件初步侦查委员会曾指出"自由与羁押法官并非切实监督羁押合法性及合理性的充分机制"。④

在我国，根据刑事诉讼法的规定，人民检察院和人民法院在刑事诉讼法的任务上是没有区别的，均承担着惩罚犯罪，保护人民的职能。"人民法院在刑事司法领域的主要功能仍然是致力于与公安机关和检察机关一起打击和惩罚犯罪。"⑤ 法院在司法实务中往往出于审判便利或

---

① 王勇、闵钐：《捕诉合一的实践与思考——以江苏省苏州市苏州工业园区检察院办案数据为基础》，载《人民检察》2018年第12期。
② 林钰雄：《刑事诉讼法》，中国人民大学出版社2005年版，第264页。
③ 张建伟：《"捕诉合一"的改革是一项危险的抉择？——检察机关"捕诉合一"之利弊分析》，载《中国刑事法杂志》2018年第4期。
④ 施鹏鹏、王晨辰：《法国审前羁押制度研究》，载《中国刑事法杂志》2016年第1期。
⑤ 陈实：《论捕诉一体化的合理适用》，载《法商研究》2019年第5期。

打击犯罪的需要，决定对被告人采取逮捕措施。正如宋英辉教授所指出的，在我国司法实践中，有时存在检察院决定取保的案件，移送起诉时法院为了审判便利而要求必须以逮捕为前提，或者在移送起诉后即予逮捕的现象。① 案件起诉到法院后，对于没有被羁押的被告人，法院如果认为被告人会被判处有期徒刑以上的刑罚，就往往将非羁押性强制措施变更为羁押措施。② 这一点也得到实证研究的证实，对人民检察院未羁押起诉到法院的案件，法院审理后，为了防止被告人脱逃等可能妨碍诉讼的行为出现，一审法院几乎都决定逮捕。以 2017 年为例，T 市各级法院直接决定逮捕的人数有 1295 人，除未判决的 24 人外，法院直接决定逮捕的案件量刑情况较轻，判处一年以下有期徒刑及拘役的占 73.44%，一年以上三年以下有期徒刑的占 18.85%，判处三年以上有期徒刑的仅占 5.87%。③ 显而易见，人民法院行使批准逮捕权必将导致羁押率降低的观点纯属主观臆测。在公检法三机关任务相同、目标一致的情况下，很难说法院比检察院更中立。④

假设批准逮捕权转由人民法院行使，可能的实施方案有三种。其一，成立专门的法院由专门的法官负责行使批准逮捕权；其二，在现行的法院系统内设立专门的部门由专门的法官行使批准逮捕权；其三，是由现行法院内部刑事审判部门的法官负责行使批准逮捕权，并承担案件的审判工作。前两种方案实行审查逮捕法官与审判法官分离，旨在避免法官产生有罪预断，但显然脱离我国法院系统普遍存在的"案多人少"问题的客观实际。那种以美国法官对于一般案件审查过程持续时间不超过几分钟为依据，假定一名审查法官每天可审查对 10 名嫌疑人提出的逮

---

① 宋英辉：《我国逮捕程序完善之思考》，载《河南社会科学》2009 年第 6 期。
② 李训虎：《逮捕制度再改革的法释义学解读》，载《法学研究》2018 年第 3 期。
③ 姚石京：《刑事案件不捕率攀升的调查与分析——以 Z 省 T 市不捕案件相关数据为样本》，载《人民检察》2018 年第 20 期。
④ 李昌林：《审查逮捕程序改革的进路——以提高逮捕案件质量为核心》，载《现代法学》2011 年第 1 期。

捕申请，进而推断我国实行法院统一审查逮捕操作层面可行的观点，① 既缺乏对我国审查逮捕程序实际运行状况的了解，也忽视美国审前服务机构在审前羁押司法审查制度中发挥重要作用的事实。② 第三种方案无法回避法官因同时承担审查批捕和审判职责而产生的中立性以及预断的质疑。由此可见，我国现阶段由人民法院行使批准逮捕权不具有现实可行性。

综上所述，"把批捕权交给法院行使，不但会使人对法院的中立性产生怀疑，还会使人怀疑法院在现有的人力配备、办案能力条件下能否胜任审查逮捕工作，并且存在修改《宪法》和相关组织法的难题"。③ 所谓司法是指法定机关及其工作人员依照法定职责、运用法律规范、通过诉讼的形式处理具体案件的活动。尽管世界上多数国家批捕权由法官行使，但这并不意味着世界所有国家批捕权都只能由法官行使，也不意味着各国由法官行使批捕权都具有合理性。④ 司法的性质也不要求只有法院才能从事司法活动，但不论哪一个国家机构实施司法活动，都必须遵守特有的司法程序，采取与司法性质相符合的组织形式，并发挥其特有的社会功能。⑤

我国检察机关行使批准逮捕权具有合理性，对于实践中逮捕适用存在的问题，可以在完善审查制度的基础上，通过严格把握逮捕适用条件，优化审查程序等方式予以解决。以学术界普遍关注的逮捕审查诉讼化为例，修订后的《人民检察院刑事诉讼规则》关于对有重大影响的案件可以公开审查的规定，为逮捕审查司法化的推行提供了法律依据。同

---

① 刘计划：《逮捕审查制度的中国模式及其改革》，载《法学研究》2012 年第 2 期。
② 蓝向东：《美国的审前羁押必要性审查制度及其借鉴》，载《法学杂志》2015 年第 2 期。
③ 李昌林：《审查逮捕程序改革的进路——以提高逮捕案件质量为核心》，载《现代法学》2011 年第 1 期。
④ 朱孝清：《检察官客观公正义务及其在中国的发展完善》，载《中国法学》2009 年第 2 期。
⑤ 陈瑞华：《司法权的性质——以刑事司法为范例的分析》，载《法学研究》2000 年第 5 期。

时，检察官审查逮捕时应按照"审前法官"的角色定位，维持控辩审（审查）三角架构，在侦查机关、犯罪嫌疑人、被告人及其辩护人之间保持中立立场，弱化追诉角色和意识，摒弃构罪即捕、以捕代侦等错误观念，履行客观公正义务，加强对犯罪嫌疑人、被告人社会危险性审查，坚持审查逮捕法律监督属性，居中审查并作出批准逮捕与否的决定。

第五节 逮捕之适用条件

一、逮捕适用的条件

我国《刑事诉讼法》第81条规定的逮捕条件包括证据条件、刑罚条件和社会危险性条件。[①]

[①] 关于社会危险性条件，有学者认为是对《刑事诉讼法》第81条规定的误读，容易导致逮捕适用条件的走偏，制造有"社会危险性即捕"的新风险，故应采用"逮捕的必要性条件"的表述，并称逮捕的必要性条件应当包括两重呈递进关系的逻辑结构：第一，法律所列举的五种社会危险性可能会发生；第二，采取取保候审等非羁押措施不能有效防止上述社会危险性的发生。参见史玉梅：《逮捕必要性条件的法释义学分析》，载《法学杂志》2019年第3期。亦有学者认为国内研究语境下的"社会危险性"包含两个层次，即有五种法定的社会危险性和采取取保候审不足以防止发生社会危险性。参见孙谦：《司法改革背景下逮捕的若干问题研究》，载《中国法学》2017年第3期。笔者认为，尽管2012年刑事诉讼法修改时删除了"有逮捕必要"的表述，但从"采取取保候审尚不足以防止发生下列社会危险性"的表述来看，确实具有先判断是否具有法律规定的五种社会危险性，再判断采取取保候审是否足以防止社会危险性的逻辑顺序，认为该款包括五种法定的社会危险性和采取取保候审不足以防止发生社会危险性的观点具有合理性，但从表述习惯上将该款称为社会危险性条件并无不妥，但不能仅从语义上解释，而应根据法律的规定将其解释为包含两个层次。故我们仍采用社会危险性条件的表述。

（一）证据条件

证据条件也称事实条件，即有证据证明有犯罪事实。作为诉讼保障措施，逮捕的适用只能着眼于防范未来伤害的发生，而不能仅仅基于犯罪嫌疑人、被告人涉嫌犯罪，这是逮捕区别于侦查、起诉等诉讼行为的根本之处。① 逮捕的证据条件属于逮捕适用的前提条件，旨在将逮捕限制在有证据证明有犯罪事实的范围之内，如果没有证据证明存在犯罪事实，就应排除逮捕的适用。

（二）刑罚条件

刑罚条件也称量刑条件或罪责条件，即可能判处徒刑以上刑罚。在我国，除危险驾驶罪的法定刑为拘役，使用虚假身份证件、盗用身份证件罪和代替考试罪的法定刑为拘役或管制，并处或者单处罚金之外，其他罪名的法定刑都包含有期徒刑。对此，有学者认为，过于宽泛的逮捕刑罚标准无法将不同恶性程度和不同社会危险性的嫌疑人区别对待，一定程度上造成逮捕刑罚要件在实践中失去审查的意义，并从逮捕必要性或降低逮捕使用率的立场出发，建议将刑罚标准提高为可能判处三年以上有期徒刑。② 亦有学者主张，逮捕条件中不宜规定刑罚条件，强制措施的适用不应该和实体上的惩罚结果相联系。③ 从法定刑的意义上解释逮捕的刑罚条件确实导致其虚无化，而刑罚条件的存在对于将逮捕适用及羁押期限限制在与犯罪行为严重性和科处刑罚相适应的范围之内具有重要意义。就此而言，主张取消刑罚条件的观点不可取，将刑罚条件提高到"可能判处三年以上有期徒刑"的观点，则忽视了我国刑法中最高

---

① 史立梅：《逮捕必要性条件的法释义学分析》，载《法学杂志》2019 年第 3 期。
② 杨依：《以社会危险性审查为核心的逮捕条件重构——基于经验事实的理论反思》，载《比较法研究》2018 年第 3 期；陈永生：《逮捕的中国问题与制度应对——以 2012 年刑事诉讼法对逮捕制度的修改为中心》，载《政法论坛》2013 年第 4 期。
③ 张兆松：《逮捕权研究》，浙江大学出版社 2017 年版，第 83 页。

刑为三年以下有期徒刑的罪名比例不高，常见罪大多可以判处三年以上有期徒刑的事实。①

笔者认为，可以从宣告刑的意义上对逮捕的刑罚条件进行解释，即根据具体犯罪事实可能判处并宣告实际执行徒刑以上刑罚的犯罪嫌疑人方可适用逮捕。对于宣告刑可能为拘役、管制、独立适用附加刑、免除刑罚或者可能适用缓刑的不适用逮捕。如此解释的原因在于，其一，从法定刑的角度理解"可能判处徒刑以上刑罚"导致该规定形同虚设，使刑罚条件丧失对逮捕适用的规制作用，显然与立法本意不符；其二，从文字表述上看，"可能"表示根据具体犯罪事实对犯罪嫌疑人所犯罪行判处刑罚的一种预断，是与逮捕阶段的证据特征相适应的；其三，采取宣告刑的解释，可以"激活"逮捕的刑罚条件，发挥其限制逮捕适用的作用。

（三）社会危险性条件

社会危险性条件是指采取取保候审措施不足以防止法律规定的社会危险性。如上所述，社会危险性条件的判断包括两个层次。其一，法律规定的五种社会危险性可能发生。其二，逮捕之外的非羁押措施不足以防止社会危险性的发生，亦即逮捕措施的适用不可替代。

我国《刑事诉讼法》第81条采用列举的方式规定了五种社会危险性，与此同时，《人民检察院刑事诉讼规则》第129条至第133条对社

---

① 张兆松：《逮捕权研究》，浙江大学出版社2017年版，第83页。据统计，我国刑法中法定最高刑为三年以下有期徒刑的罪名共有91个（法定刑不含三年有期徒刑的仅有14个），其中拘役1个，拘役或管制2个，一年以下有期徒刑1个，二年以下有期徒刑10个，三年以下有期徒刑78个，这些罪名中包括危害国家安全犯罪、妨害社会管理秩序犯罪等，比如强制穿戴宣扬恐怖主义、极端主义服饰、标志罪，非法持有宣扬恐怖主义、极端主义物品罪，拒绝提供间谍犯罪、恐怖主义犯罪、极端主义犯罪证据罪等，从犯罪性质上看此类犯罪社会危害性和人身危险性都较大，如果一律不适用逮捕亦属不妥。

会危险性予以细化,为认定社会危险性提供了明确指引。

可以认定为"可能实施新的犯罪",是指犯罪嫌疑人具有下列情形之一的:(1)案发前或者案发后正在策划、组织或者预备实施新的犯罪的;(2)扬言实施新的犯罪的;(3)多次作案、连续作案、流窜作案的;(4)一年内曾因故意实施同类违法行为受到行政处罚的;(5)以犯罪所得为主要生活来源的;(6)有吸毒、赌博等恶习的;(7)其他可能实施新的犯罪的情形。

可以认定为"有危害国家安全、公共安全或者社会秩序的现实危险",是指犯罪嫌疑人具有下列情形之一的:(1)案发前或者案发后正在积极策划、组织或者预备实施危害国家安全、公共安全或者社会秩序的重大违法犯罪行为的;(2)曾因危害国家安全、公共安全或者社会秩序受到刑事处罚或者行政处罚的;(3)在危害国家安全、黑恶势力、恐怖活动、毒品犯罪中起组织、策划、指挥作用或者积极参加的;(4)其他有危害国家安全、公共安全或者社会秩序的现实危险的情形。

可以认定为"可能毁灭、伪造证据,干扰证人作证或者串供",是指犯罪嫌疑人具有下列情形之一的:(1)曾经或者企图毁灭、伪造、隐匿、转移证据的;(2)曾经或者企图威逼、恐吓、利诱、收买证人,干扰证人作证的;(3)有同案犯罪嫌疑人或者与其在事实上存在密切关联犯罪的犯罪嫌疑人在逃,重要证据尚未收集到位的;(4)其他可能毁灭、伪造证据,干扰证人作证或者串供的情形。

可以认定为"可能对被害人、举报人、控告人实施打击报复",是指犯罪嫌疑人具有下列情形之一的:(1)扬言或者准备、策划对被害人、举报人、控告人实施打击报复的;(2)曾经对被害人、举报人、控告人实施打击、要挟、迫害等行为的;(3)采取其他方式滋扰被害人、举报人、控告人的正常生活、工作的;(4)其他可能对被害人、举报人、控告人实施打击报复的情形。

可以认定为"企图自杀或者逃跑",是指犯罪嫌疑人具有下列情形之一的：(1) 着手准备自杀、自残或者逃跑的；(2) 曾经自杀、自残或者逃跑的；(3) 有自杀、自残或者逃跑的意思表示的；(4) 曾经以暴力、威胁手段抗拒抓捕的；(5) 其他企图自杀或者逃跑的情形。

犯罪嫌疑人具有上述情形，认定具有社会危险性之后，应进行社会危险性条件第二个层次的判断，即采取取保候审是否足以防止社会危险性发生。另外，根据《刑事诉讼法》第74条的规定，对于符合逮捕条件，具有该条规定的五种情形之一或者符合取保候审条件，但犯罪嫌疑人、被告人不能提出保证人，也不能交纳保证金的，可以监视居住。监视居住也具有替代逮捕的功能。由此观之，社会危险性属于逮捕的必要条件，但非充分条件，无社会危险性不能适用逮捕措施，但有社会危险性仍要判断采取取保候审、监视居住是否足以防止发生社会危险性，如果能够防止，则优先适用取保候审或监视居住措施，只有在取保候审、监视居住不足以防止社会危险性发生时，才可适用逮捕措施。

除上述规定外，《人民检察院刑事诉讼规则》第140条规定，对于犯罪嫌疑人涉嫌罪行较轻，没有其他重大犯罪嫌疑，可以不批准逮捕或不予逮捕的情形，具体包括：(1) 属于预备犯、中止犯，或者防卫过当、避险过当的；(2) 主观恶性较小的初犯，共同犯罪中的从犯、胁从犯，犯罪后自首、有立功表现或者积极退赃、赔偿损失、确有悔罪表现的；(3) 过失犯罪的犯罪嫌疑人，犯罪后有悔罪表现，有效控制损失或者积极赔偿损失的；(4) 犯罪嫌疑人与被害人双方根据刑事诉讼法的有关规定达成和解协议，经审查，认为和解系自愿、合法且已经履行或者提供担保的；(5) 犯罪嫌疑人认罪认罚的；(6) 犯罪嫌疑人系已满14周岁未满18周岁的未成年人或者在校学生，本人有悔罪表现，其家庭、学校或者所在社区、居民委员会、村民委员会具备监护、帮教条件的；(7) 犯罪嫌疑人系已满75周岁的人。

根据《刑事诉讼法》第81条第3款、第4款和《人民检察院刑事诉讼规则》第134条、第136条的规定，对于有证据证明有犯罪事实，可能判处十年有期徒刑以上刑罚，或者有证据证明有犯罪事实，可能判处徒刑以上刑罚，曾经故意犯罪或者不讲真实姓名、住址，身份不明的，可以不审查是否具备社会危险性条件，径行逮捕。被取保候审、监视居住的犯罪嫌疑人、被告人违反取保候审、监视居住规定，情节严重的，可以逮捕。值得注意的是，基于逮捕措施诉讼保障功能，《人民检察院刑事诉讼规则》第137条第2款规定，对于被取保候审、监视居住的犯罪嫌疑人，如果违反取保候审、监视居住规定，严重影响诉讼活动正常进行的，可以不受刑罚条件的限制，即使可能判处徒刑以下刑罚，也可以予以逮捕。

二、逮捕条件之间的关系

对于逮捕条件之间的关系，存在并列关系和递进关系的争论。并列关系论认为，逮捕的三个条件是并列关系，三个条件必须同时具备才能实施逮捕，与之相对应的是整体性审查方式。所谓整体性审查，是指不把三个条件作为独立的审查对象分别审查，多数情况下作为一个整体进行审查，在证据存疑或者主观判断困难时倾向于作出逮捕决定，这种整体性审查的弊端是容易忽视某一要件或者漏查某一要件情况。[①] 递进关系论认为，逮捕的三个条件的逻辑结构不是平行并列的，而是层层递进的，围绕着"有无逮捕必要"展开，其中社会危险性的有无和大小是"有无逮捕必要"的决定性因素。[②] 与递进关系论相对应的是阶层化审查方式。阶层化审查主张构建以证据和刑罚条件为前提条件，社会危险性条件为核心条件的递进式、双层次的证明方式。具备证据条件和刑罚

[①] 张琳：《逮捕条件的证明规则——以侦查阶段审查批准逮捕程序为视角》，载《华侨大学学报（哲学社会科学版）》2018年第5期。

[②] 孙茂利、黄河：《逮捕社会危险性有关问题研究——兼对〈最高人民检察院、公安部关于逮捕社会危险性条件若干问题的规定（试行）〉的解读》，载《人民检察》2016年第6期。

条件的前提后，捕与不捕由社会危险性条件来决定。① 逮捕三要件的阶层化重构，对逮捕必要性的审查体现为由客观到主观、由对过去已发生的事实到对未来可能发生的事项的逐层递进判断。②

逮捕条件递进关系和阶层化审查的主张得到学者普遍赞同，这主要是因为并列关系和整体性审查导致过度强调证据条件，以致忽视社会危险性条件审查以及将证据条件与社会危险性条件混同，进而导致"构罪即捕"的现象。产生这一现象的原因在于将证明社会危险性的证据分为两类：一类是证明犯罪事实的证据，认为此类证据本身就是证明社会危险性的证据，另一类证据是专门用来证明社会危险性的证据。以犯罪事实即可认定犯罪嫌疑人具有社会危险性时，无须收集、固定犯罪嫌疑人具备社会危险性条件的其他证据。③ 这种观点，过度强调证明犯罪事实的证据对社会危险性的证明作用，导致实践中忽视对专门证明社会危险性证据的收集。将证明犯罪事实的证据视为证明社会危险性证据的逻辑在于，有证据证明有犯罪事实，有犯罪事实本身证明犯罪嫌疑人具有社会危险性，即证明犯罪事实的证据同时也是证明社会危险性的证据。"只要有证据证明某人犯了罪，就具有社会危险性，从而有逮捕的必要。"④ 这种仅审查证据条件，不对社会危险性条件进行独立审查的方式，实际上将逮捕的三条件简省为一个证据条件，成为导致批捕人数多、审前羁押率高的重要原因之一。"只有弱化审查逮捕以犯罪嫌疑证据为主导的现状，才有可能扭转'构罪即捕'的思维定式，使得审查逮

---

① 孙谦：《司法改革背景下逮捕的若干问题研究》，载《中国法学》2017年第3期。
② 李训虎：《逮捕制度再改革的法释义学解读》，载《法学研究》2018年第3期。
③ 孙茂利、黄河：《逮捕社会危险性有关问题研究——兼对〈最高人民检察院、公安部关于逮捕社会危险性条件若干问题的规定（试行）〉的解读》，载《人民检察》2016年第6期。
④ 刘计划：《逮捕审查制度的中国模式及其改革》，载《法学研究》2012年第2期。

捕回归于程序性保障事项的审查，不再具有'定罪'的表征。"① 就逮捕保障刑事诉讼顺利进行，预防犯罪嫌疑人、被告人再次实施危害社会的行为的目的而言，逮捕的社会危险性条件侧重于对犯罪嫌疑人人身危险性的评价，犯罪嫌疑人实施的已然之罪所反映的人身危险性虽可以作为评价其社会危险性的因素之一，但不能与"社会危险性"等同。因此"社会危险性"应当独立审查判断，并应将逮捕的审查重点从证据条件和刑罚条件转向社会危险性审查，即在对证据条件和刑罚条件进行审查并得出肯定结论之后，根据证据对社会危险性条件从有无社会危险性和有无逮捕替代措施两个层面进行单独审查。

三、逮捕适用的证明标准

关于逮捕的证明标准，有学者认为，作为审前程序性证明活动，不同于实体性证明活动，亦不同于审判程序中的程序性证明，无法经过严格的证据调查程序进行严格证明，无须达到"排除合理怀疑"的至高证明标准。② 有学者主张介于优势证据标准与排除合理怀疑标准之间的高度盖然性标准。③

笔者认为，就逮捕的证据条件和刑罚条件而言，其针对的是逮捕的犯罪事实，属于已然的犯罪事实，为实体性证明对象；社会危险性条件针对的则是未来可能发生的情况，属于程序性证明对象。逮捕各个适用条件涉及诉讼利益和证明对象性质上的差异，决定了逮捕各个适用条件的证明标准也应当是有差别的，不宜笼统地确定一项适用于逮捕各个条件的证明标准。逮捕证据条件和刑罚条件的证明标准应不同于社会危险性条件。

---

① 杨依：《以社会危险性审查为核心的逮捕条件重构——基于经验事实的理论反思》，载《比较法研究》2018年第3期。
② 闵春雷：《论审查逮捕程序的诉讼化》，载《法制与社会发展》2016年第3期。
③ 李训虎：《逮捕制度再改革的法释义学解读》，载《法学研究》2018年第3期。

逮捕犯罪事实的证明，刑事诉讼法规定的证明标准为"有证据证明有犯罪事实"。对此如何理解，理论上多有争议。有学者主张应理解为"三个基本"，即起点犯罪的事实基本清楚，证据基本确实、充分，犯罪事实基本上为犯罪嫌疑人所为，犯罪事实和证据是八九不离十，基本上不会捕错的事实和证据。① 有学者认为应理解为"充足证据证明有犯罪事实"，现有证据对于证明有嫌疑的案件事实是充足的。② 上述理解并未能解决证明标准的模糊性问题，何谓"起点犯罪的事实""基本确实、充分""充足证据"，仍然需要进一步解释。

《人民检察院刑事诉讼规则》第128条第2款规定："有证据证明有犯罪事实是指同时具备下列情形：（一）有证据证明发生了犯罪事实；（二）有证据证明该犯罪事实是犯罪嫌疑人实施的；（三）证明犯罪嫌疑人实施犯罪行为的证据已经查证属实。"第3款规定："犯罪事实既可以是单一犯罪行为的事实，也可以是数个犯罪行为中任何一个犯罪行为的事实。"这一规定存在着严密的逻辑关系，首先，要求有证据证明发生了犯罪事实，且证明犯罪事实发生的证据应当是充足的；其次，应有证据证明犯罪事实为犯罪嫌疑人所实施，且证明犯罪事实是犯罪嫌疑人实施的证据应当是充足的；最后，上述证据均应当查证属实，达到证据确实的程度，但不要求犯罪嫌疑人所实施的全部犯罪事实均查证属实。所以，"有证据证明有犯罪事实"是指证明犯罪事实的证据确实、充足，达到排除合理怀疑的程度。

关于社会危险性的证明，有学者认为有"说明模式"和"证明模式"之分。"说明模式"是指提请逮捕犯罪事实足以表明犯罪嫌疑人具有人身危险性，侦查机关无须再提供相关的证据材料，应当在提请逮捕时专门予以说明。"证明模式"是指侦查机关需要另行收集和固定犯罪

---

① 朱孝清：《关于逮捕的几个问题》，载《法学研究》1998年第2期。
② 郭志远：《我国逮捕证明标准研究》，载《中国刑事法杂志》2008年第5期。

嫌疑人具备社会危险性条件的证据，在提请逮捕时一并随案移送。① 如上所述，所谓"说明模式"容易导致社会危险性条件的审查丧失独立性。《人民检察院刑事诉讼规则》第135条规定，人民检察院审查认定犯罪嫌疑人是否具有社会危险性，应当以公安机关移送的社会危险性相关证据为依据，并结合案件具体情况综合认定。依据在案证据不能认定犯罪嫌疑人符合逮捕的社会危险性条件的，可以要求公安机关补充相关证据，公安机关没有补充移送的，应当作出不批准逮捕的决定。据此，社会危险性的审查均应当采取证明模式，公安机关应当移送证明社会危险性的证据。但社会危险性针对的是未来的可能性，对于未发生的情况很难用证据直接证明，只能根据现有的事实按照逻辑法则和经验法则进行推定。使用推定证明方法，首先证明比较容易证明的基础事实，然后再从基础事实推定待证事实，以降低证明的难度，打破证明僵局。② 所以，推定社会危险性的基础事实应当有足够的证据证实，从而为推定待证事实奠定基础。对于社会危险性的证明标准，应当区分基础事实采取证明的方法，待证事实采取推论的方法，所以对于基础事实的证明标准应当达到证据确实、充分的程度，对于待证事实的证明标准应即根据基础事实，如果没有反证，有很强的理由相信推定事实也会出现。社会危险性的审查认定应综合全案情况，根据经验法则对相关具体情形及其作用大小进行综合分析、判断、取舍、评估，并最终形成内心确信，推定出结论。③

---

① 孙谦：《司法改革背景下逮捕的若干问题研究》，载《中国法学》2017年第3期。
② 孙茂利、黄河：《逮捕社会危险性有关问题研究——兼对〈最高人民检察院、公安部关于逮捕社会危险性条件若干问题的规定（试行）〉的解读》，载《人民检察》2016年第6期。
③ 孙茂利、黄河：《逮捕社会危险性有关问题研究——兼对〈最高人民检察院、公安部关于逮捕社会危险性条件若干问题的规定（试行）〉的解读》，载《人民检察》2016年第6期。

第六节 逮捕权之行使

一、逮捕权行使的理念

(一) 人权保障理念

逮捕作为最严厉的强制措施,其对人权的威胁是显而易见的。作为诉讼保障措施,出于保障诉讼效果最大化的功利主义立场,逮捕有被滥用的风险。逮捕的任何滥用必然导致人权的侵害。强调逮捕追诉犯罪的价值,容易导致以侦查为中心,进而导致逮捕适用迁就侦查,成为侦查工具的现象,产生以捕代侦、久押不决等违反法治原则的问题。所以,逮捕权的行使必须坚持人权保障理念,通过加强对侦查行为的审查,纠正侦查机关违法行为,排除非法证据,发挥逮捕的制度功能,控制逮捕的适用,实现控制犯罪与保障人权的平衡。

(二) 客观公正理念

客观公正是检察官行使逮捕权应秉持的基本立场。包括两个方面的内涵。其一,摒弃有罪推定的倾向,以客观事实为依据,坚持证据裁判。在审查逮捕时应全面审查证据认定证据,逮捕犯罪事实和社会危险性的认定都应当以证据为依据。其二,坚持中立立场,做到不偏不倚。以消极、中立的姿态,平等地听取侦辩双方的意见和辩解,克服片面配合侦查、追诉犯罪倾向,严格审查证明犯罪嫌疑人有罪、罪重以及有社会危险性的证据,慎重对待犯罪嫌疑人无罪、罪轻或无逮捕必要性的证据,公正评判犯罪嫌疑人的社会危险性,依法公正作出审查决定。

(三) 比例原则理念

"在以保障追究犯罪的顺利进行的强制手段中,逮捕并不总是最佳的选择。它应当被保留为最后的选择,而不是动辄适用的盲目选择。当采取其他强制措施也能达到良好效果时,必须排斥逮捕的适用。"① 逮捕的作用应当限于程序性,而非惩罚性,应当与指控的犯罪行为的严重性、可能判处的刑罚以及社会危险性相适应,不能超过必要的限度,作为最后的选择在不得已的情况下依法适用,在其他强制措施能够保障诉讼顺利进行之时,应当优先适用其他强制措施,从而实现少捕慎捕。

二、逮捕权行使的方式

理论界关于逮捕权行使方式的争论集中于审查逮捕的司法化。从法治的角度看,逮捕是一种较长时间内比较正式地剥夺公民人身自由的措施,应当严格逮捕的条件,在程序上去除批准、决定逮捕的恣意性。这就要求必须以具有司法性质的程序来决定逮捕羁押措施。② 逮捕的司法审查,有两种模式。第一种是对审开庭方式,犯罪嫌疑人、辩护人和警察或者检察官同时出席,就是否羁押提出意见进行辩论。第二种是采用单方面讯问犯罪嫌疑人的方式进行。③

我国《刑事诉讼法》第88条第1款规定,人民检察院审查批准逮捕,可以讯问犯罪嫌疑人;有下列情形之一的,应当讯问犯罪嫌疑人:(1) 对是否符合逮捕条件有疑问的;(2) 犯罪嫌疑人要求向检察人员当面陈述的;(3) 侦查活动可能有重大违法行为的。《人民检察院刑事诉讼规则》第280条将应当讯问犯罪嫌疑人的情形增加到七种,除了《刑事诉讼法》规定的三种情形外,增加了"案情重大、疑难、复杂"

---

① 孙谦:《逮捕论》,法律出版社2001年版,第39页。
② 易延友:《刑事强制措施体系及其完善》,载《法学研究》2012年第3期。
③ 张晓津、刘涛:《简论审查逮捕的诉讼化转型》,载《人民检察》2017年第21期。

"犯罪嫌疑人认罪认罚""犯罪嫌疑人系未成年人""犯罪嫌疑人是盲、聋、哑人或者是尚未完全丧失辨认或者控制自己行为能力的精神病人"等四种情形。同时,还规定对被拘留的犯罪嫌疑人不予讯问的,应当送达听取犯罪嫌疑人意见书,由犯罪嫌疑人填写后及时收回审查并附卷。

从上述规定可见,我国审查批准逮捕虽不必然要求讯问犯罪嫌疑人,但应当讯问的情形是比较普遍的,且对于被拘留的犯罪嫌疑人,如果不予讯问,也应当书面听取意见。另外,《刑事诉讼法》第88条第2款规定,人民检察院审查批准逮捕,可以询问证人等诉讼参与人,听取辩护律师意见;辩护律师提出要求的,应当听取辩护律师的意见。对于被羁押的犯罪嫌疑人,我国法律规定必须讯问或书面听取犯罪嫌疑人意见,基本契合上述单方面讯问犯罪嫌疑人的模式。

对于是否应当采取对审开庭方式进行审查,有学者认为,司法化的逮捕程序强调侦查机关与被追诉方双方到场,通过直接言词的方式由检察官居中听取双方意见后作出是否逮捕的决定。① 亦有学者认为,检察机关审查批捕工作,本身就具有一定的"司法审查"性质,该活动属于刑事诉讼法规范、具有刑事诉讼法意义并属于整个诉讼流程之组成部分的活动,其司法属性与诉讼属性本无可置疑,司法化或者诉讼化的口号本身就是性质定位不正确以及缺乏自信的一种误区。② 笔者认为,我国法律关于逮捕权行使方式的规定,具备平等听取侦辩双方意见、居中审查决定的特征,具有基本的诉讼属性,主张所有案件均适用对审开庭模式的观点显然与合理配置司法资源、提高诉讼效率的价值取向相悖。对审开庭的模式只应适用于"有重大影响"的案件。"审查逮捕权,应当努力实现审查范围和重点的转移(着重从逮捕必要和侦查违法等程序事实的审查,而不是对案件进行实体把关,确保办准案件),加强审查机

---

① 陈卫东:《逮捕程序司法化三题》,载《人民检察》2016年第21期。
② 张建伟:《"捕诉合一"的改革是一项危险的抉择?——检察机关"捕诉合一"之利弊分析》,载《中国刑事法杂志》2018年第4期。

制的公开化建设（如增加听证程序，吸收律师的意见等）。"① 这一点已经得到《人民检察院刑事诉讼规则》的确认。《人民检察院刑事诉讼规则》第281条规定，对有重大影响的案件，可以采取当面听取侦查人员、犯罪嫌疑人及其辩护人等意见的方式进行公开审查。"有重大影响的案件"包括案件争议大、社会关注度高、涉及人数众多或有舆论等风险的案件。

三、羁押必要性审查

逮捕以保障刑事诉讼顺利进行、保护社会为正当性基础，如果根据诉讼进程以及相关证据可以认定犯罪嫌疑人、被告人没有实施妨碍诉讼以及危害社会的危险，或者采取其他强制措施足以防止这种社会危险性，则对犯罪嫌疑人、被告人继续羁押就丧失正当性基础。所以，对羁押必要性进行审查应当贯穿于犯罪嫌疑人、被告人被逮捕的全过程。对此，《人民检察院刑事诉讼规则》第573条规定，犯罪嫌疑人、被告人被逮捕后，人民检察院仍应当对羁押的必要性进行审查。所以，强化羁押审查一体化的观念有现实必要性。羁押审查一体化是指对犯罪嫌疑人、被告人的逮捕、延长侦查羁押期限、羁押必要性审查应当"一体化"对待。在审查批准逮捕、延长侦查羁押期限和决定羁押后均应对犯罪嫌疑人、被告人的羁押必要性进行审查，在审查的条件和方式上均应保持一致，且应当以社会危险性条件为审查的核心。根据《人民检察院刑事诉讼规则》第578条规定，对犯罪嫌疑人、被告人有无羁押必要性的评估依据包括涉嫌的犯罪事实、主观恶性、悔罪表现、身体状况、案件进展情况、可能判处的刑罚和有无再危害社会的危险等因素。《人民检察院刑事诉讼规则》第577条规定，人民检察院进行羁押必要性审查

---

① 孙谦：《论检察》，中国检察出版社2013年版，第44页；孙谦：《司法改革背景下逮捕的若干问题研究》，载《中国法学》2017年第3期。

的方式包括：(1) 审查犯罪嫌疑人、被告人不需要继续羁押的理由和证明材料；(2) 听取犯罪嫌疑人、被告人及其法定代理人、辩护人的意见；(3) 听取被害人及其法定代理人、诉讼代理人的意见，了解是否达成和解协议；(4) 听取办案机关的意见；(5) 调查核实犯罪嫌疑人、被告人的身体健康状况；(6) 需要采取的其他方式。必要时，人民检察院可以依照有关规定进行公开审查。由此观之，羁押必要性审查与批准逮捕在审查方式、审查内容和条件上均具有一致性。

对于经审查，发现犯罪嫌疑人、被告人具有案件证据发生重大变化，没有证据证明有犯罪事实或者犯罪行为系犯罪嫌疑人、被告人所为，案件事实或者情节发生变化，犯罪嫌疑人、被告人可能被判处拘役、管制、独立适用附加刑、免予刑事处罚或者判决无罪，继续羁押犯罪嫌疑人、被告人，羁押期限将超过依法可能判处的刑期，案件事实基本查清，证据已经收集固定，符合取保候审或者监视居住条件等情形之一的，应当向办案机关提出释放或者变更强制措施的建议。对于经审查，发现犯罪嫌疑人、被告人具有预备犯或者中止犯、共同犯罪中的从犯或者胁从犯、过失犯罪、防卫过当或者避险过当、主观恶性较小的初犯、系未成年人或者已满75周岁的人、与被害方依法自愿达成和解协议，且已经履行或者提供担保、认罪认罚、患有严重疾病、生活不能自理、怀孕或者正在哺乳自己婴儿的妇女、系生活不能自理的人的唯一扶养人、可能被判处一年以下有期徒刑或者宣告缓刑等不需要继续羁押的情形，且具有悔罪表现，不予羁押不致发生社会危险性的，可以向办案机关提出释放或者变更强制措施的建议。在向办案机关发出释放或者变更强制措施建议书时，应当说明不需要继续羁押的理由和法律依据，并要求办案机关10日内回复处理情况，办案机关未按期回复的，人民检察院应当提出纠正意见，强化羁押必要性审查相关建议的制度刚性。

第四章 公诉与公诉权之基本范畴①

第一节 公诉之概念与价值功能

一、公诉的概念

公诉权概念首见于1808年法国的拿破仑法典，该法典第1条规定："请求定罪科刑的刑事公诉权，专由依据法律授予这种职权的官吏来行使。"我国学界对于公诉权的认识，也经历了一个不断完善的过程。如有学者认为，刑事公诉权是指代表国家提请法院追究被告人刑事责任的权力。②也有学者认为，公诉权是指法定的专门机关代表国家主动追诉犯罪，请求审判机关对犯罪嫌疑人予以定罪并处以刑罚的一种诉讼权力。③还有学者认为，公诉权是指在刑事诉讼过程中，法定的专门机关代表国家依法决定是否起诉犯罪，以及如何起诉犯罪和请求法院作出实体判决的一种权力。④从这些学者对于公诉权的理论阐释来看，均强调了公诉权的国家权力属性，认为公诉权的内容涵盖了公诉运行过程中的全部权能，但相较之下，随着司法理念的不断更新，现阶段对于公诉权概念的认知更为完善，既包括了"积极公诉"，即提请法院追究被告人

---

① 从诉讼理论上讲，公诉权是一种国家追诉权，理应包括民事公诉权、行政公诉权和刑事公诉权。根据《民事诉讼法》第55条和《行政诉讼法》第25条的规定，对公益诉讼检察机关亦有提起公诉的权利，但本文仅立足于刑事公诉权的视野来进行分析。
② 龙宗智：《相对合理主义》，中国政法大学出版社1999年版，第290-294页。
③ 徐鹤喃：《公诉权的理论解构》，载《政法论坛》2002年第3期。
④ 周长军：《公诉权的概念新释与权能分析》，载《烟台大学学报》2016年第6期。

的刑事责任,也强调了"消极公诉",即不起诉、撤回公诉的内容。

从我国刑事诉讼构造看,整个刑事诉讼程序可划分为立案、侦查、起诉、审判、执行五个独立的层级递进的阶段。起诉作为启动刑事审判之前的必经环节,可根据指控犯罪主体的不同,将刑事起诉分为公诉与自诉两种形式。

公诉是代表国家的专门机关,依法定职权进行审查后,以国家名义依法指控被告人犯有罪行,向法院提起公诉、出庭支持公诉、对刑事判决进行审查,或依法决定不起诉的诉讼活动。从各国司法制度设计看,检察机关基本都是作为代表国家行使公诉权的专门机关而存在,以代表国家对犯罪提起公诉为首要任务。在我国,根据《人民检察院组织法》第20条的规定,"人民检察院行使下列职权:……(三)对刑事案件进行审查,决定是否提起公诉,对决定提起公诉的案件支持公诉"。《检察官法》第7条亦规定,检察官的职责包括"对刑事案件进行审查逮捕、审查起诉,代表国家进行公诉"。换言之,刑事公诉是检察机关代表国家要求法院审理被指控的被告人的行为,以确定被告人刑事责任并予以刑事制裁的诉讼职能。①

自诉是以被害人个人的名义提起刑事诉讼。根据《刑事诉讼法》第210条的规定,自诉案件包括以下三类案件:一是告诉才处理的案件,指被害人或其法定代理人告诉才处理。根据《刑法》的规定,告诉才处理的案件主要有四种,即《刑法》第246条第1款规定的侮辱、诽谤案件,第257条第1款规定的暴力干涉婚姻自由案件,第260条第1款规定的虐待案件和第270条规定的侵占他人财物案件。二是被害人有证据证明的轻微刑事案件。三是被害人有证据证明对被告人侵犯自己人身、财产权利的行为应当依法追究刑事责任,而公安机关或者人民检察院不予追究被告人刑事责任的案件。

我国采取公诉为主,自诉为辅的起诉模式,二者的区别也较为明

---

① 孙谦:《全面依法治国背景下的刑事公诉》,载《人民检察》2017年第11期。

显：其一，指控犯罪的主体不同。公诉是由国家专门机关（检察机关）行使追诉权，自诉是以被害人个人①的名义。其二，代表的利益不同。公诉代表国家利益和公众利益，自诉只能代表被害人的个人利益。其三，权力的性质不同。公诉属于公权力，检察机关依职权提起，既不能该行使而不行使，也不能不该行使而行使，被告人不能向检察官提出反诉。自诉属于私权，无论在审判前还是审判中，当事人随时可以撤回起诉，自行和解，审判员可以当庭进行调解，被告人在自诉人提出的范围内可以提出反诉。其四，提起诉讼的要件不同。检察机关提起公诉的案件，要求犯罪嫌疑人的犯罪事实已经查清，证据确实、充分，依法应当追究刑事责任。自诉案件要求有适格的自诉人，有明确的被告人和具体的诉讼请求，属于自诉案件范围，被害人有证据证明，属于受理诉讼人民法院管辖等。其五，被害人的作用不同。公诉不取决于被害人意愿，即使被害人不主张追究责任，检察机关也可以依职权提起公诉。自诉则完全取决于被害人的态度，不告不理。

二、公诉的价值

公诉的价值很大程度上影响了公诉改革的思路及方向。因此，在当前"捕诉一体"大背景下，如何确定公诉的价值，是检察理论乃至刑事诉讼理论中引人注目的一个焦点。价值作为经济学、伦理学、哲学、法学等众多科学研究的基本范畴，从不同角度、不同学科来研究，会出现"横看成岭侧成峰，远近高低各不同"的差异。笔者认为，公诉作为国家追诉犯罪的专门活动，其价值主要在于其能够满足国家与社会需求的积极有益的功能与效用。公诉在客观属性上具有众多功效，但国家与社会自觉追求的是其中最有意义的功效。对维护法律秩序、保障公共利益

---

① 这里的个人包括被害人及其近亲属、法定代理人等。

具有积极意义的功效,才是公诉的基本价值。①

(一) 公诉是实现国家法治的客观需要

"国家的最终目的本来是调整国民之间的利益得失和保障国民的利益,因而制止侵犯和危害国民利益的犯罪是国家的重要的行政任务之一。"② 随着社会的发展进步,出于对国家和社会根本利益的维护,国家对刑事诉讼的介入干预,反映出在侵害与刑罚之间,国家公权力裁判替代了私诉时期自力救济的复仇。一方面,犯罪形式复杂多变,诉讼专业化成为必然需求。检察官以国家公诉人身份指控犯罪,中立客观,既考虑被告人、被害人的个人利益,也考虑国家利益(考虑犯罪所带来的社会危害性、导向性),形成了"控、诉、审"分别独立的科学结构,符合现代司法理念要求。另一方面,刑事诉讼审判的结果直接关系到被告人人身权利、财产权利,甚至包括生命权利的剥夺,对于刑罚权的行使必须慎之又慎。检察机关代表国家,对刑事犯罪决定是否起诉,如何起诉和请求法院作出实体判决,是国家体现"法治"的重要形式。

(二) 公诉是国家行使刑罚权的客观需要

在刑事司法制度史上,人类最早的刑事起诉形式是私诉,由被害人行使全部或者大部分控诉权。然而,往往会因为被害人死亡、被害人惧怕犯罪人或者贪图犯罪人给予的损害赔偿而与犯罪人私了,或是因被害人缺乏侦查、追诉犯罪的能力及指控犯罪的经验,证据有限,法官不敢轻易追究犯罪人的刑事责任等情形,使得犯罪失于追究,国家刑罚权难以充分实现。犯罪对社会的侵害表现在两个层面:一是对具体被害人人身、财产、民主等权利实施的侵害,二是因具体的侵害行为产生的对社

---

① 姜伟:《公诉的价值》,载《法学研究》2002年第2期。
② [日]西原春夫:《刑法的根基与哲学》,顾肖荣译,法律出版社2004年版,第44页。

会共同生活环境、生活秩序、社会整体利益的侵害。惩罚犯罪，保护公民的人身、财产、民主权利，维护社会秩序与社会整体利益是国家的职能和义务，犯罪主体必须对国家承担接受刑事惩罚的义务，而这一义务的履行是以国家强制力为后盾来保障的。① 检察机关代表国家，依法对违反刑事法律的人运用公权力，使得国家的追诉权得以实现，有效地解决了国家行使刑罚权的问题。

（三）公诉是实现公平正义的客观需要

保障实现全社会的公平正义是司法的价值追求，这一价值追求的实现，是通过实现司法公正来达到的，而公正正确的刑事诉讼正是司法公正的具体实现过程。伴随着现代司法理念下刑事诉讼法的一次次修正以及刑事诉讼结构的控辩式转向，控审分离、控辩平等、审判中立的刑事诉讼理念日益完善，控、辩、审三者的角色作用都得以充分发挥。国家追诉可以摆脱私人追诉情况下由于个人的私人感情和地域的特殊情况而导致的有失公平的诉讼，保障法律的统一实施。② 检察官成为实现公正司法的中坚力量。因此，公诉是国家顺应公民追求法律公正的期望的结果。

第二节 公诉权之基本内容

检察机关内设机构改革后，最高人民检察院的第一检察厅（普通犯罪检察厅）、第二检察厅（重大犯罪检察厅）、第三检察厅（职务犯罪检察厅）、第四检察厅（经济犯罪检察厅）、第九检察厅（未成年人检

---

① 陈卫东、刘计划：《公诉的价值冲突与衡平论略》，载《国家检察官学院学报》2001 年第 3 期。

② 张智辉：《公诉权论》，载《中国法学》2006 年第 6 期。

察厅）在职责分工上行使公诉权①，相关表述为："……案件的审查逮捕、审查起诉、出庭支持公诉、抗诉、开展相关立案监督、侦查监督、审判监督以及相关案件的补充侦查。"地方各级检察机关的部门职责依次依此设置。从我国的法律规定和检察机关的机构设置看，在权能上公诉权主要包括以下七项内容。

一、起诉权

起诉权是世界各国检察机关共同的基本职能，也是最本源意义上的检察权，因为检察机关本来就是通过控审职能分离，专司起诉职能而出现的。起诉权可细分为审查起诉权和提起公诉权。

审查起诉权，指检察机关对侦查机关移送起诉的案件，根据《刑事诉讼法》第171条的规定审查决定是否提起公诉的权力。认为犯罪嫌疑人的犯罪事实已经查清，证据确实充分，依法应当追究刑事责任，根据《刑事诉讼法》第176条的规定作出起诉决定，提起公诉。认为需要退回补充侦查的，可以退回公安机关补充侦查，也可以自行侦查。对于二次补充侦查案件，检察机关仍然认为证据不足不符合起诉条件的，依法作出不起诉决定。

提起公诉权，指检察机关代表国家将犯罪嫌疑人提交法院审判的权力，"公诉权中最核心的内容是提起公诉的权力"②。根据《刑事诉讼法》第169条的规定，凡需要提起公诉的案件，一律由人民检察院审查决定。《刑事诉讼法》第171条、第176条，《人民检察院刑事诉讼规则》第355条均对检察机关提起公诉需要具备的条件作出了细化规定。因为公诉权是一种"以预先认为可以获得有罪判决为前提的实体性判决

---

① 最高人民检察院第六检察厅（民事检察厅）相关表述为："开展民事支持起诉工作。"第八检察厅（公益诉讼检察厅）相关表述为："负责对法院开庭审理的公益诉讼案件，派员出席法庭，依照有关规定提出检察建议。"

② 张智辉：《公诉权论》，载《中国法学》2006年第6期。

请求权",因此,提起公诉的条件就应当是存在"犯罪的高度嫌疑"。在提起公诉的时候,作为检察官的认识来说,必须达到接近确信的程度。[①]因此,只有在检察机关认为犯罪嫌疑人的犯罪事实已经查清,证据确实、充分,依法应当追究刑事责任的情况下,才能作出起诉决定,按照审判管辖的规定,向法院提起公诉。

二、公诉变更权

公诉变更权可细分为变更审查权和变更决定权。检察机关在提起公诉后,在案件审理过程中,发现起诉书指控的被告人、犯罪事实、罪名或者适用法律与证据证明的情况不相符合时,予以撤回、变更、追加或者补充指控的权力,具体而言,包括撤回公诉权、变更(更正)公诉权、追加(或补充)公诉权。

三、不起诉权

决定不起诉是检察机关起诉裁量权的表现。作为一种程序终结性处分,不起诉意味着在起诉阶段被不起诉犯罪嫌疑人的身份已是无罪之人。具体可分为以下五种类型:其一,绝对不起诉(法定不起诉)。是指犯罪嫌疑人没有犯罪事实,或是有《刑事诉讼法》第 16 条规定的情形,案件本身不具备或者丧失了提起公诉的条件,检察机关作出不起诉决定。此种情形下检察机关实际并没有在起诉和不起诉之间进行选择的权力,[②] 因此笔者认为,绝对不起诉并不能算严格意义上的

---

① [日] 松尾浩也:《日本刑事诉讼法》(上卷),丁相顺译,金光旭校,中国人民大学出版社 2005 年版,第 160 - 176 页;[日] 田口守一:《刑事诉讼法》,刘迪、张凌、穆津译,卞建林校,法律出版社 2000 年版,第 114 - 127 页。转引自张智辉:《公诉权论》,载《中国法学》2006 年第 6 期。

② 《刑事诉讼法》第 177 条明确规定此种情形下"人民检察院应当作出不起诉决定"。

起诉裁量权。其二，相对不起诉（酌定不起诉）。是指对犯罪情节轻微，依法不需要判处刑罚或者免除刑罚的，检察机关行使起诉裁量权，依法作出不起诉决定。其三，存疑不起诉（证据不足不起诉）。是指检察机关对于二次退回补充调查或者补充侦查的案件，仍然认为证据不足，尚不具备起诉条件的，依法作出不起诉决定。但在发现新的证据，以致具备起诉条件的情况下可以再行起诉。其四，附条件不起诉。本类仅适用于未成年人，指未成年人涉嫌刑法分则第四章、第五章、第六章规定的犯罪，可能判处一年有期徒刑以下刑罚，符合起诉条件，但有悔罪表现的，检察机关可以作出附条件不起诉的决定。检察机关作出附条件不起诉决定前，应当听取公安机关、被害人意见。未成年犯罪嫌疑人及其法定代理人对附条件不起诉有异议的，检察机关应当作出起诉的决定。被附条件不起诉的未成年犯罪嫌疑人，如果出现《刑事诉讼法》第284条规定的情形，检察机关将撤销附条件不起诉的决定，提起公诉。如果在考验期内没有上述情形，考验期满的，检察机关将作出不起诉决定。简言之，就是检察机关暂时不提起公诉，但在一定期限内保留提起公诉的可能性。囿于我国传统刑事司法体制的限制，不起诉在司法实践中的运用及所起的作用离不起诉制度设计的初衷还有一定距离。其五，特殊情形下的不起诉。根据《刑事诉讼法》第182条的规定，犯罪嫌疑人自愿如实供述涉嫌犯罪的事实，有重大立功或者案件涉及国家重大利益的，经最高人民检察院核准，公安机关可以撤销案件，检察机关可以作出不起诉决定，也可以对涉嫌数罪中的一项或者多项不起诉。但上述两项权力在我国现有刑事司法体制下亦有一定条件和幅度限制，除了对证据能力和证明力具有较为严格要求之外，要求协商必须在被告人认罪及承认被控事实的基础上进行，且仅限于量刑及适用程序协商，禁止对罪名进行协商。

四、支持公诉权

人民法院审判公诉案件,检察机关有权派员以国家公诉人的身份出席法庭,支持自己的指控主张,积极举证证明自己的指控主张,与辩护人围绕证言、鉴定意见等开展质证、进行辩论等活动,使法庭在听取双方的主张和辩论后作出裁判。对提起公诉的案件,检察机关可以向法院提出量刑建议。对于认罪认罚案件,检察机关应当就主刑、附加刑、是否适用缓刑等提出量刑建议。

五、抗诉权

检察机关依法对法院的判决、裁定是否正确实行法律监督。从监督范围上看,既包括未生效的裁判,也包括已生效裁判。检察机关认为法院判决、裁定确有错误的,有权提出抗诉,或提请上一级检察院抗诉。同时,最高人民检察院发现各级人民法院已经发生法律效力的裁判,上级检察院发现下级法院已经发生法律效力的裁判确有错误时,有权按照审判监督程序向同级法院提出抗诉。检察院抗诉的案件,接受抗诉的法院应当组成合议庭重新审理。对于原判决事实不清或者证据不足的,可以指令下级法院再审。从监督内容看,"确有错误"既包括重罪轻判、轻罪重判、有罪判无罪等实体错误,也包括因程序违法导致的错误。[①]检察机关抗诉是立足于客观公正立场的抗诉,属于救济性和纠错性公诉权力,体现的是追诉犯罪和有利于法律的正确有效实施,因此检察机关的抗诉,既应当包括不利于被告人的抗诉,也应当包括有利于被告人的抗诉。

---

① 参见《人民检察院刑事诉讼规则》第78条、第531条的规定。

六、公诉自行侦查权

公诉自行侦查权是中国语境下检察机关独有的一项特殊权力，根据《刑事诉讼法》第 175 条第 2 款规定："人民检察院审查案件，对于需要补充侦查的，可以退回公安机关补充侦查，也可以自行侦查。"在此基础上，《人民检察院刑事诉讼规则》第 342 条至第 345 条规定了对普通刑事犯罪案件和监察机关移送起诉案件补充侦查的条件，并在第 346 条规定了公诉自行侦查权的行使期限。公诉自行侦查权强调司法亲历性，有助于检察官通过自身的亲力亲为对案件的事实和证据查微析疑、细致求证，并在此基础上形成无限接近客观真实的内心确信。然而实践中，由于相关规定较为模糊，该项权力的行使情况有待进一步改善。针对相同的待补充侦查事项，不同的检察官可能选择退回补充侦查抑或自行侦查等不同的补充侦查方式，同一检察官在不同的案件中也可能采取不同的补充侦查方式。

七、量刑建议权

根据《人民检察院刑事诉讼规则》第 364 条的规定，人民检察院提起公诉的案件，可以向人民法院提出量刑建议。除有减轻处罚或者免除处罚情节外，量刑建议应当在法定量刑幅度内提出，可以是幅度刑，也可以是确定刑。认罪认罚从宽制度的立法化，使公诉权增加了与被追诉人协商具结的权力，鼓励犯罪嫌疑人以认罪认罚换取从轻处罚，在被告人认罪的基础上，对刑罚、刑期及适用程序进行协商，进而达成控辩协商后双方诉讼合意。因此，对于犯罪嫌疑人认罪认罚的，量刑建议一般应当为确定刑。对新类型、不常见犯罪案件，量刑情节复杂的重罪案件等，也可以提出幅度刑量刑建议。对于认罪认罚案件，除特殊情形外，法院一般应当采纳检察院指控的罪名和量刑建议。①

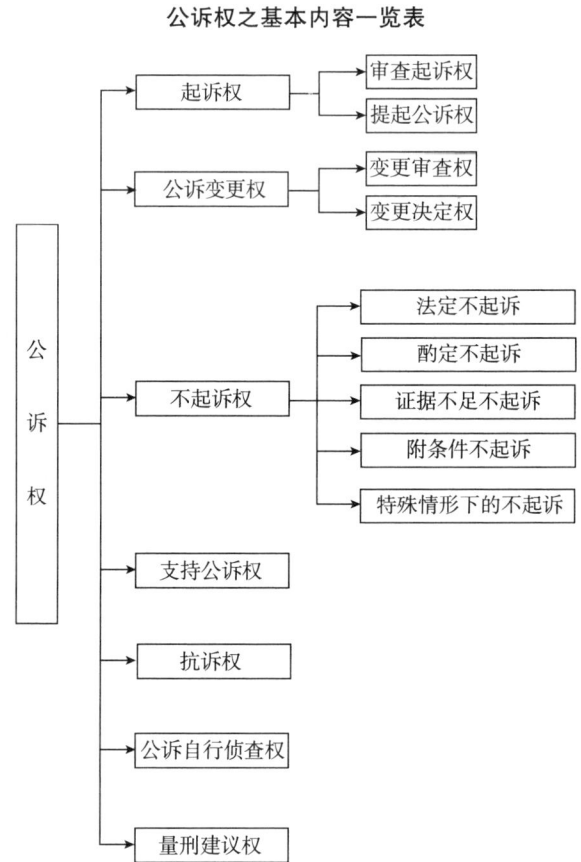

公诉权之基本内容一览表

第三节 公诉权之属性

对于公诉权的属性,历来存在争议,有诉权说、行政权说、法律监督权说、准司法权说等诸多观点,争议观点为我们从不同角度认识公诉

---

① 参见《刑事诉讼法》第 201 条的规定。

权提供了有益的借鉴。时移世易,随着各项改革的不断深化,对于公诉权属性的认识,有待结合新形势下检察权运行的新理念加以分析研判。笔者认为,公诉权作为检察权的核心构成,法律监督属性为其自带的天然属性,也是其本质属性。但"在社会生活的现实中,权力与法律都极少以纯粹的形式出现"①,公诉权的属性并不能单一地界定为某一种。"中国特色"的公诉权在具备法律监督属性的同时,也兼具诉权属性。

一、公诉权的法律监督属性

公诉权的法律监督属性,主要体现在以下方面:

(一)权能设置

时至今日,"世界各国检察机关的职能虽然不尽相同,但刑事公诉都是其主要职能"。② 从其历史沿革看,公诉权是纠问式诉讼模式向现代诉讼模式转变的体现,是控审分离、制约法官审判权的制度安排,更是权力制衡精神的必然要求,因此,从公诉权产生之日起,它便充分彰显了法律监督属性。我国"人民检察院是国家的法律监督机关"的规定来自《宪法》,《宪法》是我国的根本大法,"法律监督"权力的应然性来自检察权的宪法定位和宪法确认的根本制度,检察权或公诉权应当用人民代表大会制度来解释权力的性质。检察权的法律监督属性决定了检察权各项权能的性质,公诉权也不例外。③ 仅在法律规定的领域内就法定事项行使监督权的检察权,"一定程度上解决了在没有实行'三权分立'的社会主义国家如何实现权力有效制衡的问题。这种监督职权行使

---

① [美]E. 博登海默:《法理学:法律哲学与法律方法》,邓正来译,中国政法大学出版社 2004 年版,第 370 页。
② 朱孝清:《检察的内涵及其启示》,载《法学研究》2010 年第 2 期。
③ 冯少辉:《公诉权诉讼监督职能的强化与拓展》,载《中国检察官》2012 年第 8 期。

的目标是保障国家法律的统一实施。其本质属性体现为法律监督"①。公诉权作为检察权的重要权力,在检察机关实现法律监督职能中,发挥重要作用,当然具备法律监督属性。

(二)运作方式

公诉权的行使不仅在于保障权利和打击犯罪,更蕴含着对权力制约,防止权力恣意滥用的法律监督属性。可细分为以下层面:其一,对触犯刑法者的强制监督。检察机关通过行使公诉权,诉请法院对触犯刑法构成犯罪者处以刑罚,通过惩治犯罪,达到警示教育、预防犯罪的目的。其二,对侦查活动的监督。审查起诉的过程,就是从实体上和程序上对侦查机关侦查认定的事实加以审查判断,对侦查活动予以监督制约,对非法证据予以排除,对瑕疵证据查漏补缺。检察机关虽然有自行侦查权(补充侦查权),但并不直接裁定和处罚犯罪行为。其三,对审判活动的监督。检察机关通过出庭支持公诉、提出(提请)抗诉、诉讼监督等对审判活动的合法性、审判结果的公正性进行监督。

(三)价值取向

从公力救济取代私力救济的过程看,公诉权的根本出发点和根本目的在于维护国家和公共利益,保护社会秩序和安全。现代诉讼制度以平衡为基点寻求公正,我国的法律制度和诉讼模式亦是在诉讼构架中贯彻权力制衡原则。从检察机关职能设置看,检察机关是连接侦查与审判的中枢环节,参与刑事诉讼全过程,既有监督的便利条件,也有监督的手段。在审查起诉阶段,检察机关通过对侦查机关移送审查起诉案件犯罪事实、犯罪证据、犯罪性质、适用法律以及侦查活动是否合法进行监督,并决定是否提起公诉。在提起公诉阶段,检察机关决定是否起诉限定了法院的审判范围,是否抗诉更体现了对审判结果的监督。换言之,

---

① 樊崇义:《一元分立结构模式下的中国检察权》,载《人民检察》2009年第3期。

一方面，公诉权作为一种程序性权利，无法与审判机关的实体性权力（审判权）相抗衡，但其可以规范、制约、监督审判权；另一方面，审判权通过实体判决也制约了公诉权，从而实现了权力的动态平衡。

二、公诉权的诉权属性

公诉权的法律监督属性和诉权属性有交叉，也有差异，这种复杂性，是抽象的法律监督通过"诉讼法律监督化和法律监督诉讼化"的方法，实现抽象属性可视化的必然要求和结果，并由此形成公诉权的权能谱系结构。① 从陆续修订的《人民检察院组织法》《人民检察院刑事诉讼规则》中可以看出，提起抗诉已经成为法律监督的首要的、主要的监督方式。而强调公诉权的诉权属性，则主要有以下原因：

（一）更有利于刑事诉讼目标的实现

刑事诉讼的目的是保证刑法正确实施，惩罚犯罪，保护人民，保障国家安全和社会公共安全，维护社会主义社会秩序，既要惩罚犯罪分子，也要保障无罪的人不受刑事追究，教育公民自觉遵守法律，尊重和保障人权，保护公民权利。公诉权（刑事公诉权）是犯罪追诉权，根据国家刑事法律关系，犯罪行为一旦发生，行为实施者即承担一种由刑事法律关系所决定的义务，法律对其判定有罪并处以刑罚的权力由此产生，这也是国家刑罚权成立的由来。国家刑罚权的实现必须依赖诉讼的运作，必须通过起诉、指控并支持控诉，确定被告人刑事责任的轻重、有无才能得到落实，而刑罚的确定必须以公诉权的存在为前提。换言之，起诉权在追究被告人刑事责任，惩治犯罪，遏制犯罪发生，恢复被破坏的法律秩序中，不起诉权在保障无罪的人不受刑事追究中均发挥了

---

① 严义挺：《公诉权的属性——基于审判中心语境下的分析》，载《上海政法学院学报（法治论丛）》2016 年第 5 期。

重要作用。强调公诉权的诉权属性，更有利于公诉权能的行使和刑事诉讼目标的实现。

（二）诉权是法律监督的承载

公诉权是处于原告一方的检察机关审查决定是否提请法院进行实体性审判，并在决定提请后进一步请求法院作出实体判决的程序性权力。从公诉权的作用看，这种司法请求权包含审判发动请求权和有罪判决请求权，属于程序性权利，而这一特点将公诉权与具有实体处分功能的审判权明显区分开来。而作为一项司法请求权，不起诉具有终止刑事诉讼的效力，但公诉权本身不具备终结性（最终判定性和处罚性），而是国家刑罚权实现的准备和条件，它所包含的实体性要求只有通过审判才能最终实现。而请求权、建议权和程序启动权，都不是决定权，从这一特点来看，诉权可以承载法律监督。在侦查转隶以后，凸显诉权的功能，让诉权成为检察监督权的核心权力，强化诉权在法律监督中的意义和作用，这样一种理念是有必要的。① 诉权主要针对当事人，而监督权主要针对司法和执法机关的监督，没有诉权为支撑的法律监督效力不足，在目前立法并没有赋予检察监督刚性权力的情况下，诉权成为法律监督的核心和支撑。

（三）更强调公益代表性

公诉权的核心是追究被告人的刑事责任，惩罚犯罪，作为公共利益代表的职能并非新出现的职能，而是在新形势下凸显了这一功能和作用。一方面，检察机关积极主动承担指控和证明责任，无论是对有具体被害人的案件，还是对没有具体受害人的案件，检察机关都要依职权提出诉讼，行使国家权力。另一方面，国家公诉人的专属性设定有效防止

---

① 龙宗智：《新形势下检察权的定位调整和职能强化》，载《中国检察官》2018年第8期。

了随意提起公诉可能导致的人权侵害，法院"不告不理"，对于检察机关没有提起的属于公诉范围的案件不能主动进行审判，这也是国家意志的体现。检察机关作为代表国家追诉犯罪的一种公权力，它客观中立，以公益代表的面目出现，通过客观、公正地追控犯罪，将犯罪人绳之以法，实现国家的刑罚权，满足公众的法律正义感和社会安全感，实现对被害人的经济、心理补偿。

第四节　公诉权之配置

在司法体制改革、国家监察体制改革、以审判为中心的刑事诉讼制度改革等多项改革叠加的大背景下，检察职能发生重大调整，公诉权作为检察机关的核心职权，具体配置和实际运作也随着检察职能的调整而不断发展变化。

一、从诉讼体系的不断完善看公诉权配置变化

以历次我国《刑事诉讼法》修改为时间节点，可以看出我国刑事诉讼体系"从一元到多元、从粗疏到精致"的发展历程，而在诉讼体系的不断发展变化中，公诉权的配置也在逐步充实完善。

1979年颁布的《刑事诉讼法》规定了刑事诉讼的普通程序，对于简单轻微刑事案件的审理，仅从"可以由审判员一人独任审判"的角度作出规定。随后，1983年9月，全国人民代表大会常务委员会通过《关于迅速审判严重危害社会治安的犯罪分子的程序的决定》，确立了特殊案件从快处理方案与普通程序并行的做法。从1979年至1996年，虽然我国建立了部分案件的从快处理机制，但总体上仍然是一元化的诉讼形

态。① 实体上，1979年颁布的《刑事诉讼法》赋予了检察机关免予起诉权和法定不起诉权。在刑事诉讼体系单一化的情形下，公诉模式主要围绕定罪公诉权展开运作。

1996年《刑事诉讼法》第一次修正，首次增加"简易程序"一章，目的在于解决案件数量不断增多与司法资源有限之间的矛盾，"普通程序+简易程序"的二元诉讼体系初见雏形。然而从司法实践看，刑事诉讼简易程序的适用效果并不理想，突出表现是"繁者不繁、简者不简"。一方面，对于疑难复杂案件、被告人不认罪案件，普通程序的精细化、正当化程度还不够，庭审快速走过场。② 另一方面，简易程序适用跨度大，程序相对单一，量刑三年以上和量刑三年以下案件，除对审判组织和审理期限有不同要求外，简化程度没有明显区别，繁简分流、区别对待的精神未能充分体现。③ 实体上，取消了检察机关免予起诉权，将免予起诉修改为酌定不起诉。同时确立了疑罪从无原则，规定对于事实不清证据不足的案件，检察机关可以作出不起诉决定。④ 我国不起诉制度的基本框架由此确立。

2012年《刑事诉讼法》第二次修正，进一步完善了简易程序的法定条件，将适用简易程序的案件范围从"可能判处三年有期徒刑以下刑罚"的案件扩大到"基层人民法院管辖的案件"⑤，并明确了相应的简化标准和庭审方式，使占案件总量绝大多数的简单刑事案件得到快速及时审理，实现了案件的繁简分流。同时，增加了对未成年人刑事案件、

---

① 张品泽：《刑事审判简易程序选择权研究》，载《刑事法判解》2002年第1期。
② 最高人民法院副院长黄尔梅2015年12月2日"在北京市刑事案件速裁程序试点专家论证会上的讲话"，转引自魏晓娜：《完善认罪认罚从宽制度：中国语境下的关键词展开》，载《法学研究》2016年第4期。
③ 魏晓娜：《完善认罪认罚从宽制度：中国语境下的关键词展开》，载《法学研究》2016年第4期。
④ 陈光中、曾新华：《中国刑事诉讼法立法四十年》，载《法学》2018年第7期。
⑤ 从理论上讲，适用简易程序的范围已扩大到可能判处二十五年有期徒刑以下刑罚的案件。黄太云：《刑事诉讼法修改释义》，载《人民检察》2012年第8期。

刑事和解案件、没收财产案件、精神病人强制医疗案件四类案件的刑事特别程序体系。至此，形成了"普通程序+简易程序+特别程序"的三元诉讼体系，公诉职能逐渐发展和丰富。实体上，在特别程序中增加了对未成年人犯罪案件的附条件不起诉权，进一步拓宽了公诉权的范围。

2014年，为进一步完善刑事诉讼程序，合理配置司法资源，全国人大常委会作出《关于授权最高人民法院、最高人民检察院在部分地区开展刑事案件速裁程序试点工作的决定》，在18个城市开展为期两年的刑事速裁程序试点。2016年，全国人大常委会进一步作出《关于授权最高人民法院、最高人民检察院在部分地区开展刑事案件认罪认罚从宽制度试点工作的决定》，在18个城市开展为期两年的认罪认罚从宽制度程序试点。2018年《刑事诉讼法》第三次修正，将认罪认罚从宽制度从行之有效、可复制、可推广的司法实践经验上升为法律，并增设了缺席审判程序，明确了监察法与刑事诉讼法衔接的若干规则，最终形成"普通程序+简易程序+速裁程序+五种特别程序+其他分流机制（如不起诉、刑事和解）"的多元化、多层次诉讼体系格局。实体上，增加了检察机关在特殊情形下的不起诉决定权，即犯罪嫌疑人自愿如实供述涉嫌犯罪的事实，有重大立功或者案件涉及国家重大利益的，经最高人民检察院核准，公安机关可以撤销案件，检察机关可以作出不起诉决定，也可以对涉嫌数罪中的一项或者多项不起诉。

二、原有配置在实体上延展的新内涵

2019年2月，最高人民检察院公布了《2018—2022年检察改革工作规划》，进一步提出"健全与多层次诉讼体系相适应的公诉模式"的改革任务。从近年来的试点与司法实践情况看，随着司法精细化和对被告人诉讼权利保障的要求，多元化、多层次诉讼体系逐步建立，刑事公诉制度的发展也呈现出由起诉法定主义向起诉法定主义兼采起诉裁量主义转变、由定罪请求权向定罪请求权与量刑建议权并行转变等发展趋势。① 前文已对现有公诉权的基本内容进行了详细解读，此处不再赘述。需要特别强调的是，根据不同的划分方法，起诉权在实体内容上还可分为定罪请求权、量刑请求权、起诉裁量权等，在程序内容上还包括程序适用请求权。为适应公诉权公正高效运行的新要求，公诉权中的部分已有权力延展出新的内涵。

（一）定罪请求权

定罪请求权，就是检察院请求法院判决确认被告人的行为构成犯罪的诉讼权力。作为传统业务，在以往的刑事公诉中，公诉人只需要对事实和证据加以研判，在事实清楚，证据确实、充分的前提下对被告人的定罪问题提出指控意见。但随着认罪认罚从宽制度立法化，在认罪认罚案件中，检察机关必须在签署具结书前，明确判断被追诉人涉罪的法律性质及具体罪名，并以此为基础拟定具结书和量刑建议的相应条款，这也意味着定罪请求权一定程度上对法院产生了更直接的拘束效力。《刑事诉讼法》第182条第1款对特殊案件撤销、不起诉的规定，② 意味着满足条件的特殊案件，经过专门的审批程序，检察机关可以开展"罪名"与"罪数"的处理以及相应的从宽处罚，实现从轻或者减轻刑事责任的目标。这种特殊的"撤销"或者"不起诉"的处理方式，同样在一定程度上拓宽了检察机关公诉权的范围，而且也增加了最高人民检察院的核准权。③

---

① 孙谦：《全面依法治国背景下的刑事公诉》，载《人民检察》2017年第11期。
② 《刑事诉讼法》第182条第1款：犯罪嫌疑人自愿如实供述涉嫌犯罪的事实，有重大立功或者案件涉及国家重大利益的，经最高人民检察院核准，公安机关可以撤销案件，人民检察院可以作出不起诉决定，也可以对涉嫌数罪中的一项或者多项不起诉。
③ 周新：《论检察机关的公诉模式转型》，载《政治与法律》2020年第1期。

（二）量刑请求权

量刑请求权作为国家赋予检察院的一项权能，需要通过一定的形式表现出来，其表现形式之一就是量刑建议。检察院通过量刑建议这种形式来行使量刑请求权，请求法院对被告人判处具体的刑罚。因此，量刑请求权是量刑建议的权力来源和存在的根据，量刑建议则是量刑建议权的表现形式。①

量刑建议在我国刑事司法实践的发展已有近 20 年的历史。伴随着法院开展量刑规范化改革，检察机关同步推进量刑建议，以"规范法官自由裁量权，促进量刑公开公正"。从当前情况看，量刑建议制度可以分为三种方式：第一种是概括的量刑建议，它在指明量刑应适用的刑法条款的基础上，仅提出从重、从轻、减轻处罚等原则性的建议。第二种是相对确定的量刑建议，即在法定刑幅度内提出一定幅度但又小于法定刑幅度的量刑建议。第三种是绝对确定的量刑建议，即所建议的刑罚没有幅度，明确提出应判处的具体刑罚，包括刑种、刑期及执行方式等。②

认罪认罚从宽制度赋予了量刑建议全新的内容。第一，公诉权实质化。认罪认罚案件中，量刑建议不再是控方的单方意思表示，而是控辩协商后双方的诉讼合意，这意味着基于合作意愿，关于定罪量刑的主要争议已经在审前阶段解决了。量刑建议对控辩而言有遵守义务，对法院而言有尊重职责，否则毫无意义。而且根据《刑事诉讼法》第 201 条的规定，法官原则上应该采纳检察官提出的量刑建议，如果认为不妥，得要求检察官重新提出量刑建议，如果检察官调整了量刑建议，法官仍认为不妥，才可以直接作出裁判。③ 公诉权主要是程序性权力，但在认罪

---

① 朱孝清：《论量刑建议》，载《中国法学》2010 年第 3 期。
② 王军、吕卫华：《关于量刑建议的若干问题》，载《国家检察官学院学报》2009 年第 5 期。转引自朱孝清：《论量刑建议》，载《中国法学》2010 年第 3 期。
③ 张军：《关于检察工作的若干问题》，载《国家检察官学院学报》2019 年第 5 期。

认罪认罚从宽案件的诉讼中，除《刑事诉讼法》第201条规定的若干除外情形外，法院应当采纳检察机关指控的罪名和量刑建议，公诉权开始呈现实质化倾向，即检察官量刑建议主导司法裁判成为常态，量刑建议具有了实体裁判的效力。① 结合司法实践情况可看到，检察机关在办理认罪认罚从宽案件中充分发挥主导作用，提出的程序适用建议、量刑建议获得法院较高程度的认可，2020年以来，认罪认罚从宽制度适用率超过85%，检察机关量刑建议采纳率约为95%。在这一过程中，认罪认罚从宽制度不仅提升了被追诉人的诉讼主体地位，而且推动了检察机关控诉权力的实质化。第二，量刑建议精准化。在认罪认罚从宽制度的试点与立法过程中，最高人民检察院一再强调量刑建议尤其是精准化量刑建议的法律价值。精准化量刑建议，是指对刑种、刑期、刑罚执行方式等提出明确、确定的建议。认罪认罚从宽制度中控辩协商是关键，其核心正是量刑。从认罪认罚协商的过程看，确定刑量刑建议更符合犯罪嫌疑人对"罚"的期待，更有利于其作出认罪认罚的选择，也就更有利于认罪认罚从宽制度的推进和稳定适用。② 2019年10月最高人民法院、最高人民检察院、公安部、国家安全部、司法部联合发布的《关于适用认罪认罚从宽制度的指导意见》，对于量刑建议的提出进行了细化区分规定，即原则上，认罪认罚案件的量刑建议是确定的，以体现控辩协商具结的实质效果，但针对特定案件，比如新类型、不常见犯罪案件和量刑情节复杂的重罪案件，允许检察机关通过自由裁量的方式，确定更具可接受性的量刑建议。③ 2021年12月，最高人民检察院印发《人民检察院办

---

① 朱孝清：《认罪认罚从宽制度对检察机关和检察制度的影响》，载《检察日报》2019年5月28日，第3版。

② 苗生明：《认罪认罚量刑建议精准化的理解与把握》，载《检察日报》2019年7月29日，第3版。

③ 《关于适用认罪认罚从宽制度的指导意见》第33条第2款：办理认罪认罚案件，人民检察院一般应当提出确定刑量刑建议。对新类型、不常见犯罪案件，量刑情节复杂的重罪案件等，也可以提出幅度刑量刑建议。

理认罪认罚案件开展量刑建议工作的指导意见》，对量刑证据的审查、建议的提出及调整、量刑的监督等均作出了专章规定。

（三）起诉裁量权

刑事诉讼中，审查起诉发挥着重要的过滤作用。充分发挥公诉审前过滤作用，对案件进行科学分流，确保进入审判程序的案件质量，是当前以审判为中心的诉讼制度改革和认罪认罚从宽制度的应有之义。检察机关进行审前分流最重要的手段和途径就是起诉裁量权的行使，即通过对不符合起诉标准的案件，依法作出不起诉决定，防止带病起诉，将矛盾推向审判。①

从世界范围看，适应改造犯罪的需要，起诉裁量权有日益扩大的趋势。如日本法律规定，公诉机关认为没有必要提起公诉时，可以不提起公诉。美国则赋予检察机关更大的起诉裁量权，其检察官有权根据辖区情况决定对哪些案件进行起诉，95%的刑事案件都是通过辩诉交易结案。② 而在我国，长期以来，检察机关对不起诉权的适用持谨慎态度，其原因是多方面的，比如，对不起诉权重要性的认识不到位、检察机关内部考核机制的影响、不起诉权适用程序繁琐、后期考核检查严格等。近些年来，随着刑事速裁程序、认罪认罚从宽制度改革实践的推进，不起诉权逐渐受到检察机关的重视。同一类型的案件，案情较为接近甚至相同，但最终适用的程序不同，处理结果也会出现差异。司法办案在恪守以事实为根据、以法律为准绳的同时，还须从化解社会矛盾，平衡社会关系，维护社会稳定出发，把握好办案的效果导向。多元化的案件处理模式，恰恰为司法机关追求最优的办案效果提供了多重选择路径。③

---

① 陈国庆：《刑事诉讼法修改与刑事检察工作的新发展》，载《国家检察官学院学报》2019 年第 1 期。
② 冯少辉：《公诉权诉讼监督职能的强化与拓展》，载《中国检察官》2012 年第 8 期。
③ 童建明：《论不起诉权的合理适用》，载《中国刑事法杂志》2019 年第 4 期。

2019年，最高人民检察院提出"正确适用不起诉权是新时代检察工作创新发展的需要"这一判断，并进一步主张检察机关应当积极开展各种探索实践，敢用、善用和规范适用不起诉权。①

作为一项检察机关的固有权力，不起诉权具有监督引导侦查权、制约审判权的重要功能，是实现案件分流的重要程序机制，是保障人权、修复社会关系的重要制度设置。② 目前法律已赋予检察机关绝对不起诉（法定不起诉）、相对不起诉（酌定不起诉）、存疑不起诉（证据不足不起诉）、附条件不起诉、特殊情形下的不起诉等五种不同类型的不起诉权，意味着我国已经建立起形式多样的不起诉制度体系。此外，根据《人民检察院刑事诉讼规则》第373条的规定，检察机关决定不起诉的案件，可以根据案件的不同情况，对被不起诉人予以训诫或者责令具结悔过、赔礼道歉、赔偿损失。对被不起诉人需要给予行政处罚、政务处分或者其他处分的，经检察长批准，检察机关应当提出检察意见，移送有关主管机关处理，并要求有关主管机关及时通报处理情况。这七种非刑罚方法是适用不起诉的配套措施，也被称为"起诉替代措施"③。认罪认罚从宽制度则为起诉裁量权的进一步完善提供了空间，对符合条件的认罪认罚案件作出不起诉处理，是实体从宽的重要体现，也是审前分

---

① 李春薇：《"敢用、善用、规范"适用不起诉权》，载《检察日报》2019年5月8日，第3版。

② 陈卫东：《检察机关适用不起诉权的问题与对策研究》，载《中国刑事法杂志》2019年第4期。

③ 起诉替代措施，顾名思义，是指已经构成犯罪、符合起诉条件的轻微刑事案件，允许控诉机关结合案件具体情况自由裁量作出不起诉或不移送起诉的决定，或者在作出这些决定的同时，采用其他措施对犯罪嫌疑人作出处理，如予以警告、罚款，责令其向被害人赔偿损失、提供社区服务等，甚至径行无条件不起诉而撤销案件，这些决定和措施统称为起诉替代措施。冯亚景、蔡杰：《公诉机关起诉替代措施研究》，载《中国刑事法杂志》2006年第1期。转引自童建明：《论不起诉权的合理适用》，载《中国刑事法杂志》2019年第4期。另，《人民检察院刑事诉讼规则》相关条款已根据最新规定进行修改调整。

流的重要方式。① 伴随着不起诉权的丰富和完善，检察机关不起诉裁量空间也得到延展，与起诉法定主义的理念互补衔接，确保了公诉权的内涵和形式更加丰富。

三、多元化刑事诉讼体系下公诉程序适用模式

正如前文所述，公诉权在程序内容上还包括程序适用请求权。② 在多元化刑事诉讼体系下，如何构建诉讼程序与案件难易、刑罚轻重相适应的多层次案件处理机制，推动简案快办，难案精办，是值得深入思考的问题。

公诉作为国家动用包括人力、物力、财力在内的诉讼资源发动的专门活动，必然要耗费大量的司法资源。拖沓冗长的诉讼程序显然不足以应对日益增长的犯罪案件。"公正不是刑事诉讼的唯一价值目标，能否对效率进行充分的关注以及能否在公正与效率之间保持适当平衡也是衡量司法公正的一项重要标准。"③ 对刑事案件区分罪行严重程度、被告人认罪与否，案件疑难复杂程度，适用不同程序审理，既有利于提高司法效率，也有利于合理配置司法资源，更有利于保护当事人的合法权益。

以认罪认罚从宽制度为基点，可以将刑事案件诉讼程序分为认罪程序和不认罪程序两大类。其中不认罪案件属于普通程序案件，需要"繁案精办"。对于犯罪嫌疑人、被告人认罪的案件，则可细分为以下类型：

第一，普通程序简化审理。普通程序简化审理是指不符合简易程序法定条件，但犯罪嫌疑人、被告人认罪的案件。主要包括以下案件类

---

① 陈国庆：《刑事诉讼法修改与刑事检察工作的新发展》，载《国家检察官学院学报》2019 年第 1 期。
② 朱孝清：《论量刑建议》，载《中国法学》2010 年第 3 期。
③ 陈卫东：《公正和效率——我国刑事审判程序改革的两个目标》，载《中国人民大学学报》2001 年第 5 期。

型：（1）犯罪嫌疑人、被告人可能被判处死刑或无期徒刑的认罪案件；（2）被告人是盲、聋、哑人，或者是尚未完全丧失辨认或者控制自己行为能力的精神病人的认罪案件；（3）有重大社会影响的认罪案件；（4）共同犯罪案件中部分犯罪嫌疑人、被告人不认罪认罚或者对适用简易程序及速裁程序有异议，但另一部分犯罪嫌疑人、被告人认罪认罚的案件。

第二，简易程序。简易程序是指基层法院管辖的案件事实清楚，证据确实、充分，被告人承认自己所犯罪行、对指控的犯罪事实没有异议的，且被告人对适用简易程序没有异议的案件。对可能判处三年以下有期徒刑案件，可以组成合议庭审判，也可以由审判员一人独任审判。对可能判处三年以上有期徒刑案件，必须组成合议庭审判。另根据《刑事诉讼法》第219条关于"简易程序的程序简化"①的规定，法官根据犯罪性质、罪行轻重、案件复杂程度，灵活处理庭审中的讯问、询问、示证、辩论等问题。

第三，速裁程序。速裁程序是指基层法院管辖的可能判处三年有期徒刑以下刑罚的案件，案件事实清楚，证据确实、充分，被告人认罪认罚并同意适用速裁程序的案件。根据《刑事诉讼法》第222条的规定，速裁程序适用于基层法院管辖的可能判处三年有期徒刑以下刑罚的案件。这与简易程序有部分重合。

四、程序适用中的几个重点问题

（一）全流程的多元简化

全流程简化的提法，最早是陈瑞华教授提出，他认为，如果仅仅着

---

① 《刑事诉讼法》第219条：适用简易程序审理案件，不受本章第一节关于送达期限、讯问被告人、询问证人、鉴定人、出示证据、法庭辩论程序规定的限制。但在判决宣告前应当听取被告人的最后陈述意见。

眼于审判程序的简化,那么刑事速裁程序的改革是没有太大空间的,必须着眼于刑事诉讼全流程进行程序简化。① 《刑事诉讼法》修改后,公诉模式全流程多元化简化可从以下角度设计:

第一,对于普通程序简化审理中可能判处无期徒刑或死刑的案件,由于案情重大、复杂,即使被告人认罪,这类案件全流程简化空间也有限,公诉模式的简化主要集中在出庭公诉中,对庭前会议控辩双方达成一致意见的内容可简化举证质证,仅需对有争议的事实和证据展开质证和法庭辩论。

第二,对于犯罪嫌疑人(被告人)是盲、聋、哑人,或者是尚未完全丧失辨认或者控制自己行为能力的精神病人的认罪案件。这类案件因为被告人的身份特殊而不能适用简易或者速裁程序审理,但对于其中事实清楚,证据确实、充分,且犯罪嫌疑人(被告人)认罪认罚的,在适用普通程序简化审理程序时,不仅庭审可以适当简化,审查起诉阶段的相关文书、流程也可以参照简易程序进行简化。

第三,《刑事诉讼法》修改新增加的速裁程序是为认罪认罚的轻罪案件量身定做的特别快速起诉与审理程序,具有办理时间周期短、审理程序简约的特点,从制度设计的目的看,速裁程序理应在基层检察机关得到广泛而普遍的适用。② 对法定最高刑在三年有期徒刑以下的罪名,在认罪认罚的前提下,应当全面适用速裁程序。对法定刑在三年有期徒刑以上的罪名,在认罪认罚之外,如果还有法定减轻处罚情节的,一般也应优先适用速裁程序。

(二)法律文书的整合简化

一是简化告知类文书。各类告知类文书,能合并成一份的,在内容

---

① 陈瑞华:《论刑事诉讼的全流程简化——从刑事诉讼纵向构造角度的分析》,载《华东政法大学学报》2017年第4期。
② 曹坚:《认罪认罚从宽:注重程序选择与繁简分流》,载《检察日报》2019年9月18日,第3版。

不减少的情况下应合并成一份文书。以认罪认罚案件为例,认罪认罚案件犯罪嫌疑人权利义务告知书、认罪认罚从宽制度告知书、法律帮助告知书等权利告知文书合可并为一个文书统一告知。

二是简化审查报告。对于不认罪案件,严格按照最高人民检察院《公诉案件审查报告格式样本》要求制作审查报告。对于认罪案件,可以简化审查报告。对于认罪认罚适用速裁程序的案件则可以制作表格化审查报告,写明犯罪嫌疑人基本信息,审查认定的事实,处理意见及量刑建议等,对于证据,仅需列举名称而无须进行摘要和分析。

三是简化"三纲一书"①。适用简易程序审理的认罪案件,依法不受送达期限、出示证据、法庭辩论程序规定等的限制,适用速裁程序审理的案件,一般不进行法庭调查、法庭辩论,因此,"三纲一书"对于适用简易程序审理的认罪案件并非必备,对于适用速裁程序审理的认罪案件,一般不需要。对于适用简易程序和速裁程序审理的认罪案件,完全可以取消"三纲一书"。

四是完善认罪认罚具结书。认罪认罚具结书的内容,既包括程序适用,也包括量刑建议。因此,在认罪认罚案件中,量刑建议书可以由认罪认罚具结书代替,并附量刑清单,以"表格化精准量刑"方式②,将量刑情节以表格的形式附在具结书后,针对每个量刑情节进行单独评价。

(三)出庭模式的整合简化

以国家公诉人身份出庭支持公诉,是检察机关必须履行的重要职责。一般情况下,负责审查起诉的检察官和出庭支持公诉的检察官应为

---

① "三纲一书"指举证、质证提纲,讯问提纲,答辩提纲和公诉意见书。

② "表格化精准量刑",即表格涵盖每个罪名的量刑起点、增加刑罚量的情形、基准刑、检察官自由调节和拟宣告刑等环节和内容,使量刑步骤、情节和方法一目了然。这是武汉市硚口区人民检察院最先试点形成特色经验并在全国推广。《案情对标表格,量刑更快更准》,载《检察日报》2018年9月10日,第2版。

同一个人。也可根据不同类型案件特点作出以下调整：

一是不认罪的普通程序案件。这类案件的审查起诉与出庭公诉应由同一名检察官负责，在庭审中能够有效应对庭审调查、法庭辩论，确保出庭公诉的质量和效果，全面贯彻以审判为中心的要求，推进庭审实质化。

二是认罪的普通程序简化审案件。被告人自愿认罪，庭审举证、质证可以适度简化，法庭调查和辩论应当主要围绕量刑问题展开。

三是简易程序审理案件。被告人承认所犯罪行，对指控的犯罪事实没有异议，庭审可以省略讯问，证人可以不出庭作证，庭审举证质证大幅度简化，原则上仅出示证据名称并说明证明事项，重点出示量刑证据。法庭辩论主要围绕量刑问题展开。简易程序案件，可以相对集中统一分配给同一检察官（或者办案组），实行集中分案、集中审理、集中起诉、集中出庭，从而提高办案效率。

四是适用速裁程序审理案件。由于犯罪嫌疑人已经自愿认罪认罚，案件相对简单，庭审无需举证、质证、辩论，出庭检察官不需要对案件事实和证据情况有很深入的了解，可以实行审诉分离模式，即审查起诉工作由一名检察官负责，但出庭工作可以指定一名检察官专门负责。

第五节　公诉权之适用

正如前文所述，从公诉权的基本内容看，涵盖了起诉权、不起诉权、公诉变更权等。但从检察环节公诉权的适用看，最终的结果大多可归为两类：起诉或不起诉。

一、起诉

根据《刑事诉讼法》第 176 条的规定，检察机关认为犯罪嫌疑人的犯罪事实已经查清，证据确实、充分，依法应当追究刑事责任的，应当作出起诉决定，按照审判管辖规定，向法院提起公诉。

（一）起诉的标准

提起公诉需要同时满足以下条件：第一，犯罪事实已经查清；第二，证据已经达到确实充分的程度；第三，按照法律规定应当追究刑事责任。

具有下列情形之一的，可以认为犯罪事实已经查清[①]：（1）属于单一罪行的案件，查清的事实足以定罪量刑或者与定罪量刑有关的事实已经查清，不影响定罪量刑的事实无法查清的；（2）属于数个罪行的案件，部分罪行已经查清并符合起诉条件，其他罪行无法查清的；（3）无法查清作案工具、赃物去向，但有其他证据足以对被告人定罪量刑的；（4）证人证言、犯罪嫌疑人供述和辩解、被害人陈述的内容主要情节一致，个别情节不一致，但不影响定罪的。对于符合前款第二项情形的，应当以已经查清的罪行起诉。

对于证据确实、充分的把握，一直以来存在"级差说"和"同一说"的争议。"级差说"认为，从侦查、起诉到审判，证据标准应逐步升高，公诉证据标准应低于有罪判决证明标准。"同一说"则认为，侦查终结移送起诉、提起公诉、有罪判决应采用同一的标准。随着司法改革的不断深入，对"同一说"的认可度逐渐增强。而从立法的修改看，《刑事诉讼法》对刑事起诉证明标准和刑事判决证明标准的规定均为"事实清楚，证据确实、充分"[②]，也是对"同一说"的认可。

（二）审查起诉中发现漏罪、漏犯的处理

检察机关办理公安机关移送起诉案件中，发现遗漏罪行或者有依法应

[①] 参见《人民检察院刑事诉讼规则》第355条第2款、第3款。
[②] 参见《刑事诉讼法》第176条、第200条相关规定。

当移送起诉的同案犯罪嫌疑人未移送起诉的,应当要求公安机关补充侦查或者补充移送起诉。对于犯罪事实清楚,证据确实、充分的,也可以直接提起公诉。①

(三) 审查起诉中发现管辖问题的处理②

检察机关立案侦查时认为属于直接受理侦查的案件,在审查起诉阶段发现属于监察机关管辖的,应当及时商监察机关办理。属于公安机关管辖,案件事实清楚,证据确实、充分,符合起诉条件的,检察机关可以直接起诉;事实不清、证据不足的,检察机关应当及时移送有管辖权的机关办理。

在审查起诉阶段,发现公安机关移送起诉的案件属于监察机关管辖,或者监察机关移送起诉的案件属于公安机关管辖,但案件事实清楚,证据确实、充分,符合起诉条件的,经征求监察机关、公安机关意见后,没有不同意见的,检察机关可以直接起诉;提出不同意见,或者事实不清、证据不足的,检察机关应当将案件退回移送案件的机关并说明理由,建议其移送有管辖权的机关办理。

二、不起诉

(一) 法定不起诉

对于监察机关或者公安机关移送起诉的案件,犯罪嫌疑人没有犯罪事实,或者符合《刑事诉讼法》第 16 条规定的情形之一的,经检察长批准,检察机关应当作出不起诉决定。

对于犯罪事实并非犯罪嫌疑人所为,需要重新调查或者侦查的,检察机关应当在作出不起诉决定后书面说明理由,将案卷材料退回监察机关或

---

① 参见《人民检察院刑事诉讼规则》第 356 条。
② 参见《人民检察院刑事诉讼规则》第 357 条。

者公安机关，并建议重新调查或者侦查。

（二）酌定不起诉

对犯罪情节轻微，按照刑法规定不需要判处刑罚或者免除刑罚的，检察机关行使起诉裁量权，经检察长批准，可以作出不起诉决定。

（三）存疑不起诉

检察机关对于经过一次退回补充调查或者补充侦查的案件，认为证据不足，不符合起诉条件，且没有再次退回补充调查或者补充侦查必要的，以及二次退回补充调查或者补充侦查的案件，仍然认为证据不足，尚不具备起诉条件的，经检察长批准，依法应当作出不起诉决定。

具有下列情形之一，不能确定犯罪嫌疑人构成犯罪和需要追究刑事责任的，属于证据不足，不符合起诉条件：（1）犯罪构成要件事实缺乏必要的证据予以证明的；（2）据以定罪的证据存在疑问，无法查证属实的；（3）据以定罪的证据之间、证据与案件事实之间的矛盾不能合理排除的；（4）根据证据得出的结论具有其他可能性，不能排除合理怀疑的；（5）根据证据认定案件事实不符合逻辑和经验法则，得出的结论明显不符合常理的。

对于存疑不起诉案件，一旦发现新的证据，符合起诉条件，检察机关可以再行起诉。

（四）附条件不起诉

未成年人涉嫌刑法分则第四章、第五章、第六章规定的犯罪，可能判处一年有期徒刑以下刑罚，符合起诉条件，但有悔罪表现的，检察机关可以作出附条件不起诉的决定。检察机关作出附条件不起诉决定前，应当听取公安机关、被害人、未成年犯罪嫌疑人及其法定代理人、辩护人的意见，并制作笔录附卷。未成年犯罪嫌疑人及其法定代理人对拟作出附条件不起诉决定提出异议的，检察机关应当提起公诉。但是，未成年犯罪嫌疑人及其法定代理人提出无罪辩解，检察机关经审查认为无罪辩解理由成立的，应当按照法定不起诉的相关规定作出不起诉决定。未成年犯罪嫌疑人及其法定代理人对案件作附条件不起诉处理没有异议，仅对所附条件及考验期有异议的，检察机关可以依法采纳其合理的意见，对考察的内容、方式、时间等进行调整；其意见不利于对未成年犯罪嫌疑人帮教，检察机关不采纳的，应当进行释法说理。检察机关作出起诉决定前，未成年犯罪嫌疑人及其法定代理人撤回异议的，检察机关可以依法作出附条件不起诉决定。

对附条件不起诉的决定，公安机关要求复议、提请复核或者被害人提出申诉的，具体程序参照不起诉案件复议复核的相关规定办理。被害人不服附条件不起诉决定的，不能适用《刑事诉讼法》第180条关于被害人可以向法院起诉的规定。未成年人案件的办理及复议、复核、申诉，均由未成年人检察部门审查办理。

检察机关作出附条件不起诉决定时应当确定考验期。考验期为六个月以上一年以下，从人民检察院作出附条件不起诉的决定之日起计算。在附条件不起诉的考验期内，由检察机关对被附条件不起诉的未成年犯罪嫌疑人进行监督考察，要求其遵守下列规定：遵守法律法规，服从监督；按照规定报告自己的活动情况；离开所居住的市、县或者迁居，应当报经批准；按照要求接受矫治和教育。并可以要求被附条件不起诉的未成年犯罪嫌疑人矫治和教育：完成戒瘾治疗、心理辅导或者其他适当的处遇措施；向社区或者公益团体提供公益劳动；不得进入特定场所，与特定的人员会见或者通信，从事特定的活动；向被害人赔偿损失、赔礼道歉等；接受相关教育；遵守其他保护被害人安全以及预防再犯的禁止性规定。考验期届满，检察人员应当制作附条件不起诉考察意见书，提出起诉或者不起诉的意见，报请检察长决定。考验期满作出不起诉的决定以前，应当听取被害人意见。考验期满作出不起诉决定，被害人提出申诉的，依照《人民检察院刑事诉讼规则》第472条规定办理。

被附条件不起诉的未成年犯罪嫌疑人，在考验期内具有下列情形之一的，检察机关应当撤销附条件不起诉的决定，提起公诉：实施新的犯罪的；发现决定附条件不起诉以前还有其他犯罪需要追诉的；违反治安管理规定，造成严重后果，或者多次违反治安管理规定的；违反有关附条件不起诉的监督管理规定，造成严重后果，或者多次违反有关附条件不起诉的监督管理规定的。被附条件不起诉的未成年犯罪嫌疑人，在考验期内没有上述规定情形，考验期满的，检察机关应当作出不起诉的决定。

对于犯罪事实清楚，证据确实、充分，未成年犯罪嫌疑人可能被判处一年有期徒刑以上刑罚的，综合考虑后认为起诉有利于对其矫治的，或者虽然可能被判处一年有期徒刑以下刑罚，但不符合附条件不起诉条件或者未成年犯罪嫌疑人及其法定代理人不同意检察机关作出附条件不起诉决定的，检察机关依法提起公诉。

（五）特殊情形下的不起诉

犯罪嫌疑人自愿如实供述涉嫌犯罪的事实，有重大立功或者案件涉及国家重大利益的，经最高人民检察院核准，公安机关可以撤销案件，检察机关可以作出不起诉决定，也可以对涉嫌数罪中的一项或者多项不起诉。

（六）不起诉案件的后续程序

检察机关直接受理侦查的案件，以及监察机关移送起诉的案件，拟作不起诉决定的，必须报请上一级检察院批准。

对于监察机关或者公安机关移送起诉的案件，检察机关决定不起诉的，应当将不起诉决定书送达监察机关或者公安机关。监察机关认为不起诉的决定有错误，向上一级检察院提请复议，上一级检察院经检察长批准后作出复议决定，通知监察机关。公安机关认为不起诉决定有错误要求复议的，检察机关负责捕诉的部门另行指派检察官或者检察官办案组进行审查，经本院检察长批准作出复议决定，通知公安机关。公安机关对不起诉决定提请复核的，上一级检察院经检察长批准作出复核决定后，通知提请复核的公安机关和下级人民检察院。经复核认为下级检察院不起诉决定错误的，应当指令下级检察院纠正，或者撤销、变更下级检察院的不起诉决定。被害人不服不起诉决定提出申诉的，由上级检察院进行复查，审查后认为不起诉决定正确的，出具审查结论直接答复申诉人；认为不起诉决定可能存在错误的，移送负责捕诉的部门进行复查。

上级检察院经复查作出起诉决定的，应当撤销下级检察院的不起诉决定，交由下级检察院提起公诉，并将复查决定抄送移送起诉的监察机关或者公安机关。

检察机关发现不起诉决定确有错误，符合起诉条件的，应当撤销不起诉决定，提起公诉。最高人民检察院对地方各级检察院的起诉、不起诉决定，上级检察院对下级检察院的起诉、不起诉决定，发现确有错误的，应当予以撤销或者指令下级检察院纠正。

三、撤回起诉

法院开庭审理前或者审判过程中发现具有以下情形之一的，检察机关可以建议法院延期审理：（1）发现事实不清、证据不足，或者遗漏罪行、遗漏同案犯罪嫌疑人，需要补充侦查或者补充提供证据的；（2）被告人揭发他人犯罪行为或者提供重要线索，需要补充侦查进行查证的；（3）发现遗漏罪行或者遗漏同案犯罪嫌疑人，虽不需要补充侦查和补充提供证据，但需要补充、追加起诉的；（4）申请人民法院通知证人、鉴定人出庭作证或者有专门知识的人出庭提出意见的；（5）需要调取新的证据，重新鉴定或者勘验的；（6）公诉人出示、宣读开庭前移送人民法院的证据以外的证据，或者补充、追加、变更起诉，需要给予被告人、辩护人必要时间进行辩护准备的；（7）被告人、辩护人向法庭出示公诉人不掌握的与定罪量刑有关的证据，需要调查核实的；（8）公诉人对证据收集的合法性进行证明，需要调查核实的。法庭宣布延期审理后，检察机关应当在补充侦查期限内提请法院恢复法庭审理或者撤回起诉。

法院宣告判决前，检察机关发现具有下列情形之一的，经检察长批准，可以撤回起诉：（1）不存在犯罪事实的；（2）犯罪事实并非被告人所为的；（3）情节显著轻微、危害不大，不认为是犯罪的；（4）证据不足或证据发生变化，不符合起诉条件的；（5）被告人因未达到刑事责任年龄，不负刑事责任的；（6）法律、司法解释发生变化导致不应当追究被告人刑事责任的；（7）其他不应当追究被告人刑事责任的。

对于撤回起诉的案件，检察机关应当在撤回起诉后30日以内作出不起诉决定。需要重新调查或者侦查的，应当在作出不起诉决定后将案卷材料退回监察机关或者公安机关，建议监察机关或者公安机关重新调查或者侦查，并书面说明理由。对于撤回起诉的案件，没有新的事实或者新的证据，检察机关不得再行起诉。

四、撤销案件

目前，以下案件可以由检察机关立案侦查：第一，检察机关在对诉讼活动实行法律监督中发现的司法工作人员利用职权实施的非法拘禁、刑讯逼供、非法搜查等侵犯公民权利、损害司法公正的犯罪；第二，公安机关管辖的国家机关工作人员利用职权实施的重大犯罪案件，需要由检察院直接受理的，经省级以上检察院决定的。

检察机关负责捕诉的部门对于本院负责侦查的部门移送起诉的案件，发现具有法定不起诉情形的，应当退回本院负责侦查的部门，建议撤销案件。

第六节　公诉权之转型升级

伴随着以审判为中心刑事诉讼制度改革的深入推进，顺应庭审实质化的客观要求，以证据为核心、以公诉为主导的刑事指控体系正逐步形成。改革叠加期给公诉权行使带来了前所未有的机遇和挑战，要强化公诉权的正当行使，亦需要从工作理念、工作模式、队伍建设等多方面实现转型升级。

一、工作理念的转型升级

从公诉制度产生的最初目的来看，公诉权的基本功能在于追诉犯罪。2012年《刑事诉讼法》修改，最显著的进步就在于从立法上改变把公诉权单纯看作追诉犯罪权力的认识误区，"将'尊重和保障人权'与'惩罚犯罪'放在同等重要的位置"。① 而随着我国刑事诉讼体系逐渐吸收合作性司法理念的有益因素，并形成合作式诉讼与对抗式诉讼并存的二元诉讼构造形态，② 合作性司法理念与对抗性司法理念的融合进程加快，需要及时调整公诉思路，将公诉理念调整到应然的法律定位上。

（一）要树立客观公诉的理念

公诉人出庭的直接目的在于追求程序正义和实体正义的统一实现，做到追究犯罪和保护人权并重，追求实体正义和程序正义并重。③ 检察机关行使公诉职权要恪守客观义务，既惩治犯罪，也保障犯罪嫌疑人、被告人的人格尊严和诉讼权利。全面收集犯罪嫌疑人罪与非罪、此罪与

---

① 黄太云：《刑事诉讼法修改释义》，载《人民检察》2012年第8期。
② 赵恒：《论检察机关的刑事诉讼主导地位》，载《政治与法律》2020年第1期。
③ 孙谦：《检察：理念、制度与改革》，法律出版社2004年版，第445页。

彼罪、罪轻与罪重的一切证据材料，排除不实证据、非法证据，对符合起诉条件的案件依法提起公诉，对不符合起诉条件的案件通过建议侦查机关撤销案件、作出不起诉决定等方式，尽早终结刑事诉讼程序。

（二）要树立"大控方"理念

捕诉分离的办案模式下，由于审查逮捕和审查起诉环节对证明的标准把握并不一致，侦监部门并不能充分考虑庭审需求。捕诉一体办案机制下，同一检察官同时行使批捕权和公诉权，检察官在受理案件之初，就应当围绕以审判为中心的刑事诉讼制度要求，改变传统批捕"被动"审查、流程过滤的角色，充分发挥公诉在审前程序中的主导作用，树立"大控方"理念，将庭审要求的案件质量标准向侦查环节传导，以起诉标准从批捕阶段开始关注侦查。对重大疑难复杂案件，从侦查方向、措施，甚至具体证据的取证予以引导，督促侦查机关从源头上打牢证据基础。从而减少退回补充侦查、延期等情况，也减少了案件在办案流程中出现的次数，优化"案－件比"，提高诉讼效率，节约司法成本。

（三）要树立主导履职的理念

对于认罪认罚案件，检察机关通过主导履职而非仅仅是主动履职，将其关注视角转移至法庭之外，与放弃无罪辩护的被追诉人达成有效的协商，再通过法官进行审理决定。传统司法程序中的判决是强加给被告人的，判决的执行依据是外部强制力。对被告人而言，这是一种他律的判决。而合作式诉讼中，被告人通过自愿认罪认罚、选择简化程序从而获得实体处理或者程序上的优待，就意味着被告人接受和服从了自己参与确定的判决内容，从"他律的外在强制"转为"自律的内在服从"，有利于犯罪人改过自新，回归社会。[①]

[①] 魏晓娜：《完善认罪认罚从宽制度：中国语境下的关键词展开》，载《法学研究》2016年第4期。

(四)要树立尊重庭审理念

庭审实质化是以审判为中心的刑事诉讼制度改革的重要内容,要求诉讼证据质证在法庭、案件事实查明在法庭、辩诉意见发表在法庭、裁判理由形成在法庭,保证庭审在查明事实、认定证据、保护诉权、公正裁判中发挥决定性作用。因此,审前程序之侦捕诉各环节的职能要围绕满足公诉人出庭支持公诉的需要而展开,立案侦查、收集证据、审查逮捕、审查起诉等各项活动必须以有效指控犯罪、完成出庭支持公诉任务为目标。① 公诉人要更加注重庭前准备,强化庭前证据审查,熟练运用示证质证策略,牢牢把握庭审的主动权,突出法庭辩论重点,实现良好的出庭效果。

二、工作模式的转型升级

2018年以来,检察机关全面实行捕诉一体办案机制,将"以最低的司法成本投入实现法治产品的最大化产出"作为检察机关满足人民群众司法新需求的重要着力点。②

(一)以机制建设为抓手,全方位提高工作效能

一是强化补充侦查机制。检察机关要进一步明确退回补充侦查的条件,建立人民检察院退回补充侦查引导和说理机制,明确补充侦查方向、标准和要求,便于侦查机关"照方抓药",及时补充收集指控犯罪所必需的证据,提升退查的时效性和精准度。

二是强化审前主导机制。加强审前主导,是检察机关适应以审判为

---

① 苗生明:《新时代改革背景下公诉工作的理念更新与顺势发展》,载《人民检察》2018年第2期。
② 戴佳:《强化人权司法保护准确适用刑事诉讼法》,载《检察日报》2019年12月31日,第2版。

中心刑事诉讼制度改革的必然选择。捕诉一体改革后,检察官在办理逮捕案件的同时,将庭审要求的案件质量标准有效向前传导,构建以公诉为主导的刑事指控体系,引导侦查人员收集、固定、完善证据,最大限度地将案件存在的问题解决在案件移送审查起诉前。

三是强化审前过滤机制。严把事实关、证据关、程序关和适用法律关,加强对证据"三性"的审查,对于达不到起诉标准的案件,依法作出不起诉决定,防止案件"带病"进入审判程序。探索建立完善科学分流的多元化的案件处理机制,形成简易案件效率导向、疑难案件精准导向、敏感案件效果导向的"简案快办、繁案精办"办案模式。

四是强化庭审主体机制。庭审实质化强调了庭审在查明事实、认定证据、保护诉权、公正裁判中的决定性作用,要积极探索建立被告人认罪案件与不认罪案件相区别的出庭公诉模式,充分发挥庭前会议对案件庭审的过滤效用和庭审简化效用。不断提高公诉人当庭讯问询问、示证质证、发表公诉意见和辩论、出庭应变的能力。

(二)以审判中心为导向,构建新型诉侦、诉辩、诉审关系

"以审判为中心是一个综合指标,是一个综合公、检、法和辩护律师正能量的合成。"[①] 强调"以审判为中心",意味着定案标准提高,无罪判决风险增加[②],检察机关需要重新梳理和定位侦捕诉三方的关系:

第一,在诉侦关系上,要深入推进以公诉为主导的刑事指控体系构建,以提前介入侦查引导取证为点,以类案侦查规范为面,以点带面,严格证据标准,充分发挥捕诉一体办案模式下检察机关在审前程序中的主导和分流作用。对重大疑难复杂案件以及敏感、新类型案件,要加强

---

① 樊崇义:《"以审判中心"的概念、目标和实现路径》,载《人民法院报》2015年1月14日,第5版。
② 苗生明:《如何建立健全与多层次诉讼体系相适应的公诉模式》,载《人民检察》2017年第1期。

对侦查程序合法性以及规范取证意识的引导和监督,协同、督促侦查机关从源头上打牢证据基础。既要积极加强与侦查机关的衔接,进一步建立健全引导取证、提前介入侦查等工作机制,强化对侦查的规制和引导,又要做到依法、适时、适度,避免不当干涉侦查。

第二,在诉辩关系上,要切实转变控辩观念,依法保障律师诉讼权利。尊重和保障人权是推进以审判为中心诉讼制度改革的重要价值目标,要正确处理好指控犯罪与保障人权的关系,努力构建平等相待、良性互动、彼此促进的新型诉辩关系,在法治框架内加强与律师的合作,如值班律师、刑事和解等,共同促进司法公正。

第三,在诉审关系上,要紧紧围绕庭审实质化,发挥庭审中指控和证明犯罪的主体作用。围绕一审重在解决事实认定和法律适用、二审重在解决事实法律争议,积极研究一审、二审不同的出庭模式。[①] 根据案件繁简程度建立不同的出庭模式。加强与审判机关对类案法律适用问题的沟通交流。尊重和支持法官在审判活动中的主导地位,使具有实质内容的庭审回归其本来位置,同时依法全面履行法律监督职能,共同促进庭审实质化,共同维护司法公正和权威。

三、队伍建设的转型升级

2019 年,检察机关内设机构改革全面完成,通过办案部门职能调整,按照"分门别类,一件事情由一个部门、一个机构去完成"的原则,[②] 将刑事检察分设为普通刑事犯罪、重大刑事犯罪、职务犯罪和经济金融类新型犯罪四个专业,[③] 并实行捕诉一体办案机制。改革对检察

---

① 苗生明:《如何建立健全与多层次诉讼体系相适应的公诉模式》,载《人民检察》2017 年第 1 期。

② 参见 2019 年 1 月 3 日国务院新闻办公室新闻发布会,张军检察长答记者问相关内容。

③ 未成年人案件不区分案件类别,一律由未成年人检察部门办理,此处按专业区分,并未涵盖在内。

队伍专业化提出了更高要求,在提升专业能力建设上,可以从以下角度加以推进:

(一)突出专业导向

专业化办案组更有利于检察官集中精力,精准办理某一类刑事案件,提升办案精细化水平。要将科学组建办案组与定向培养检察官相结合。根据检察官的办案经历、学术背景、个人特长等,合理安排检察官办理专业化案件。

(二)提升专业能力

实行捕诉一体办案机制后,检察官集批捕、起诉、出庭公诉、立案监督、侦查监督、审判监督职责于一身,必须尽快加强对薄弱环节的学习培训,掌握与新岗位要求相匹配的专业能力。例如,出庭指控能力是刑事办案检察官最重要、最核心的本领,对于原来主要负责审查逮捕工作的检察官,现阶段要尤其注意出庭能力的培养。

(三)树立专业思维

将组织专题培训与加强调查研究并重。一方面通过组织专业化培训、检察官教检察官等方式加强检察官专业素能提升,既要学习个案法律运用的分析方法,也要掌握类案的办理技巧。另一方面,检察理论研究是重中之重,也是基础工作中的基础,而理论要靠办案实践来丰富完善。要引导检察官加强对于疑难案件、法律适用等问题的总结分析,结合办案去思考深层次理论与实践问题,进而提升自己的专业素能。

第五章 比较视野中的未决羁押[①]与起诉制度研究

未决羁押是指尚未经法院判决的犯罪嫌疑人、被告人，司法机关为确保刑事诉讼的正常进行，对其实施监禁的强制措施。一般而言，很少有学者将未决羁押与起诉合并考察，因为不管在大陆法系还是在英美法系中，未决羁押的权限与起诉相关权限分属于不同的主体，两种制度之间并无明显的关联。笔者在此主要是为了便于更好地从捕诉关系的角度与域外的司法制度进行比较，以凸显我国刑事检察工作的特点。事实上，在域外未决羁押制度中，检察机关虽不具有决定性权力，但其在诉讼中的重要地位意味着其仍承担着与之密切联系的重要职责，而在域外各司法制度中检察官均拥有起诉权，在不同地区的司法实践中也投射出不同的样态。在进行比较研究的过程中，笔者主要围绕未决羁押制度和起诉的程序性内容展开，同时由于未决羁押是侦查活动不可分割的一部分，笔者也将对其进行简要介绍。

第一节 大陆法系中的未决羁押与起诉制度

大陆法系国家的检察机关通常在刑事诉讼活动中均承担着复合职

[①] 与未决羁押相类似的概念是审前羁押，一般认为未决羁押是法院生效判决作出之前所采取的羁押，而审前羁押仅指审判开始前的羁押。实践中审判期间的羁押通常是审前羁押的延续，故笔者在研究过程中主要采用未决羁押的概念，但是在下文论述的过程中，在涉及特定阶段的羁押时，也会采用审前羁押的概念。

能，多采用检警一体化的制度设计（尽管在实践中可能有所差异），检察官在审前阶段作用相当关键。一般来说，大陆法系的检察官对客观义务的要求程度较高，具有司法官或者准司法官的定位。检察官在未决羁押程序中，一般作为羁押申请人履行职责，在起诉过程中，除对符合法定条件的案件提起公诉外，还可通过行使裁量权对案件进行合理分流。

一、法国

作为现代意义检察官的诞生地，法国的检察制度拥有悠久的历史，对世界各国的检察制度产生了深远的影响。同时，与其他很多国家和地区一样，法国的检察制度也随着刑事诉讼制度的调整经历了多次的改革尝试。

（一）未决羁押

在法国的刑事诉讼制度中，未决羁押包括拘留和临时羁押。拘留是由司法警官（而非一般的司法警察）决定的对嫌疑人实施暂时剥夺人身自由的措施，通常只能持续极短的时间，一般不超过 24 小时，符合一定条件的，经预审法官批准后可予以延长 24 小时。[①] 临时羁押的性质类似于我国的逮捕制度，其决定权原本由专门的预审法官独享，2000 年的刑事制度改革设立了自由与羁押法官，主要行使对逮捕、羁押、保释涉及公民人身自由的事项的司法审查权。[②] 大致流程是由检察官向预审法官提出对嫌疑人实施临时羁押的请求，如预审法官同意，则将案件移送至自由与羁押法官处，经对席听审制度作出裁决。极个别情况下预审法官也可以在直接作出羁押的决定后，由自由与羁押法官再行审核。预审法官并非始终与检察官形成一致意见，在前者不同意后者的请求时，后

[①] 根据《法国刑事诉讼法典》的规定，对于未成年人犯罪，有组织犯罪的拘留时长、延长次数有相应的不同规定，在此不予赘述，仅陈述一般情形。

[②] 陈瑞华：《比较刑事诉讼法》，中国人民大学出版社 2010 年版，第 193 页。

者可进行抗诉。在特殊情况下，如重罪案件以及可能判处较重刑罚的轻罪案件，检察官也可以不经预审法官，直接向自由与羁押法官提出申请。值得注意的是对席听审制度，该制度创设于1984年，是促使后期羁押率下降的最主要因素，听审一般公开进行，与审判流程相似，法官须全面听取检察官和辩护方的意见，亦可主动询问与案件相关的细节。临时羁押最长时限以及期限届满后是否可以延长取决于所涉罪刑的轻重，一般而言，重罪案件比轻罪案件的羁押期限更长，有的可长达4年之久。①

（二）侦查

法国的刑事侦查模式是检警一体化的典型代表，检察官拥有广泛的办案权限，作为刑事办案活动的枢纽，领导司法警察开展相关的调查活动。在司法实践中，检察官主要负责确定侦查方向并作出重要决策，司法警察则负责实施具体的侦查行为。根据刑事法律规定，司法警察在了解有关犯罪的情形后，有向检察官报告的义务，其在侦查过程中所形成的一切涉案材料，包括证据、文书等，也需在侦查结束后全部移交给检察官，以供后者根据完备的信息对案件作出判断。当然，尽管从制度上说，检察机关有指挥警察的权力，但是在部分重大刑事案件办理过程中，检警之间的关系也面临着一定的冲突。② 这主要是由于两者的职能差异和专业领域的不同所导致的，相比之下检察官对取证活动的规范合法性要求较高，常常对后者形成较大的压力。为避免上述情形引发的司法警察服从效果的不佳，刑事法律特别规定检察官具有一定的考核司法警察的权力。另外，检察官的侦查权力也受到一定制约，如一旦对有关案件作出追诉决定，从程序上说就只有法官才有权予以终结，而不能自

---

① 施鹏鹏、王晨辰：《法国审前羁押制度研究》，载《中国刑事法杂志》2016年第1期。

② 施鹏鹏：《法国检察官的职权》，载《人民检察》2007年第17期。

行撤销。

由于法国保留预审程序，部分情形下检察官的侦查、起诉与预审法官有着特别的联系。严格意义上说，两者在重罪和部分轻罪案件办理的过程中分享侦查权限，在预审程序中，预审法官可以采取一切必要手段调取证据，并在侦查终结后将案件移交检察官审查起诉，后者若认为证据不足亦可要求前者继续调查。不过预审程序并非每起案件的必经程序，事实上其在实践中运用的比例相当低。① 这其中一个重要的原因是检察官掌握着启动预审程序的权力。只有重罪案件，检察官才必须将其移送预审，对于轻罪和违警罪是否需要进行预审，检察官可以自行裁量后作出决定。实践中检察官不仅较少在轻罪案件中移送预审，有时还通过将重罪案件轻罪化，以绕开预审程序。因此大多数需要起诉的案件由检察官直接将案件移送审判。②

（三）起诉

关于检察官起诉职能的行使，因法国的公诉制度奉行起诉便宜主义，检察官对侦查终结的案件处置有着充裕的裁量空间。除移送起诉外，司法实践中检察官每年作出裁量不起诉案件的比例相当可观，占每年的案件总数的五分之一到四分之一。此外，检察官可以适用包括以刑事和解和刑事调解在内的追诉替代程序以实现案件的合理截流。③ 正是由于制度和实际中检察官的较大权限，立法在有关方面作出了约束，主要是赋予当事人由通过复议程序进行救济的权利，以及由法官对检察官的相关决定进行审核以实现监督。此外，对于起诉的轻罪和违警罪案件，检察官还能够决定适用何种审判程序类型，通常情况下诉讼经济是

---

① 马静华：《侦查到案制度比较研究》，载《中国法学》2009 年第 5 期。
② 龙宗智：《检察官客观义务论》，法律出版社 2014 年版，第 87 页。
③ 甄贞、宋洨沙：《法国检察机关的职能与最新发展》，载《人民检察》2012 年第 1 期。

检察官进行程序选择需要考虑的主要因素。

二、德国

(一) 未决羁押

德国的未决羁押分为暂时逮捕①和待审羁押。暂时逮捕无需令状，但是适用的条件有限：一类是在发现现行犯罪或追捕时，如行为人有逃亡嫌疑或身份不能立即确定的，此时任何人（不限于执法人员）都可以将其暂时逮捕（《德国刑事诉讼法典》第127条第1款）。当然普通公民在行使上述权利后，须尽快将嫌疑人移交至警察处，由警察进行询问调查。另一类是只有检察官和警察有权实施的，主要包括以下几种具体情形：一是在适用羁押令和安置令的前提条件存在的情况下，如果拖延会造成危险的（第127条第2款）；二是上述现行犯或被追捕的人有极大可能尽快接受裁判且其有逃避法庭审理的风险的（第127条b第1款）；三是在只有逮捕的情形下才能够查明嫌疑人身份的（第127条第1款）。上述情形如被逮捕人未被释放，则必须在被逮捕的次日前移送至法官处接受询问（第128条第1款）。其后果有两种：一是法官认为逮捕无正当理由或者相关理由已经不存在，行为人应被释放。二是法官以羁押令或安置令确认其继续接受人身羁押的状态（第128条第2款）。

待审羁押主要是在被指控人具有犯罪行为的重大嫌疑，且存在羁押理由的情形下适用。根据《德国刑事诉讼法典》第125条的规定，有地域管辖权或被指控人所在地的地方法院法官，依检察官申请，或者在无法联系检察官且延迟就有危险时依职权签发羁押令。② 此为依令状羁押。对于以羁押令拘束行为人的，同样最迟须在次日将行为人接送至逮捕地

---

① 此处的逮捕与我国法律语境中含义不同，其主要是指一种行为人被控制的瞬时状态。

② 宗玉琨译注：《德国刑事诉讼法典》，知识产权出版社2013年版，第114页。

的法官，由法官进行询问，以决定维持羁押（第 115 条）、停止执行羁押令（第 116 条），抑或撤销羁押令（第 120 条）。待审羁押期间一项重要的程序是以言词审理方式进行的羁押审查，通常依被指控人的申请进行，有时也可以由司法机关依职权启动，检察官、被指控人和辩护人作为出席的参与人，均可向法官陈述意见，法官也可根据需要进行证据调查，以裁决是否撤销或者停止执行羁押令。如最终结果是维持羁押，被指控人在羁押满三个月且距离最后一次言词审理满两个月后，才能再次申请言词审理。

（二）侦查

从文本制度上考察，德国的侦查活动同样采取的是检警一体化，即由检察机关掌握侦查的启动和终结的权力，检察机关也有权要求警察机关实施相应的侦查行为，且部分特殊调查措施须事先经检察机关同意（如派遣卧底侦查员，《德国刑事诉讼法典》第 110 条 b），或者在特殊情形下由检察机关事后确认。不过检察机关所拥有的调查权限也受到一定限制，对于严重侵害公民人权的侦查措施，则必须经法院同意。如上所述卧底侦查员若要进入不可公共进入的住宅的，须经法院同意或者在紧急情形下由法院事后确认。从这一角度看，上述对羁押的严格程序，只是诸多涉及人权保障领域的司法审查的一部分。德国检察制度特别强调客观义务，在法律条文中明确了检察机关不仅应侦查对被指控人不利的情况，还应当侦查对被指控人有利的情况（第 160 条）。除通过司法权来监督侦查权外，也通过强化被追诉人的辩护权来监督侦查权，[①] 例如在对被指控人进行询问前，必须告知其可以随时有权咨询其选任的辩护人，如未告知其享有沉默权，那么原则上证据缺少证据能力，不得在诉讼中使用。

---

① 施业家、罗林：《中德侦查监督机制之比较与我国侦查权监督机制的完善》，载《法学评论》2011 年第 5 期。

需要指出的是，司法实践中德国绝大多数刑事案件的侦查工作实质上仅由警察机关独立完成，法律赋予检察官主导侦查的职能较少在案件中落实。典型的情况是警察常常自主地将侦查程序进行到底，方才向检察机关移送侦查结果。① 其实并不难理解，大多数检察机关并不具备警察机关所拥有的侦查技术和人力资源，② 在巨大案件数量的压力之下，其更偏向于进行案卷处理，仅仅在个别需要专业知识和经验的案件中投入相应的精力。

（三）起诉

德国的刑事诉讼曾经长期坚持法定起诉主义，起诉裁量空间随着近来制度改革才逐渐增加。除因罪责轻微不起诉的，经法院同意，检察机关可以不予追诉外，因证据不足、政策等理由不起诉的比例相当高，有时占当年侦查终结案件数量的一半以上，而提起公诉和行使处罚令程序的案件比例相当——真正接受法庭审判的约占案件总数的一成。③ 对于检察官指控的罪名，法院经审理认为不成立的，可以直接认定新的罪名，不过裁判所依据的事实内容仅限于起诉书中列明的范围，对于审理过程中发现新的事实的，可通过追加起诉制度予以解决。为提高诉讼效率，这一追加可以经被告人和法官的同意，以口头方式提出。④ 不过法庭审理开始后，公诉不得撤回。基于客观义务的要求，这也就意味着当检察官认为证据不足以定罪时，可要求法官判决被指控人无罪。⑤

---

① 龙宗智：《检察官客观义务论》，法律出版社 2014 年版，第 44 页。
② 董邦俊：《侦查权行使与人权保障之平衡》，载《法学》2012 年第 6 期。
③ ［德］托马斯·魏根特：《检察官作用之比较研究》，载《中国刑事法杂志》2013 年第 12 期。
④ 陈瑞华：《比较刑事诉讼法》，中国人民大学出版社 2010 年版，第 326 - 328 页。
⑤ 龙宗智：《检察官客观义务论》，法律出版社 2014 年版，第 38 页。

三、日本

在19世纪下半叶明治维新的过程中,日本以法国、德国等欧洲国家为学习的主要对象建立了现代化法律制度,成为亚洲国家中大陆法系的典型代表。20世纪中叶,日本在"二战"后的政治法律制度重建的过程中又受到英美法系的影响。上述复合因素导致日本检察官的裁量权方面具有大陆法系的特点,但是在职能、地位上则与英美法系有一定相似之处。[①]

(一)未决羁押

日本刑事诉讼中的未决羁押主要分为拘留和逮捕。其中拘留分为三种:一般拘留、现行犯拘留和紧急拘留。一般拘留须依据法官签发的拘留令执行,检察官和司法警察(须符合一定条件)可以申请拘留令,执行的主体则包括司法警察以及司法巡查,但是只有司法警察才能够行使告知和听取辩解的职责,如在听取辩解后,认为没有必要羁押的,必须释放,如认为需要继续羁押的须在48小时内,将嫌疑人及有关文书、证据移送给检察官。针对现行犯的拘留则不需要令状,且任何人都有权拘留。当然,对于被拘留的嫌疑人,必须立即移送侦查机关,由侦查机关进行后续处置。对于紧急拘留,则是对无法取得拘留令的情形下,先拘留嫌疑人,再立即申请拘留令(此时司法警察和司法巡查均有权申请)的程序,有时是在警察进行盘问时实施,有时则由自首等情形转化而来。[②]

检察官在听取被拘留的嫌疑人辩解后,如果认为需要继续羁押的,

[①] 肖建华、石达理:《日本的检察制度及其运作特点》,载《人民检察》2011年第7期。

[②] [日]松尾浩也:《日本刑事诉讼法》(上卷),丁相顺译,中国人民大学出版社2005年版,第57-64页。

须在嫌疑人被拘留 72 小时内（警察拘留后移送案件）或 48 小时内（自行拘留案件）内向法官提出逮捕申请，该请求权只能由检察官行使。法官对逮捕的裁决是通过"逮捕询问"实现的。逮捕询问一般在法院内进行，法官裁决的基础主要是检察官提供的证据资料、对嫌疑人的询问等，必要的时候法官也可以进行事实调查。对法官批准或不批准逮捕申请的决定不服的，嫌疑人和检察官均可以向法院提出准抗告。逮捕的羁押要依据法官签发的逮捕令，在检察官的指挥下执行。侦查阶段的逮捕羁押期限较短，原则上是检察官申请逮捕之日起 10 日以内，如检察官未在上述期间内提起公诉的，或者释放嫌疑人，或者申请法官批准延长，但延长的时限同样不能超过 10 日。倘若检察官在法定期间内提起公诉，则逮捕羁押期限为 2 个月，如期限届满仍需羁押的，亦可延长，原则上以一次为限度。①

（二）侦查

在日本的刑事诉讼中，检察官与警察均为侦查主体，检察官在侦查活动中具有优势地位，但一般认为其并未实行与法、德相似的检警一体模式。客观来看，其检察主导侦查的模式也仅停留在制度层面，实践中少有体现。绝大多数由警察实施侦查的案件，在侦查结束后向检察官进行移交，侦查过程中对有关物品的搜查、扣押，同样需要依据司法令状实施，警察有权直接向法官申请。因此侦查过程中检察官和警察的必然交集，通常只是在申请逮捕环节出现。不过由于日本检察机关组建了特搜部这样的专门机构，解决了检、警不同隶属关系下的指挥乏力问题，使得日本检察官拥有了不同于欧陆国家的实质侦查权。② 这一实质侦查

---

① ［日］松尾浩也：《日本刑事诉讼法》（上卷），丁相顺译，中国人民大学出版社 2005 年版，第 104 – 114 页，第 223 页。
② 万毅：《论检察制度发展的东亚模式——兼论对我国检察改革的启示》，载《东方法学》2018 年第 1 期。

权在很大程度发挥检察官法律专业水准，为检察机关赢得极高声望和社会评价的同时，也凸显出一系列问题。由于权限过大、监督乏力，在特定司法文化的背景下，部分检察官在诉讼活动中寻求对被告人定罪的倾向曾引发了严重的案件问题。①

（三）起诉

日本的刑事诉讼贯彻彻底的国家追诉主义和起诉独占主义，亦即仅由检察官享有所有刑事案件的追诉权。其精密司法的传统体现在起诉实践上，就是检察官要求提起公诉案件达到近乎绝对的有罪判决的盖然性。因此在极低的无罪判决率背后，日本的检察官对于侦查终结案件的流向有着较大的权限。除法定的无罪、证据不足的不起诉之外，针对符合提起公诉条件案件的起诉犹豫（又称缓期起诉）是一项颇为重要的刑事制度。为抑制起诉便宜主义可能带来的权力滥用风险，日本刑事诉讼专门设置了极具特色的检察审查会，由一定数量的拥有选举权的公民组成具有"陪审团"性质的组织，对检察官所作出的不起诉决定进行审查，经过两次审查作出"起诉适当"决定的，检察官必须提起公诉。②此外，仅针对公务员滥用职权罪而设置的交付审判请求程序（准起诉程序）③，也能够在实现被害人救济方面发挥关键作用。而在提起公诉以后，基于查明事实的需要也可以继续进行侦查，不过由于嫌疑人身份的变化，考虑到控辩双方的平衡，法官进行调查的范围和方式存在一定限

---

① 吴常青：《日本检察侦查权监督制约机制及启示》，载《中国刑事法杂志》2013年第4期。

② 肖萍：《日本检察审查会改革及其启示》，载《上海大学学报（哲学社会科学版）》2013年第5期。

③ 主要是对于检察官拟对滥用职权犯罪不予起诉时，控告人或者举报人可以向法院请求交付审判（请求书只能由检察官递交），由法院以合议庭的方式进行审查，如认为请求合法，则可以将案件移送有管辖权的法院进行正式审判，此时由法院指定专门律师履行检察官职务。

制,具有强制性的侦查手段,须由检察官向法官提出申请才能进行。

第二节　英美法系中的未决羁押与起诉制度

英美法系中的检察制度具有一定的当事人主义色彩,其相对宽松的人员任免机制使得从事检察工作人员的流动性较高,不过较为发达的法律职业群体能够为其专业程度提供一定保障。在英美法系的诉讼制度中,未决羁押与保释制度密切相关,较长时间的人身自由约束同样需要经过严格的司法审查,一般来说嫌疑人获得保释的可能性较大,羁押仅在较小的范围内发挥作用。需要注意的是,虽然同为英美法系的代表,但英国和美国的检察官制度有不少差别,相比于英国的检察官,美国检察官所承担的刑事诉讼任务更加复杂,同时美国由于联邦与州之间的分权关系,检察机构的职能和设置不尽相同,不同的州的刑事诉讼程序也有一定的差异。

一、英国

一般认为,英国的检察制度形成较早,但是相应的检察权(或称为控诉权)长期由个人、大陪审团和司法行政官员所分享。[1] 检察工作专门化的时间则较晚,英国的皇家检察署是依据《1985年犯罪起诉法》成立的,是一个相对年轻的检察系统,其承担的职能较为单一,仅限于检控,与警察署属于建议与合作的关系。[2] 检察官一般由律师担任,主要负责对警察的侦查活动提供专业性的建议,并在司法活动中作为控诉方发表意见。

---

[1] 何勤华、王思杰:《西方检察权发展简论》,载《人民检察》2012年第11期。
[2] 李洪朗:《英国检察制度评介》,载《法学评论》2000年第1期。

在英国的刑事诉讼中，检察官并不直接参与侦查活动，具体由侦查警察和羁押警察分别完成对案件的侦查行为和对嫌疑人的羁押工作。不过检察官仍然在一定程度上对警察机关的办案行为造成影响。根据2003年《刑事司法法》的规定，除少数微罪案件外，完成侦查的案件须移交检察机关，由其决定是否启动起诉程序。这就意味着，检察官仍然可以通过起诉把关对侦查行为形成适当压力。

（一）未决羁押

同大陆法系国家的执法人员一样，警察也能够以无证逮捕和有证逮捕对嫌疑人进行拘束，但羁押时间以24小时为限，符合法定条件的，可经高级警官或者法官的批准予以延长，最长可达96小时。如在上述时间内，羁押警察未决定对嫌疑人保释的，需将其移送治安法院，由法官裁决是否应继续对其进行羁押。① 在嫌疑人第一次出庭（又称首次聆讯）过程中，检察官向法官提出指控的罪名、证据情况以及是否可以保释的意见。嫌疑人和律师可对其进行反驳。除对个别罪行轻微、被指控人认罪的案件可以进行直接判决外，法官一般需要作出是否保释的决定。如嫌疑人被拒绝保释，其将面临20日羁押的期限，法官将定期对羁押的必要性进行审查，作出继续羁押或准予保释的决定。② 一般而言，羁押期限长短取决于具体的案件情况。对于需要在刑事法院审判的重罪，从首次聆讯到移送起诉间的羁押时限可达70日，从移送起诉到刑事法院审判的羁押时限可达112日。

（二）起诉

由于独特的法律传统，英国有条件的保留了私人起诉制度，但实践

---

① 陈瑞华：《比较刑事诉讼法》，中国人民大学出版社2010年版，第267页。
② 陈卫东、刘计划：《英国保释制度及其对我国的借鉴意义》，载《人民检察》2003年第3期。

中绝大部分刑事案件由检察官起诉。与大陆法系审查起诉大多由检察官独立完成不同，除通过简易程序审理的简易罪行外，其他由警察或检察官起诉案件，均需要由治安法院进行审查（又称交付审判或预审程序），由法官决定案件是否符合进行审判的标准。当然，在向治安法院移送案件之前，检察官需审查案件的证据情况以及起诉决定是否符合公共利益。前者主要是要考虑被指控人获得有罪判决的可能，一般认为这种可能性只需超过50%即可，后者则主要是权衡被指控人的相关情况，如年龄、身份、心理状态、罪行的轻重，以判断是否有启动追诉的必要性。而在交付审判程序中，治安法官须以公开开庭的方式进行听证，控辩双方可以向法官提交证据、询问证人，后由于严重的诉讼拖延问题，相关的证据审查改为书面形式。若法官经审查决定将案件交付审判的，还需决定其接受审判的形式，如可以适用简易程序的，经被指控人同意，可进入实质审理程序；如需要在刑事法院接受正式审判的，由检察官向刑事法院提出正式的公诉书。①

与辩诉交易在美国由来已久且普遍适用相对应的是，在过去相当长的时间内英国的判例制度对辩诉交易持否定态度，直到2005年的一起案件的判例中，英国上诉法院终结了否定辩诉交易的历史。② 根据《皇家检察官守则》，检察官可以在考虑罪刑一致的前提下与辩方进行指控交易，不过检察官并没有向法庭提出量刑建议的权力，只能凭借专业素养给予被指控人以相应的参照标准，根据被指控人做出有罪答辩的情况（主要考虑诉讼阶段），其最多可享受三分之一的量刑优惠。③ 具体来看，在刑事法院管辖的诉讼程序中，被指控人可以在检察官同意其认罪决定的前提下，请求法院书面告知其认罪情形下的刑罚。对此，被指控

---

① 韩红兴：《刑事公诉案件庭前程序研究》，中国人民大学2006年博士学位论文，第46页。
② 李温：《英国检察制度改革的几个问题》，载《人民检察》2008年第13期。
③ 杨先德：《英国辩诉交易最高减让三分之一量刑》，载《检察日报》2016年11月1日，第3版。

人需说明其认罪的罪名、事实,而检察官需提供与量刑相关的案件基本情况。在治安法院管辖的简易罪案件中,还允许被指控人通过书面方式认罪,具体是由检察官向被指控人进行法律送达时告知其书面答辩的权利及后果,不过对于此种方式的认罪答辩,法官可以通过自由裁量决定是否接受。①

二、美国

美国的检察系统具有分散化的特点,基于联邦和各州的特殊关系,不仅联邦与州检察机关之间没有隶属关系,且州检察机关与市镇检察机关(部分州未设立市镇检察机关)之间也互相独立。② 由于联邦法律和各州法律不尽相同,因此关于刑事诉讼中的有关程序规定,在具有共性内容的同时也存在一定差异。

(一)未决羁押

美国刑事诉讼制度也遵循着逮捕与羁押相分离的原则,逮捕这一对人身自由拘束力度最强的措施只是作为保证嫌疑人到案的手段。无证逮捕可由警察和普通民众在法定的紧急状况下实施,实践中这一情形相当多见;有证逮捕则在以法官签发的逮捕令的前提下由执法人员实施,通常警方在申请令状时需提交宣誓文件等材料,根据《全美检察准则》的建议,检察机关应在警方提交上述文件前进行快速的法律审查,尽管这一审查不具备强制性,但是在一定程度上有利于降低法官的否决率。无论以何种方式对嫌疑人予以控制后,如警方未对其进行保释,均要遵守无不必要拖延的原则,迅速将其移送至治安法官处,接受第一次听审。这一程序相对形式化,主要是为了向嫌疑人告知其权利并由法官决定其

---

① 郑曦:《英国被告人认罪制度研究》,载《比较法研究》2016 年第 4 期。
② 刘国媛:《中外检察机关组织结构比较研究》,载《人民检察》2014 年第 15 期。

是否可以保释。在美国，保释被视为一项基本权利，除特别严重的犯罪外，被羁押的嫌疑人可以在逮捕至终审判决前向法院进行申请。需要补充说明的是，近年来美国针对审前羁押活动逐渐形成较为完善的必要性审查机制，其中审前服务机构发挥着重要的作用，其通过细致的风险评估为法官的决定提供一定的参考，并能够对保释人员进行有效的监管。[1]

美国刑事诉讼中的羁押时限并没有一个确切的上限，其对羁押的控制主要是通过迅速审判权[2]的保障实现的。联邦最高法院在1971年通过判例确定了速审权附着的控诉后法则，也即嫌疑人在被逮捕或起诉开始正式享受快速审判的权利。例如，根据联邦的速审法规定，起诉书（包括检察官起诉和大陪审团起诉方式）应在被指控人被逮捕或接受传唤之日起30日内提出，提出起诉书或第一次听审之日起70日内必须开始审判，当然，法律也作出了特殊情况下可以进行期间排除以及审判延期的规定。[3]

（二）侦查

由于在时间和空间上更接近犯罪，大多数刑事案件的主要侦查活动由警察完成，在此类案件中，检察官有时可以基于诉讼经验进行引导或者协助开展相关的调查工作，但其提出的指导意见并无直接的强制后果，警方可以选择听取或拒绝。不过因案件的侦查结果须交由检察官进行裁量，决定是否予以起诉，故检察官关于案件证据的重点意见对警方的侦查工作也能起到一定影响。此外，与英国的刑事检察制度有较大不同的是，美国联邦和部分州的检察系统设置了一定的侦查力量，能够在必要的时候（如存在利益冲突等不宜由警方侦查的案件，警方缺乏相应

---

[1] 蓝向东：《美国的审前羁押必要性审查制度及其借鉴》，载《法学杂志》2015年第2期。

[2] 该权利由美国宪法第六修正案所规定："在任何刑事诉讼中，被告享受快速审判的权利。"

[3] 王兆鹏：《美国刑事诉讼法》，北京大学出版社2014年版，第417-432页。

资源等情形），启动侦查程序并自行采取侦查行动。实践中，一般情形下对犯罪的搜查和逮捕等行动仍需在警方的配合下完成。①

有学者认为，美国的大多数州的侦查机关应是大陪审团，警察以及检察官的地位在制度设计上仅为侦查的辅助者。这主要是因为侦查过程中的强制手段仅为大陪审团所有，例如强制证人到庭并于封闭环境中询问证人，强制获取物证等，无正当理由拒绝者，可以藐视法庭罪处罚。而检察官与辩护律师在诉讼中的平等地位，除非有法律的专门授权，一般并不能行使传唤或是提出命令。即使部分州赋予了检察官一定的调查询问权，但是这种询问的程序和强制程度与大陪审团调查也有着较大差异，即使证人拒绝到场或不履行相关义务，一般也不会产生被认为藐视法庭的效果。②尽管如此，启动大陪审团调查程序以及预审程序的权力为检察官所有，对指控事实和证据的掌控，使其很容易凭借特殊的控诉地位得到非专业化大陪审团关于强制取证的许可。检察官也常常利用这一途径通过大陪审团获取某些案件中的关键证据。③

（三）起诉

美国的刑事诉讼中最具特点的是辩诉交易制度，检察官在其中发挥着极其重要的作用。检察官可与被指控人进行控罪和量刑方面的协商，通过减少罪状或是提出较低的刑罚以换取被指控人的有罪答辩以实现案件的快速处理。辩诉交易可以在审判前的任何阶段进行，法律亦无对其适用范围的限制，作出有罪答辩的被指控人将放弃接受陪审团参与审判的权利，只要被指控人是基于自愿和理智作出的，多数情况下法官都会采纳控辩双方形成的协议。由于其对诉讼资源节省效果突出，在实践中

---

① 张鸿巍：《美国检察机关立案侦查阶段之职权探析》，载《中国刑事法杂志》2012年第4期。
② 王兆鹏：《美国刑事诉讼法》，北京大学出版社2014年版，第546–549页。
③ 何家弘：《论美国检察制度的特色》，载《外国法议评》1995年第4期。

得到了广泛的应用,有大约九成的刑事案件进行了辩诉交易。不过由于辩诉交易缺乏足够的约束,其对案件当事人权益的侵害引发了各界的广泛关注,对其进行改革的呼声日益增多。①

关于起诉程序,轻罪和重罪案件有着不同的处理。轻罪案件由治安法官进行审判,无需经过特别的预审环节。而重罪案件需要经过专门的起诉审查,具体包括陪审团起诉和检察官起诉两种情形。适用前者的,先由治安法官进行预审,检察官通过举证证明案件达到起诉标准,如治安法官予以认可,则再交由大陪审团裁定。适用后者的,检察官起诉的案件通过治安法官的预审,方可向法院提出起诉书。②

需要指出的是,相比于被指控人较强的自我防御机制,被害人的利益受损的救济能力相对较弱,由于美国的刑事诉讼没有私人起诉制度,如检察官拒绝指控,则被害人通常无法实现对嫌疑人刑事责任的追究,即使部分州规定了法官可以审查检察官的不起诉决定,但无权强制起诉,实践中这一程序也极少发挥作用。③ 事实上,美国检察官在其本土法治环境下的较大权限,使得有关学者认为其今后的改革需以控制自由裁量的风险和创设问责机制为重点。④

第三节 域外未决羁押与起诉制度之评析

无论是大陆法系还是英美法系的国家和地区,大多都将未决羁押的批准权力赋予法官,通过司法审查的方式作出。逮捕(有时称为拘留)仅作为被指控人接受审查的前置手段发挥确保其到案的功能,其持续的

---

① 陈瑞华:《比较刑事诉讼法》,中国人民大学出版社2010年版,第418-423页。
② 王兆鹏:《美国刑事诉讼法》,北京大学出版社2014年版,第577-579页。
③ 上官春光:《美国的检察权监督制约机制架构与评析》,载《人民检察》2006年第12期。
④ 张鸿巍:《美国检察制度溯源与发展》,载《中国刑事法杂志》2009年第11期。

时间较短，而较长时限的羁押需要经过较为正式的程序进行裁决。相比之下，起诉制度的运行则呈现出一定的差异。从某种程度上说，检察官在未决羁押和起诉活动中扮演的角色有相似之处，均需要说服法官作出不利于被指控人的决定（约束其人身自由或是作出有罪判决）。但是在启动上述有关程序前，其一般也拥有一定的自主权，例如是否有必要申请对被指控人进行羁押，或者是否将该案移送预审或直接起诉。未决羁押制度和起诉制度只是刑事诉讼的部分环节，其功能价值的发挥依赖于整体的诉讼架构和诉讼环境。尽管域外各国和地区的相关制度内容不尽相同，但均是体现司法公正和司法效率程度的重要节点。

一、未决羁押的运用受到严格限制

基于保障个人权利的考虑，羁押与扣押、秘密侦查等措施一样，均需要司法机关的授权方能实施。不过其他措施通常直接涉及证据的调取，因一般缺乏可替代性而争议较少，而羁押作为对人身自由这一重要权利的干预，其提供的程序保障和预防效用有时并非绝对必要，因此适用的优先程度应当最低，属于不得已而适用的最后手段。故无论是在域外刑事诉讼制度，还是实践中，未决羁押的适用都被控制在一定的范围内。

（一）司法机关对强制措施的谨慎适用

总的来看，关于未决羁押的审查往往在侦查活动开始后较短的时间内进行，案件的证据并非总是能够达到指控犯罪的理想状态，司法审查（有时并非仅为了进行决定羁押这一个事项）则为拥有羁押决定权的法官提供了全面的信息来源，无论是在职权主义还是对抗主义的诉讼模式中，拥有专业素养的检察官和辩护人能够从各自的角度对案件的焦点问题提出意见，作为法官裁判的基础。在大陆法系的国家和地区，检察官一般拥有申请羁押的权力，事实上也能够过滤相当比例无需羁押的案件，减轻法官的压力，从某种角度说，基于法官对检察官的较多信赖，批准羁押申请的比例并不低。在英美法系的国家和地区，大多数被指控人获得保释已经成为普遍接受的现实，警察机关和作为法律顾问的检察官亦不会刻意追求对嫌疑人的羁押，甚至在某些情形下，控辩双方可以在听审过程中就保释形成某种协议，法官在很大概率上也并不会予以反对。

未决羁押不仅有着审查程序上的严格要求，其适用条件也较为复杂。其目的一般包括避免被指控人逃避追诉、干扰调查取证工作以及防止其实施新的犯罪。司法实践中，除在部分情形下因被指控人确实因违反相应的义务（如骚扰证人，拒绝按时到庭接受调查）而被羁押外，在大多数案件中对上述条件的认定具有预先判断的色彩。为防止这种决断过于草率，不少国家的法律作出了诸如有"相当的理由足以怀疑"被指控人会作出干扰诉讼的行为（日本），具有"高度危险性"的人员不能保释等关于辅助判断的提示性规定。

一般而言，被指控人所涉嫌的罪行的严重程度能够作为判断是否需要进行羁押的基础。有些国家因此作出了排他性规定，例如法国对适用临时羁押的犯罪，在可能判处的刑罚上作出了较高的限制，规定仅对会判处3年以上监禁刑的犯罪才能适用未决羁押，因而相当比例的轻罪案件就被排除在适用范围外，而德国则明确规定不得以需要调查为由对仅可能判处6个月以下监禁刑的被指控人进行羁押。反过来说，为避免一些重大犯罪的嫌疑人利用法律对羁押的审慎态度影响诉讼的进行，部分法律对特殊类型的犯罪行为作出较少的适用限制，如德国规定对实施严重人身伤害或是危害公共安全的犯罪（主要包括爆炸罪、残害人权罪、谋杀罪等），在被指控人具有较低程度的妨害诉讼的行为即可认为具备羁押理由。[①]

替代措施是否有效也是影响是否作出未决羁押的重要因素。无罪推

---

① 陈瑞华：《比较刑事诉讼法》，中国人民大学出版社2010年版，第294–303页。

定是法治国家在刑事诉讼中所要遵循的基本原则，这意味着未决羁押不能作为惩罚性手段予以滥用。无论是确保嫌疑人到案还是其到案后的约束，在制度上都存在一定的替代措施，这使得法官可以在非极端案件中，在替代措施无法实现约束目的时再适用羁押手段。在美国，检察官可以向法官申请使用传票来通知嫌疑人到庭听讯，如嫌疑人拒不到庭的，法官得签发逮捕令进行拘束。法国则有着一套较为完备的司法管制制度，例如对被指控人的行动自由、会见范围进行限制，禁止其进行驾驶机动车、签发支票，要求其对被害人进行预先补偿等，一方面减轻其犯罪行为造成的危害后果，另一方面使其以尽可能小的代价接受法律审判，在客观上提升特殊预防的效果。另外，电子脚镣等借助定位技术的设备能够为约束嫌疑人提供更加安全有效的保障。显而易见的是，羁押比例的控制有助于维持国家在治理犯罪过程中的较低成本。

需要指出的是，上述替代措施或者保释或许能够确保被指控人及时到场或到庭，但是其对侦查取证工作的影响如何，在大多数情形下无从得知。涉及贿赂、诈骗等高度隐蔽犯罪行为的取证工作，对于全世界范围内的司法机关都是普遍难题。信息时代，嫌疑人在具有一定自由的情形下，对相关证据特别是言词证据进行掩盖或销毁只需要付出极低的代价，当然这不足以成为扩大羁押措施适用范围的理由。事实上，要真正实现对犯罪追诉和人权保障的目标，仍需要建立在高效侦查和快速审判的基础之上。

（二）救济制度相对完善

尽管整体上看，羁押措施的适用已经控制在一定范围内，但司法活动对公正的价值追求意味着相应的救济制度仍不可或缺，以确保司法裁决在发生错误时，被指控人能够通过一定的渠道维护自身的权利。诉讼活动具有延续性的特点，因此羁押的决定不仅可能在首次作出时就是不适当的，也可能在诉讼推进的过程中，因某些情况的变化而不再必要。

前者一般通过被羁押人的上诉或是抗告途径进行救济，此时，进行审查的一般是上级法院（有时也会是本级法院），后者则一般通过保释和复审途径进行救济，进行审查的一般为作出羁押决定的法官。

在大陆法系中，被羁押人针对法官作出的羁押决定不服的，可以向上级法院进行上诉（抗告），通常对于上一级法院的裁定不服的，可以继续向更高一级法院提出上诉。受理上诉的法院围绕被羁押人的申请进行审理，有时可以采取言词审理的方式了解控辩双方的意见，并依职权开展证据调查工作，有时则不进行言词审理，主要通过听取控方的意见（辩方的意见已先行提交）后进行决定。更常见的一种救济方式是被羁押人在法院持续进行的羁押审查（有时称羁押复审）中申请撤销羁押。如前所述，羁押作为约束人身自由严厉的手段，最长可达数年之久，其决定并不是一锤子买卖，而是需要司法机关在一定期间内进行重复的审查，以决定是否有延续羁押期限的必要。被羁押人可以申请司法机关在复审的过程中采取言词审理的方式，以充分保障自己的意见为法官所知晓。为了在给被羁押人提供充分救济途径的同时不至于使司法资源过度消耗，被羁押人申请羁押复审的时限需满足一定条件（详见第一节）。

在英美法系中，与在大陆法系中每隔一段期间可申请羁押复审相似的是，被羁押人可以在法院判决前持续申请保释，其一般没有关于时间和次数的明确限制，关于保释的听审通常以言词审理的方式进行，以便控辩双方充分阐明理由。对于法官拒绝保释的决定，被羁押人也可以向上级法院进行上诉，受理上诉的法院须以同样的程序再次进行听审，并直接作出是否允许被羁押人保释的决定。值得一提的是，在某些情形下，侦查行为是否足够有效率也被纳入到法官考虑是否需要作出延长羁押期限决定的基础中，这对于保障被指控人快速接受审判有着积极的意义。此外，英美法系独特的人身保护令制度也在对抗非法羁押的过程中起到重要的作用。拥有发布人身保护令的法院，在美国是所有作出羁押决定法院的上级法院，而在英国则只限于高等法院王座庭。其主要针对的问题是羁押的命令是否是在法律规定的管辖范围内作出的,如果被羁押人能够证明羁押违法,则能够以获取令状的方式立即获得自由。

在被羁押人参与上述程序的过程中,辩护律师的作用相当关键,相关国家和地区对被指控人有获得律师帮助的权利均作出了明确规定。侦查人员讯问时律师须在场,嫌疑人可随时会见律师,律师参与听审程序、代表被指控人发表意见,提出有关申请等方式,也给予律师维护当事人利益足够的空间。

二、审查起诉环节的分流作用较为突出

通过对部分案件分流数据的观察我们不难发现,相比于发案数量,最终进入审判环节的案件所占比例非常低。当然这也与域外一些国家和地区将违警罪等相当于国内违反治安管理处罚法的行为纳入刑事治理范畴有关。不过总体来看,即便剔除一部分微罪行为,审前环节的案件分流效率仍然相当可观。这主要是由于检察官作为审前阶段的重要诉讼参与力量,其充分运用法律所赋予的权限而实现的。

(一)检察官拥有多种处置权限

检察官拥有对侦查完结案件的处置权是各国和地区的普遍做法。从实体上说,大量的轻微犯罪缺少经历审判程序获取相应处罚的必要,就程序而言,根据不同的犯罪案件引入不同的诉讼路径,也有利于司法资源的有效分配。有时即使检察官在相关程序的适用上并不具有最终决定权,但是拥有事实上的主导权,其对案件分流的作用也是显而易见的。

从终止诉讼的层面上说,不起诉是检察官应用的最为广泛的权限,对于无罪或者证据不足无法被认定为犯罪的案件当然需要被截流在审判活动之外,此时检察官是以类似法官的身份在行使职责。在大陆法系中,酌定不起诉的运用则具有一定的灵活性,通常仅限于轻微犯罪的范畴,而且除法定的情形外,检察官的不起诉决定还需要经过法院的审核

始能生效。当然酌定不起诉不意味着责任完全不需要追究，检察官也有权将案件移交给有关行政部门进行处理。需要注意的是，作为判断是否需要起诉的基础，案件证据获得有罪判决的盖然性是检察官不得不考虑的问题，各个国家各地区对上述标准的把握程度存在差异。如前所述，在英美法系国家，检察官对于定罪概率大于50%的案件，就会提起公诉，但是在奉行精密司法的日本，案件证据在达致99%的定罪概率检察官才会提起公诉。这并不意味着英美法系中的案件分流效果不佳，轻罪案件的后续程序本身较为简化，而需要接受正式审判的案件仍然要经过预审程序的过滤，加之辩诉交易手段的普遍运用，实际上接受正式审判的案件，不仅在数量上是有限的，大多在审理难度上也是有限的。

对于尚不符合不起诉条件，但起诉仍然并非绝对必要的，大陆法系还规定了相应的暂缓起诉的制度，此时诉讼程序暂时中止，待符合一定条件和期限后，不再追诉被指控人或者撤销指控。暂缓起诉一个最重要的特征是其最终的效果取决于被指控人在犯罪后的情况，当然其适用的前提一般也局限在轻罪的范围中。在德国，暂缓起诉的被指控人通常需要负担一定的义务，如向被害人赔偿，向国库交付款项、参加社会训练课程（主要针对青少年，类似于我国的附条件不起诉）等。在日本，在考虑是否适用暂缓起诉时，被指控人对犯罪损害的弥补程度、悔罪程度、达成和解的时间长度等因素是检察官需要重点关注的。而上述内容，在法国则被纳入到追诉替代程序中，由检察官启动的调解与和解程序来实现对被指控人责任的灵活追究，以达到特殊预防的效果。此外，德国检察官还拥有无需经过提起公诉的处罚令程序，由检察官向法院提交一份处罚令，由法官签署后即可生效。

即便对于需要进入审判程序的，检察官通常也具有相应程序选择的权力，例如法国的检察官有权在作出起诉决定后决定是否适用速决程序，德国检察官有权在起诉时启动普通或简易程序等。英美法系中检察官对于程序简化的作用，很多时候是借助辩诉交易实现的，特别是在美国，由于法官对于控辩双方达成的协议高度认可，与此同时辩诉交易对适用罪名和罪刑的无限制，使得大量案件的快速处理成为可能。

（二）检察官的独立性具有一定保障

法律赋予检察官权限是一方面，权力运作的实践效果又是另一个方面的问题。事实上，后者与检察官独立性的程度如何密切相关。特殊的诉讼定位使得检察权独立性并不同于审判权独立，其受到检察机关的属性、组织结构、权力运行的环境等多个因素的影响。在大陆法系和英美法系国家和地区，检察机关的属性和组织形式差别较大，但都致力于确保检察官履职的客观独立。

在大陆法系中，检察机关通常坚持检察一体的原则，以确保法治的统一性。这也意味着上级检察机关对下级检察机关、上级检察官对下级检察官的领导是检察工作运作的基础。但检察权的独立行使在一体化架构中却有着较为充分的保障。与我国检察官权力来自于检察长委托所不同的是，法国、德国、日本等国家诉讼法概念上，拥有权力的并非检察机关，而是检察官，这就使得每位检察官分别是作为独立的官厅行使职权，并且在发生上下级检察官决定冲突时的矛盾解决机制并非绝对遵循上命下从。有的国家或地区在制度上规定，作为上级检察官的检察长（或者司法部长）一般并不能对个案作出决定，即便作出了与检察官不一致的决定，在某些情形下检察官也有权予以拒绝或者不能以服从上级为理由逃避所应承担的责任。一体与独立，两个看似相矛盾的概念在检察机关内部形成一种相互交融的状态。在这样一种背景下，检察官通常具有足够独立的履职空间以对个案的处置作出理性决定。

英国的检察系统由皇家检察署及其下辖的14个分署（13个地区检察署加一个分检察署）组成，具有形式上的统一性。除公诉职能外，其也为警察机关的侦查活动提供法律建议。但是这种合作关系并不意味着检察官不具有独立性。首先，检察署的设置独立于警方和政府，检察官在履行检控职能时无需经过其他部门的同意。其次,总检察长主要通过监督的方式确保对下级检察机关及人员妥善履行职责,通常各检察署的检察官都在法律规定的管辖权限内独立行使职责。最后,英国诉讼制度对检察官任职的较高要求——一般由出庭或者事务律师通过竞争方式获得,使得检察官的独立性有着较高的专业基础。《皇家检察官准则》对此也作出了明确要求:"检察官必须公平、独立、客观。"

相比之下,美国检察机关相对分散的组织结构则是一个较为少见的模式,联邦与各州及地方的检察机关互不隶属,固然有其特定历史文化因素,但对于检察官独立履职的要求,并没有因为较强的当事人主义传统而被忽视。美国在较早的判例中就指出检察官应当客观独立地进行诉讼。联邦最高法院在伯格诉美国案中就强调,检察官所代表的是国家,而非诉讼中的一方,他应当公平履职。在《刑事司法准则》《职业行为规则》等文本中,上述内容也有所体现。即使从当事人主义的视角出发,我们也不难得出相应的结论——与辩护律师是被指控人所委托的一样,检察官亦存在一个抽象的委托人,这个委托人通常是国家或者社会公众,而并非某个具体的警察机构,其理所应当为其抽象委托人争取最大的利益,这一目标只能够通过客观独立行使职权的方式实现。

当然,实践中检察官的独立性或许无法像制度所塑造的应然状态那么理想和完美。大陆法系的检察官多半在侦查活动中扮演着重要角色,而英美法系的检察官经常于案件侦办的初期就需要在听审过程中通过控诉的方式与辩护方进行对抗。上述活动不可避免的某种协调与合作多少会对检察官的独立履职形成影响。总的来看,司法实践中大陆法系检察官的独立性要强于英美法系的检察官。

三、检警关系:在合作与矛盾之间

由于不同的组织结构模式,人员力量配备和法律文化传统,前述各国的检警关系呈现出不同的特点。一般来说,无论是侦诉合一还是分离，检警关系总是离不开合作与矛盾两种基本的状态——当然以合作为主。而相比于英美法系的国家和地区，大陆法系的检警关系矛盾的一面要更为突出，除了因检察官的权限更大，在诉讼中的职能更为复杂以外，检警不同的组织体系导致的管理障碍和职业环境引发的思维差异也是较为关键的原因。域外检警关系的有关问题，特别是采取检警一体化国家和地区在相关制度设计和司法实践之间体现出的某种差异，与我国检警关系的部分现状具有一定的共性。

（一）组织结构分离下的侦查控制

大陆法系国家一般赋予检察官更高的诉讼地位，以希冀实现对侦查活动的有效控制。不难理解，这一制度设计的考虑在于，控审分离背景下的控诉者倘若不具备案件侦查的控制力，则无法实现犯罪的有效追诉。失控的警察权要么反过来绑架诉权，间接利用起诉作为侵犯个人的工具，要么因低质量的侦查结果被诉权的决断性所阻拦，无法完成追诉任务。问题在于，检察机关对警察机关在具体工作中的领导，近似于一种管理活动，不可避免会产生各种各样复杂的指令，在两者分属于两个不同的组织体系的背景下（检察机关一般由司法部领导，警察机关一般归属于内政部，有的还受国防部领导），这种管理的效率无疑存在较大的限制。从两者所拥有的资源来看，检察机关的人员配备相对单薄，警察机关的人力物力保障更加充足。检察官无法实际参与到绝大多数的侦查活动中，一般只能以事后审查的方式进行监督，对于少数重点案件由检警协同进行侦查的，检察官的领导行为也并非总是顺畅的——警察更倾向于接受来自本机关上级的指令。总的来看，各国和地区的检察机关对侦查活动的控制乏力是普遍现象，正因为如此，部分国家的刑事法赋予了检察官考核或是惩戒警察的权力，以适度强化检察官在侦查活动中的主动性。

(二)职业环境差异下的理念冲突

从个体的角度而言,检察官和警察本身从职业准入到专业化培养均遵循着不同的模式。检察官作为司法官或者准司法官,其注重对法律思维和法律知识的积累和运用,更关心侦查的结果是否能够确保诉讼目标的达成,而警察作为行政系统中负责维护国家利益和社会秩序的专门人员,由于繁重的任务负担,其对工作效率的追求更为突出。实践中因部分警察的不规范取证而影响到诉讼进程的情形并没有改变这样一个事实:警察在抓捕嫌疑人、询问证人、固定证据等一系列活动中发挥着极为重要的作用,其在上述活动中的专业化水平无法替代,正是警察机关对现有资源的有效运用为大部分诉讼活动奠定了坚实的基础。当然,笔者并非主张检察官对警察侦查行为不加任何干预,而在于强调检警有着各自的专业优势,在办案中因理念冲突而形成矛盾不可避免。有时检警之间的这种不可避免的矛盾,也许正是通往刑事诉讼正义目标的必经之路。

四、对域外制度的若干思考

作为刑事诉讼制度两端的警察机关和审判机关,两者职能的特殊性决定了其通常缺少调整的弹性,因此当刑事诉讼制度在面临社会发展的冲击需要作出变革时,通常由连接两者的检察机关来承担缓冲器的角色,这或许是各国检察制度难以定型的重要因素。不可否认,域外检察制度在部分层面的确较为完善,但仍有一些内容存在不小的争议,即便是其本国学者也多有批评。其中有些缺陷是其司法制度自诞生以来的固有问题,有的则是因改革各方的理念冲突难以调和而后天形成的。

(一)正义与效率的实践矛盾

尽管无论是公众还是法学专家,均将正义与效率视为刑事司法制度所必须要达到的目标，不过实践中，两者不得不在一定限度上互相妥协。要么为效率而牺牲确认绝对的正义，要么为了防范正义价值的减损而放弃对较高效率的追求，这一点在某些域外司法制度中体现得较为明显。

以法国的羁押制度改革为例。自1808年《重罪审理法典》确定未决羁押制度以来，其原则、程序、决定主体及权限历经多次改革，整体上看对于犯罪嫌疑人的人权保障不断增强，但是对于有关司法主体特别是预审法官的权限却呈现出反复的样态。总的来说，预审法官不仅长期掌握审前羁押的决定权，同时还享有较为全面的侦查权限，被称为超级警察，这一立足于效率的职能设计曾受到广泛的质疑，立法也曾以合议庭或者设置专门法官的方式予以限制，但直到2000年改革增设的"自由与羁押法官"才使得相关制度固定下来。该制度设计希望通过程序的增加和新的更高水平的司法主体的介入来降低预审法官作出错误裁断的风险，但很难说关于羁押的问题得到有效解决。且不论该法官较高的任职标准（法院的院长或副院长）使得极少数的司法人员需要承担繁重的案件数量，在具体行使职权过程中，自由与羁押法官的判定基础仍然主要建立在预审法官的审查结果之上，因此这一看似独立主体的设置对决定结果的影响并不显著，相关数据显示，其不同意预审法官意见的比例仅有不到十分之一。①

以美国的辩诉交易为例，缺乏约束的辩诉交易或许的确为效率带来了不小的收益，但是其有时会对正义价值造成损伤。一方面，在法官高度认可的司法传统之下，检察官在诉讼中有较大的影响力，使得在对抗制中实现对当事人的权利保护有时会让位于尽快终结诉讼程序的经济考量，这在无法支付高额费用聘请优质律师的中下阶层中可能较为常见——不少情形下辩护律师更愿意说服当事人尽早与检察官达成辩诉交易。另一方面，检察官可能存在一种倾向，即将某些超过现有事实认定

---

① 施鹏鹏、王晨辰：《法国审前羁押制度研究》，载《中国刑事法杂志》2016年第1期。

范围的严厉的指控作为辩诉交易的筹码(英美法系对起诉标准的宽泛把握为其创造了条件),从而给予被告人更大的压力,被告人是否基于客观真实而自愿认罪难以得到充分保障。上述因素导致有时是利益取舍,而非司法正义本身决定诉讼的走向。尽管实践中的弊端不断显露,但美国整个司法体系对辩诉交易的较高依赖,使得一些限制其适用的尝试并没有发挥作用。①

(二)对待民意的两种立场

如何对待公众舆论所体现的民意对司法活动的评价,原本并不是一个突出的问题,但是随着社会的不断发展,不同的法律文化背景下的司法制度形成了不同的看法。例如德国等大陆法系国家,一直以来坚持检控决定或是司法判决不应受到舆论的影响,但是当前的英美等国在实践中根据公众舆论调整相关司法行为的情形并不少见。

在大陆法系国家,检察官与法官或者均被视为司法官,具有互相转任的资格,或者尽管稍有差异,但定位高度同质,其培养和任免往往经过严格的程序,对客观义务的贯彻往往更加彻底,其作出的相关职务行为无需受政治动机的影响。但是在美国,有47个州的郡市检察长由选举产生,检察官在行使职权的过程中不得不回应选民的意见,而多元的社会文化背景使得面对相同的情况,不同的地区,甚至相同的地区在不同的时期,其作出的决定往往也并不相同。很多时候,检察官甚至将这一现象作为不同价值观的正当体现。需要注意的是,这种在司法活动中对民意反馈缺乏稳定性的现象并未受到一致的批判,相反,有观点认为其对于制约检察官放纵犯罪方面起到了相当重要的作用。②

---

① 美国联邦最高法院首席大法官 Burger 曾表示,如辩诉交易的案件减少10%,则法院需要增加两倍的人力及设备。

② [美]Michael Tonry:《比较视野下检察制度的差异性》,郭大磊译,载《国家检察官学院学报》2018年第1期。

司法行为固然需要相关主体严格依照法律精神和法律的具体规定作出决定，但其与民意并非绝缘的两者。事实上，民意是一系列复合观点的集成，其可能存在某些极端或者不当的成分，但是当剔除了非理性的因素，民意依然能够实现与司法行为的良性互动。当然，如果说德国式司法活动对舆论的免疫机制至少能够提供某种法律适用上的统一和公正，美国式检控行为的民意迎合则不免让人感到疑虑和担忧——刑事诉讼本身应是一套相对精密的体系，这种分散而宽泛的政治导向增加了刑事诉讼随意性，而检察官在司法活动中的地位则毫无疑问放大了正义偏离风险。

第四节　域外未决羁押与起诉制度之启示

前述域外未决羁押的决定权和起诉权分属不同的司法主体所有。无需经过司法机关授权的短时间无证逮捕在各国都是普遍存在的，但是持续时间更久的未决羁押在程序上和适用条件上都更加严格。证据所呈现出的被指控人涉嫌犯罪的可能性的高低是作出未决羁押决定的前提，但是法官对羁押必要性程度更加重视，同时较少关注侦查的质量控制问题。关于起诉制度以及相应的检察官的起诉裁量权、当事人的救济制度，在我国的刑事诉讼中也能够找到相应的体现。例如对于法定不起诉、酌定不起诉以及附条件不起诉的相关规定，此外随着认罪认罚从宽制度由立法予以确认，检察官在诉讼中的权力和作用进一步扩大。差别主要在于对于当事人不服不起诉决定的，并非由法院进行审查，而主要是由作出决定的检察机关或是上级检察机关复查。当然，法律也赋予了被害人自诉的权利。需要注意的是，我国关于侦查活动中的检警关系，不同于大陆法系的检警一体或是检察领导侦查模式，亦不同于英美法系中的法律顾问模式，而呈现出一种引导与被引导、监督与被监督的状态。

不同的历史条件造就了不同的司法制度，并无孰优孰劣之说，能够适应本土社会发展及民众普遍期待的即是有效的。各国和地区的刑事改革无不体现一个共同点——检察机关的发展轨迹仍然需要随着社会的变革而不断调整。域外制度中的部分内容，值得我们予以选择性地借鉴。

一、适当缩减拘留后移送审查逮捕的期间

我国未决羁押在实施上也有作为临时羁押的拘留措施以及为确保诉讼正常进行的较长羁押的逮捕措施。即逮捕与羁押相分离在我国体现为拘留与逮捕相分离。与拘留的"临时性"不相称的是，刑事诉讼法以原则加例外的方式赋予侦查机关实质上长达一个月的羁押权限，如果考虑到检察机关的审查逮捕用时，这一期间则更长。而法律所规定的原则上拘留 3 日内即须提请审查批准的情形并不多见。实践中对于嫌疑人来说，拘留和逮捕期间大多情况下是被羁押在同一场所，其对人身自由的剥夺在客观上并无任何区别。羁押期限延长使得原本是作为临时拘束措施的拘留达到了与作为主刑的拘役相当的严厉程度。不可否认，在社会生活复杂、人口流动高度便利的背景下，部分案件的侦办难度相当之大，我国刑事警察作为公共安全管理体系的一部分，其虽然拥有着较为丰富的技术资源和相对完备的人员支撑，但是在应对日益增多的犯罪行为方面仍显力不从心，特别是在部分犯罪产业化、规模化的背景下，日益严格的证据审查标准给侦查活动的质量提出了更高的要求。我国的人均警力配置与发达国家相比并无优势，在司法机关人均办案量迅速增加的同时，侦查机关人均办案量也倍增。问题在于，侦查力量的有限是否意味着需要以较长时间的拘留为代价缓解办案压力？

笔者认为，出于保障人权和强化监督的目的，可以由逮捕来承担审前羁押的主要功能，降低拘留在审前羁押中所占的比重，即缩减拘留后侦查机关移送审查逮捕的期间。主要基于以下三个方面的考虑。

(一)期限缩短对保障诉讼进行的影响较小

拘留适用的条件本身较为有限,从文本考察,拘留由侦查机关针对符合特定情形的现行犯和有重大嫌疑的人实施,主要出于迅速查明犯罪、防止嫌疑人脱逃以及查明身份等目的。即便是对于需要逮捕的嫌疑人,拘留也并非强制措施的必经阶段。对于现行犯,侦查机关固定证据的难度并不大,而对于较为隐蔽的犯罪,可以通过更加精细的初查工作将取证活动前置。的确需要较长时间羁押以确保诉讼程序正常进行的,可以将案件及时移送检察机关,通过批准逮捕程序予以审查。基于部分案件办理的特殊性,对于尚未达到移送审查逮捕标准,确实需要实施临时羁押的,可以予以较短的期限延长。

(二)有助于倒逼侦查效率提升

法律期间用尽是我国刑事诉讼活动中一个较为普遍的现象。虽然很难通过个案判断一定的办案时间是否有足够的必要,但是鉴于羁押措施是对人身自由最严厉的约束,即便其一时无法接受司法机关的审查,至少也要确保相应时间成本的投入换得最有价值的侦查成果。拘留时限的缩短将倒逼侦查机关转变办案思维、优化侦查方法,间接促使侦查机关尽快作出下一步的决定:释放、变更强制措施或是移送审查起诉。无论是哪一种方式,显然更有利于实现人权保障以及追诉犯罪的目标。

(三)有利于检察机关更及时地开展法律监督

尽管随着捕诉一体的实践深入,检察机关提前介入侦查的次数逐渐频繁,但是对于检察官来说,拥有一条更快接触侦查信息的日常通道将更加有助于法律监督职能的发挥。一方面,审查逮捕节点的提前使嫌疑人和辩护人能够及时向客观的第三方提出意见,其诉讼权利能够得到更加充分的保障;另一方面,诸多疑难案件中的证据具有容易灭失的特点或者随着时间推移导致证明力减弱，检察机关可以在距离发案时间更近的时点发挥引导侦查的作用，避免侦查活动不规范导致嫌疑人逃避法律追究。

二、进一步完善审前听证制度

近年来，检察机关关于听证的实践逐渐增多，主要包括羁押听证和拟不起诉听证两个类别，前者又可以分为审查批捕听证、羁押必要性听证、延长羁押期限听证等三个类型。为进一步规范检察机关的听证活动，2020年9月、2021年8月，最高人民检察院先后印发了《人民检察院审查案件听证工作规定》《人民检察院羁押听证办法》，对听证适用的范围、应当遵循的程序、参与人员等方面作出了相应规定。2021年全年，各级检察机关共对十余万起案件进行了听证。应当说，检察听证在释法说理、提升司法公信力等领域发挥着越来越重要的作用。但是部分地区仍然不同程度地存在着听证覆盖面不足、听证形式化等问题。考虑到听证活动中司法资源较大的投入，通过对域外相关听证制度分析，结合我国刑事诉讼的具体实际，笔者认为，审前听证制度可以从以下几方面进行优化。

（一）进一步细化听证案件的适用范围

《人民检察院审查案件听证工作规定》第4条对有关听证的范围作出了概括性规定，四大检察中涉及事实认定、法律适用、案件处理等方面有较大争议的，或者有重大社会影响，需要当面听取当事人和其他相关人员意见的，经检察长批准后均可以听证。需要注意的是，2020年9月印发的《人民检察院审查案件听证工作规定》第4条列举的若干类型案件，对羁押听证只列举了羁押必要性审查案件，而2021年8月印发的《人民检察院羁押听证办法》则涵盖了审查逮捕、审查延长侦查羁押期限、羁押必要性审查案件。

近年来，最高人民检察院提出了应听尽听的要求，这对于提升检察机关的专业水平，促进司法公开透明有着极为重要的意义，但是应听尽听不是每案必听，在把握好"应听"这一条件的过程中，需要基于当前司法办案的实际，在司法资源较为紧张的背景下，笔者认为启动听证的案件应当聚焦于以下几类：一是通过听证程序解决书面审查难以查明或者作出决定的案件。即通过多方参与、全面听取意见，改革封闭审查的弊端。① 二是具有重大社会影响的案件。重大社会影响的案件是舆论关注的焦点，对案件的处理无论是事实认定还是法律适用方面的疑虑，通过听证活动一一释明，有助于积极回应社会关切。三是涉营商领域的案件。在全面优化法治化营商环境的背景下，涉营商案件与民生、群众利益息息相关，依托听证活动向案件当事人、办案机关、听证员等做好释法说理工作，能够最大限度地释放司法善意，提升办案效果。四是涉及重要司法决定的案件。例如涉及不起诉决定，拟提起公益诉讼决定的案件，由于此类决定事关案件处理的重要方面，为实现对相关司法决策公正性的有效监督和检验，也有必要举行听证。当然根据《人民检察院审查案件听证工作规定》第9条和《人民检察院羁押听证办法》第4条的规定，启动听证的决定权由检察机关掌握，当事人及其辩护人、代理人可以申请检察机关启动，检察机关决定不予启动的，应当书面答复理由。

（二）进一步完善审前听证程序

根据《人民检察院审查案件听证工作规定》第6条、第7条以及《人民检察院羁押听证办法》第7条的规定，除主持听证工作的检察机关办案人员外，参与听证的主体应当包括侦查人员、犯罪嫌疑人及辩护人、被害人及其诉讼代理人、人民监督员，符合相应条件的社会人士可以作为听证员参加。近年来，各地听证员覆盖了人大代表、政协委员、

---

① 张全涛：《逮捕听证制度的实践分析和制度完善研究》，载《四川理工学院学报（社会科学版）》2019年第1期。

当事人所在地基层自治组织代表、技术专家、学者等领域，有力地促进了听证的工作成效。《人民检察院审查案件听证工作规定》第 14 条、第 15 条和《人民检察院羁押听证办法》第 9 条则规定了听证程序，例如核实当事人身份，告知听证参与人权利义务，当事人及其他听证参与人分别说明情况，允许相关人员出示相关证据材料，检察官、侦查人员及律师可以向相关人员发问等，听证决定可以在听证会当场作出，也可以在听证后作出。上述规定为当事人充分表达自身意见，为司法人员查明真相构建了一套简明高效的机制。2021 年各地的实践数据表明，九成以上的听证案件，听证员同意检察机关的初步处理意见。不过考虑到听证的适用频率可能日益增加，面对大量事实简单但又具有一定听证必要性的案件（如拟不起诉的危险驾驶案件），仍需要在上述"一般程序"的基础上探索类案快速听证机制，以合理利用司法成本。值得注意的是，无论听证机制如何完善，均需要注重实质化，听证的主要作用同样在于为检察官在作出正式决定前提供全面了解有关信息和各方意见的机会，并非单纯的宣告程序抑或是仅为司法决定背书。因此程序上必然需要保证听证参与人的意见得到充分表达，当然也需要检察官根据案件情况做实释法说理工作。

《人民检察院刑事诉讼规则》第 281 条规定，可以对有重大影响的案件进行公开审查。实务中一般将公开审查等同于公开听证，根据《人民检察院审查案件听证工作规定》《人民检察院羁押听证办法》的相关规定，在刑事诉讼中，除拟不起诉案件一般需公开举行外，羁押听证一般不公开举行，不过在特定情形下，听证是否公开仍可以做出调整。

（三）进一步提升羁押必要性审查听证适用率

我国的羁押必要性审查大致相当于大陆法系中的羁押复审制度。从羁押的绝对时长来看，或许较部分国家动辄以年为单位的最高羁押时限要短。但是我国的逮捕制度对可以适用的罪行范围仅作出可能判处徒刑以上刑罚的规定，已经将绝大多数罪名涵盖其中，加之我国刑事法律中并未划分轻罪和重罪以实现诉讼程序上的区别对待，导致羁押措施运用得较为频繁。实务中即使在批捕过程中具有羁押必要性的案件，很可能随着侦查活动的进展顺利而较快完成取证，从而使得羁押的理由不复存在。尽管《人民检察院刑事诉讼规则》规定了检察院依职权和依申请两类羁押必要性审查启动模式，但从审查的实质化程度和最终变更强制措施的情况来看并不理想。鉴于此，在听证工作已成为检察工作的重要手段的背景下，提升羁押必要性审查听证的适用率是一个较为合适的突破口。《人民检察院刑事诉讼规则》第 577 条规定，必要时检察机关可以以公开审查的方式进行羁押必要性审查。《人民检察院羁押听证办法》则对此类案件听证如何开展作出了更为细致的规定。羁押必要性审查听证从程序上与审查逮捕听证并无区别，但其关注的重点应当有所不同。例如在了解批捕时的相关理由是否发生变动的基础上，可以结合羁押后的赔偿行为、悔罪表现判断其逃避诉讼的可能性，结合案件后续的证据情况判断其可能判处刑罚的轻重以评估羁押是否符合比例原则，同时，检察官应对案件的侦查进展进行评估，以防止侦查机关捕后怠于侦查。

不过需要指出的是，根据当前的羁押必要性审查制度的规定，检察官仅有权对处于审查起诉阶段案件的犯罪嫌疑人直接作出变更强制措施或释放的决定，对于处在侦查阶段和审判阶段的被逮捕人，经审查无羁押必要的，只能对公安机关或法院提出相应的建议。笔者认为，严格意义上说，对于进入审判环节的逮捕案件，考虑到审判机关对审判环节的掌控，检察机关以建议的方式是合适的，但是对于由检察机关作出批捕决定的尚处在侦查环节的案件，应当赋予检察机关在羁押必要性审查后变更强制措施或释放的权力。

三、扩大公诉程序分流的力度

随着刑事治理的压力日益增加，公诉程序分流的作用在各个国家和地区的司法活动中受到了越来越多的重视。程序分流本身贯穿于刑事诉讼的全过程，不过检察机关承担的审查起诉职能，使得其拥有最便利的分流条件和最充分的分流手段。其主要是通过及时作出不起诉以实现对无需接受审判案件的过滤，以及通过对决定或者建议起诉案件适用不同的程序以实现审判资源的合理分配。我国的刑事诉讼制度构建赋予了检察机关较为完备的案件分流主导权，但在实践运作中所发挥的效能较为有限。主要表现为对于不起诉权的适用过于谨慎以及针对需要起诉的案件在程序繁简分流领域的主动性不足。事实上，公诉程序分流不仅能够提高司法资源利用率，还有利于更高效率地保障人权，同时间接发挥对侦查机关办案的指引和评价作用。笔者认为，捕诉一体模式下的检察机关，亟待强化在审查起诉阶段的程序分流作用。

（一）促进不起诉权的合理运用

起诉分为法定不起诉、酌定不起诉、附条件不起诉、证据不足不起诉以及特殊情形下的不起诉（核准不起诉）。我国的不起诉率总体较低，一方面是长期以来受起诉法定主义影响较深，检察官对起诉裁量权的运用持谨慎态度；另一方面是由于检警关系中对于部分证据不足案件作出了技术处理[①]，导致部分应当作出不起诉决定的案件数据未体现在检察工作中。前者使数量较大的犯罪情节轻微的案件进入审判环节，加剧了司法机关的审判负担。后者的问题在于，检察机关对不起诉决定的保守态度影响检警之间的制约效果，使得侦查机关对于部分先天就不满足起诉条件的案件通过反复的程序回流投入过多的精力。

促进不起诉职能的发挥并非易事。从裁量不起诉的层面考察，其主要涉及司法适用的统一性问题。就裁量权本身的特点来看，较难制定一个明确一致的适用标准，其本来就是为应对纷繁复杂司法现实而设置

---

① 主要是对于二次退回补充侦查仍然不符合起诉条件的案件，有部分由公安机关撤回，而未作出不起诉决定。

的，需要司法主体凭借自身的经验进行个案的判断——立法以精确的方式进行规定显然更为妥当。从司法活动时间延续的角度考察，过去已经存在的已决案件中较为严苛的传统似乎为今后的案件办理设定了一个不可逾越的框架，任何突破框架的行为都可能被评价为超越权限，这一压力在严格的司法责任制背景下显得更为突出。因而不难理解为何裁量不起诉的保守运用有着巨大的历史惯性。从证据不足不起诉的角度考察，由于检察机关与公安机关在侦查活动中的主动性差异和不可避免的信息不对称，倘若后者坚持继续追诉，检察官通常难以在时限用尽前作出终止诉讼的决定，而在时限耗尽后，建议公安机关撤案这一做法，无论是从办案责任风险的承担还是检警合作关系来看，都是更加稳妥的处置方式。

要进一步发挥不起诉的作用，短期内需要借助政策引导。主要是通过对情节轻微类罪的酌定不起诉适用条件进行适度细化来逐步提升检察官运用不起诉权的积极性。例如对醉酒类危险驾驶案件，情节较轻的故意伤害等案件适用酌定不起诉的情形作出相应的指引性规定。上述规定一方面要注重内容的科学合理，兼顾犯罪行为本身的社会危害程度和司法实践判处免予刑罚的可能性；另一方面仍要保留检察官的自主裁量的空间——以避免实务呈现出不起诉范围的不当扩大，变相提高追诉标准。在此基础之上，可以通过典型案例的编纂激发检察官适用不起诉的主动性，通过更加透明的检务公开提升外界对检察机关不起诉工作的了解。

关于退回补充侦查后公安机关撤销的案件，可以建立相应的专门的案件管理追踪机制，对退查后侦查效果不佳的案件进行分析研判，为检察官在考虑退查必要性方面提供参考，降低二次退查的频率。对于确实需要退查的，通过羁押必要性审查的方式，尽量减少限制嫌疑人人身自由强制措施的适用比例，对于二次补充侦查后仍不符合起诉条件的，依法作出不起诉决定，以促使侦查机关及时调整侦查办案思路。长期来看，不起诉制度对案件分流作用的有效发挥仍然有赖于检察官队伍建设的高度专业化。

（二）加快案件繁简分流工作机制建设

当前我国刑事诉讼审判程序分为速裁程序、简易程序以及普通程序三个类别。其中速裁程序和简易程序较之普通程序在庭审环节作出了不同程度的精简，且对于审结的时限规定了较短的期间。由于前两类适用的共同点在于被告人必须认罪，而认罪认罚的案件原则上都可以使用上述三类程序。因此，繁简分流的效果在很大程度上取决于认罪认罚从宽制度的适用率，但后者在不同地区呈现出较大的差异，间接使得速裁程序和简易程序乃至普通程序简易审的诉讼效率未得以充分发挥。理论上说，以节省司法资源为目的的司法制度应当受到司法机关的普遍重视，如前所述，司法人员会出于诉讼经济的原则选择成本最低的诉讼方式，我国的司法活动有时呈现出一定的背反状态。究其原因，除部分办案人员对于相关制度的重要程度认识不足外，有关配套机制的建设也有待完善。

检察机关在加快繁简分流的过程中重点可以在以下几个方面着力：一是切实减轻简易、速裁程序在审前环节的事务性负担，加快文书的整合精简，告知性文书尽量以合一的形式呈现，内部审批的文书仅保留必要的内容；二是对于类型化的轻罪案件，制定不同的证据指引规则，对于嫌疑人认罪认罚的，在合理范围内降低办案人员的审查压力，切实发挥繁简分流对办案的促进作用，提升办案人员进行分流的主动性；三是构建与公安机关、审判机关的案件快速流转机制，促进轻微犯罪案件在刑事诉讼的全流程快速办理，在检察机关内部，配置专门负责速裁案件审理活动的办案人员，以保证疑难案件的办理有充分的司法资源保障。

四、对"法院行使批捕权"观点的再反思

的确，在域外司法制度中，由审判机关行使未决羁押权已经成为最普

遍的形态，部分国际组织以及国际性公约（如《公民权利与政治权利公约》）亦将有关制度设计作为评判人权保障水平的依据。但是他国法律制度的内容，或者司法制度改革的历史并不足以构成我国无差别进行法律移植的充分条件。在可以预见的时期内，呼吁由法院行使批捕权的观点将长期存在，尽管笔者不赞成这一看法，但是相关的主张以及域外司法实践中凸显出的问题有利于我们更加客观看待，并逐渐完善自身的司法制度。关于我国批捕权由检察机关行使的合法性和合理性已经在前述章节反复论证，在此不再赘述。以下另从比较研究的视野对上述观点进行回应。

（一）理性看待域外批捕制度的转向

我国的检察制度肇始于对苏联检察制度的吸收，列宁的统一法制思想是社会主义法系检察机关职能定位的直接理论依据，① 其中捕诉权力均由检察机关行使是采用苏联检察模式的典型特征。但是恢复重建几十年来的深刻实践，我国检察制度的内容已经非常丰富，无论是机制设计的科学性，还是人员队伍的职业素质，绝非简单的"苏联模式"能够概括。

我们能够看到不少原苏联加盟共和国随着历史的变迁，修改了相关的规定，将批捕的权力赋予法官。某些西方国家如瑞士和意大利也曾由检察机关行使批捕权，意大利直到1988年才取消检察官批准审前羁押的权力，而瑞士则更晚，直到2005年才将审前羁押交由法院行使。② 首先，这说明了批捕权由检察机关享有并非社会主义国家所独有，而是不同国家和地区探索司法制度的一种类型。其次，由于特殊的历史原因以及复杂的驱动因素，很难判断上述制度改革到底是基于时局变化妥协的

---

① 张建伟：《社会主义检察文化的思想基础与特征》，载《人民检察》2014年第22期。

② 孙长永：《"捕诉合一"的域外实践及其启示》，载《环球法律评论》2019年第5期。

一部分，还是基于本国司法实践弊端所做出的针对性调整。最后，关于改革前后不同主体行使批捕权的实践效果有何差异目前尚缺少实证的研究成果，从决策的角度上说，批捕制度是否合理，仅以一个抽象的尺度为标准并不合适，应当综合判断其对人权保障的实效以及对犯罪治理的作用。退言之，即便在个别案例中的改革能够呈现出某个层面的积极变化，一个拥有广袤领土和众多人口的大国，与疆域有限、犯罪总数较少的地区是否应当适用同一种司法制度仍然值得我们深度思考。

在始终坚持由司法权制衡行政权的三权分立国家，法官行使审前羁押批准权仅仅是令状制度的一部分，对于其他严重涉及人身权利的侦查行为，同样需要经过司法审查。主张由法院行使批捕权的观点也许会将完整的令状制度作为法律移植的终极目标，且不论这一目标涉及的浩大工程及其与本国法律传统相耦合的程度，即便是拥有悠久令状制度历史的国家，也并未确保司法机关对人身自由的羁押情况达至制度设计的理想状态。如前所述，在法国，很长一段时间内拥有审前羁押决定权的预审法官在职权行使过程中仍然存在不少问题，在增设自由与羁押法官后，相关矛盾依然或多或少的存在。而其一连串摇摆式的刑事诉讼改革似乎说明，立法者本身也意识到了看似独立的制度本身并不能为司法行为是否中立和客观提供绝对的保障。

（二）批捕权移转：缺乏可行性的设想

即便不考虑改革的成本，同时将我国的批捕权移转作为只限于审前羁押决定权方面的个别层面调整，其也必须回答后续的一系列问题：如何控制侦查的质量？如何构建的新的诉讼权力关系？检察机关的法律监督地位如何实现？

假设批捕权交由法官行使，则需要在法院内部构建一套独立于审判活动的法官体系——负责决定羁押的法官显然不适合进入审判程序并作出最终判决。此时，如果负责决定羁押的法官不具备预审法官的侦查权限,那么公安机关的侦查行为几乎不会受到任何监督和约束。因为现有的司法实践证明,对于侦查行为的制约除了司法审查外,主要有两种途径:检察机关的介入以及辩护权的保障。被剥离了批准逮捕权的检察机关,由于其本身又不具备侦查活动中的优势地位,在缺乏有效的介入侦查活动立足点的前提下,其也很难通过引导侦查方式实现侦查质量的实质控制,只能借助公诉职能的影响力为侦查机关提供有限的咨询——事实上类似于英国皇家检控署的地位。这种情形下,检察机关行使刑事诉讼法律监督职能的空间将大大收窄。考虑到我国辩护律师在刑事诉讼中的作用地位有待进一步完善,过多依赖辩护权制约侦查权也不可能实现。而如果在批捕权交由法官行使的同时,构建新的检警关系,使得检察机关能够领导侦查机关,一是要实现公安制度的重大改革,二是要考虑检警在司法办案工作过程中漫长的磨合适应。目前我国各地法治发展水平和政法工作人员专业素养的差异,使这一制度的效果前景很难预测。无论是哪种进路,宪法确立的公检法分工负责、互相配合、互相制约的原则都将无法贯彻。

因此,看上去似乎仅仅涉及批捕权主体归属的问题,其背后是整个刑事诉讼制度如何重构的问题。将批捕权移转给审判机关,最终将不可避免地使刑事诉讼的权力结构走向典型的英美法系或者大陆法系模式,无论是从宏观的制度设计层面还是从微观机制运行层面上看,上述模式都不适合我国的发展实际。

第六章 捕诉一体运行机制之实证分析

第一节 捕诉一体运行机制之办案组织配置

为适应以审判为中心的刑事诉讼制度改革和检察机关内设机构改革,确保捕诉一体办案模式顺利运行,湖北省人民检察院在2018年9月就发布了《湖北省检察机关捕诉合一办案工作规程(试行)》(以下简称《工作规程》),该《工作规程》详细规定了捕诉合一办案后需要遵守的规则及要特别注意的事项。在具体司法办案实践中,全省各级检察机关都基本上遵照执行。

一、办案组织配置

(一)配置概况

纵观湖北省三级检察机关,湖北省院和武汉市院承担审查逮捕和审查起诉等诉讼职能的刑事检察部门,包括一部(普通犯罪案件)、二部(重大犯罪案件)、三部(职务犯罪案件)、四部(经济犯罪案件)。而武汉市各基层院,除了开发区院、东湖区院等派出院设置统一的刑检部门外,其他区院均设置刑事检察一部和二部,分别对应刑法的不同罪名和上级院的不同部门。每个部门均由员额检察官、检察官助理、书记员构成。

刑事检察部门按照案件难易程度、检察人员情况等,分别采取独任检察官或者检察官办案组的形式。对于特别重大复杂疑难案件,则采取专案组的办案组织形式。这里选取武汉市几个具有代表性或典型意义的区院介绍其办案组织设置情况。

武汉市东湖新技术开发区人民检察院是武汉市较早试点实行捕诉一体的基层院,该院在 2014 年就开始积极探索捕诉一体工作机制,将原侦查监督、公诉部门整合为刑事检察部,统一履行批捕、起诉、刑事诉讼监督等刑事检察职能,打通了批捕与公诉之间的壁垒。该院一部现有员额检察官 7 名,检察官助理 6 名,雇员制书记员 2 名,劳务派遣制文员 12 名。这 7 名检察官中一名为部门负责人,带领办案组办理未成年人案件,另外 6 名检察官各自带领办案组,分别侧重办理扫黑除恶、金融、两法衔接、涉及自贸区、新型、监察机关移送案件,并对办案单元进行专业化分工,培养专家型人才。

武汉市江岸区人民检察院一部主要办理涉及《刑法》第四、五、六章的大部分罪名的案件,二部主要办理涉及《刑法》第一、二、三、八、九章大部分罪名的案件,七部主要办理全市范围内的知识产权犯罪案件。结合有关案件的办理特点和该院的部门设置对分案进行适当调整,将故意杀人罪、抢劫罪、可能判处一年以上的涉毒犯罪案件、10 人以上共同犯罪案件交由二部办理,将生产、销售伪劣商品罪、侵犯知识产权罪、非法经营罪案件交由七部办理。部门内部依据案件类型进一步细化分工,部门内部由 1 至 3 名员额检察官组成一个办案团队,每个办案团队负责办理某些类型化的案件。第一检察部设置危险驾驶、轻刑毒品、未成年犯罪专业化办案组,第二检察部设置涉黑涉恶、职务犯罪、经济犯罪专业化办案组。

武汉市东西湖区人民检察院第一检察部主要负责办理侵犯人身及财产权利、毒品犯罪案件,第二检察部则主要负责上述案件之外的其他案件。第一检察部组建基本办案组和疑难复杂组及专案组,对检察官办案进行专业化分工;第二检察部推行了繁简分流的办案模式,对部分轻微案件成立专门办案组,将危险驾驶、交通肇事案件确定专人办理,初步实现了轻罪专门化、重罪专业化组织模式。

武汉市江夏区人民检察院第一检察部成立轻罪办案组及类罪办案组，轻罪（简案）办案组主要以办理危险驾驶罪、交通肇事罪为主，组织考试作弊罪、代替考试罪等少量轻罪案件为辅，实现轻罪快办。第一检察部还成立了四个类案组。一是以办理侵犯公民人身、民主权利的类罪组，以办理故意伤害、寻衅滋事罪为主；二是以办理侵犯公民财产权利的类罪组；三是涉毒类罪组；四是重案组，以指定办案为主，视案件具体情况灵活辅以检察官办案单元形式，负责办理涉黑涉恶案件、涉众型犯罪案件、破坏生态环境等新型、重大、复杂、有影响的重点案件。

武汉市青山区人民检察院针对毒品案件、危险驾驶案件等轻微刑事案件设置速裁办案组，实现简案快办；为刑事检察部门的每名检察官均配备两名助理，在办案组内部再次实现繁简分流，以提升办案效率。

（二）配置原则

1. 办案组织负责对同一刑事案件的提前介入引导侦查、审查逮捕、审查起诉、出庭支持公诉、延长侦查羁押期限、变更强制措施、追捕追诉、立案和侦查活动监督、刑事审判监督以及案件办理的其他相关活动。

2. 在组建办案组织时，一般会将具有批捕、公诉工作经验的检察官与检察官助理、书记员交叉搭配，优化办案组织，确保办案质量。如武汉市东西湖区人民检察院按照经验互补的原则搭建办案组织，把公诉、侦监条线的检察官和检察辅助人员交叉配置，互帮互学互助。突出办案专业化的要求，根据该院实际，设立涉黑涉恶、基本轮案单元和复杂案件轮案单元等3个专业办案组，推进类案专办。

3. 根据级别管辖、地域管辖、指定管辖的规定，批捕案件与公诉案件分别在不同层级、不同地区检察院办理的，可以采取检察官异地履职的方式，保证捕诉一体办案机制运行。

二、受案分案规则

(一) 承办部门的确定

案件管理部门根据专业化分工的要求,按照"主罪优先、专业优先、重罪优先"的原则将案件分流至承办部门。

(二) 承办人的确定

湖北省三级检察机关均采取以随机分案为主、指定分案为辅的方式。

1. 对于提请批准逮捕、直接移送审查起诉的案件,依据事先确定的轮案规则,通过统一业务应用系统随机分案至检察官办案单元。对提前介入引导侦查案件后续的审查逮捕、审查起诉、诉讼监督等,仍分配至原承办检察官。

2. 分案处理的共同犯罪案件、追捕追诉的案件、不批准逮捕后重新提请批准逮捕等一些有关联关系的特殊案件可以将案件分配至原案承办检察官。

3. 对于不捕、不诉复议的案件,在承办部门内另行指定检察官办理。对于不捕、不诉复议、复核后改变原决定的案件,均规定了由其他检察官办理。

武汉市江汉区人民检察院还专门规定,特殊案件经分管检察长审批后,可以进行人工分案,由指定的检察官来办理:(1)疑难、复杂、敏感且在社会上有重大影响的;(2)可能对国家安全和社会稳定、政法机关形象和执法司法公信力产生重大影响的;(3)发回重审的;(4)有关单位或个人反映检察官有违法行为的;(5)其他特殊案件。

第二节 捕诉一体运行机制之办案基本概况

一、案件办理规程

(一) 适时介入

《工作规程》规定,检察官与侦查人员在各负其责、互相制约的基础上,加强信息沟通和协调配合,切实做好侦查引导工作。对于重大疑难复杂案件,检察官都会第一时间提前介入引导侦查;对于提前介入的案件情形、时间、工作内容、协调机制等进一步明确,有针对性地制作引导侦查取证提纲,可以明确取证重点,及时引导侦查机关收集固定证据,从源头上保证办案质量。

此外,还要根据统一业务应用系统的要求,将适时介入的案件信息和相关报告等,录入至统一业务应用系统。目前一些检察官忽视了这项内容,将适时介入停留在简单的案件分析讨论,未及时录入相关信息。

(二) 审查批准逮捕

1. 审查方式。《工作规程》规定,审查批准逮捕案件根据具体情况决定是否讯问犯罪嫌疑人,听取侦查机关、辩护人、被害人及其诉讼代理人的意见,复核关键性定案证据。一般来看,武汉市各级检察机关都会在这个阶段进行讯问,听取各方意见。对于事实认定清楚、证据确实充分、情节不严重,但对社会危险性存在争议的案件,还可在作出不批准逮捕决定前组织听证。

2. 对后续侦查工作的建议。(1) 对批准逮捕的案件,认为证据存在瑕疵或者不足的,结合庭审指控需要,提出继续侦查取证的意见;(2) 对批准逮捕案件中未予认定的涉案人员、事实或者罪名,有继续侦查可能的，向侦查机关提出继续侦查取证的意见；（3）对存疑不批准逮捕的案件，提出具有针对性、可操作性的补充侦查提纲，列明需要查清的事实和需要收集、核实的证据及该证据的证明目的等内容。

3. 跟踪监督和引导侦查。不管是批准逮捕并建议侦查机关继续侦查的，还是作出存疑不批准逮捕决定的，检察人员都要定期跟踪继续侦查情况。

武汉市两级人民检察院都强调捕后跟踪监督，在办理审查逮捕案件过程中，既按照审查逮捕的证据要求开展审查，又对全案证据情况进行预判，以审查起诉的标准制作补充侦查提纲，通过出具《逮捕案件继续侦查取证意见书》《附条件逮捕案件继续侦查取证意见书》《不批准逮捕案件补充侦查提纲》等继续侦查取证文书，并围绕"为何查、查什么、怎么查"三方面出具配套的"检察机关要求继续侦查理由说明书"，当面向侦查人员送达并说明，督促公安机关制定相应的侦查计划，跟踪了解侦查取证的最新进展情况。

（三）审查起诉

1. 检察官通过审查案件的管辖、羁押与否、难易程度、认罪认罚情况等，选择适用相应的诉讼程序。

2. 侦诉不一。检察机关改变侦查机关认定的内容，包括增加或者减少犯罪嫌疑人、犯罪事实、罪名，重罪改轻罪，轻罪改重罪，改变犯罪数额、情节等，可能影响量刑档次的……这些情形下都要在审查报告中说明理由。

3. 简案快办。《工作规程》规定，对于事实清楚、证据确实充分、可能判处三年有期徒刑以下刑罚的认罪认罚案件，移送证据材料与审查逮捕时没有实质性变化，且侦查机关已经根据检察机关建议进行相关补充侦查的，可以简化审查报告、快速办理。

4. 集中出庭。对于可能判处三年有期徒刑以下刑罚、适用速裁程序或者简易程序审理的认罪认罚案件，可以根据法院集中开庭审理的工作安排，由非承办检察官集中出庭支持公诉。武汉市江岸区人民检察院在案件流转过程中，采取"三集中"模式，即集中移送、集中起诉、集中开庭，大大提高了办案效率。在 2019 年 11 月 13 日，一天之内公安机关集中移送了 54 件危险驾驶案，案管部门受理次日就将所有案件全部分到承办人手中，上述案件全部在 10 日内作出起诉决定。

（四）诉讼监督

1. 追捕、追诉。检察机关认为遗漏应当逮捕或应当起诉的犯罪嫌疑人，向侦查机关发出《应当逮捕犯罪嫌疑人意见书》或《补充移送起诉通知书》，提出追捕、追诉的建议。

2. 立案、侦查活动监督。检察官在提前介入、审查逮捕、审查起诉过程中发现侦查机关在刑事立案、侦查活动中有违法行为的，随案监督并依法纠正。

3. 审判监督。检察官发现审判机关在审判活动中的违法线索，应开展监督调查核实，还有针对未生效和已生效判决、裁定的抗诉权。

（五）监督制约

1. 按司法责任制要求，检察机关在实行捕诉一体办案机制中按照"谁办案谁负责、谁决定谁负责"的原则确定司法权限和司法责任。

2. 对于拟作绝对不批准逮捕、存疑不批准逮捕、绝对不起诉或者存疑不起诉的，一般应报请检察长或者检察委员会决定。对于拟作相对不起诉决定的案件和重特大疑难案件，在作出不起诉决定前，告知各方当事人及侦查部门可以提出质疑，要求检察机关举行听证会，该项制度在武汉市各级检察机关也已开展实施。

3. 案件评查。在评查中更强调检察官增加侦查机关认定的犯罪嫌疑人、事实、罪名，或者将轻罪变为重罪，获得法院判决认可的，应予鼓励和加分。而判断检察官是否已经尽到充分、审慎的注意义务,可以通过下列途径予以综合判断:案件提请检察官联席会议讨论,听取有关专家或专业机构的意见,开展必要的风险评估、息诉维稳工作,审查报告中对分歧意见、诉讼风险进行充分的预判、分析和论证等。

4. 类罪研讨。在一段时间或同一类型案件办理中,发现在证据标准、法律适用、政策把握等方面与侦查机关存在较大分歧的,及时与侦查机关协商解决,也可以在部门内部对司法实务中的经验和问题及时进行总结和探讨。

(六)协作配合

1. 上下级检察院之间。对需要移送上级或指定下级检察院审查起诉的案件,下级检察院承办审查逮捕工作的检察官及检察官助理可以作为上级检察院检察官助手参与审查起诉和出庭支持公诉,上级检察院必要时也可以指定审查逮捕的检察官参与下级检察院的审查起诉工作。

2. 同级检察院之间。对于需要移送其他同级检察院审查起诉的案件,负责审查逮捕工作的检察官应协助同级检察院开展案件的审查起诉和出庭支持公诉工作。

二、基本经验做法

在捕诉一体起步阶段,我们可能对各方面法律知识的积累和运用会有一些困难,各种矛盾和压力也随之而来,但是武汉市区两级院在实践中不断摸索、勇于创新,开创了一系列的举措来应对捕诉一体机制实施带来的挑战。

1. 捕诉一体对检察人员业务能力和素质提出了更高要求,不仅要有指控思维，还要有侦查思维、辩护思维、审判思维；① 不仅要拓展自己专业知识的广度和深度，还要提升证据审查、庭审指控等实战技能。我们各级检察机关都通过采取公诉、侦监人员相互交流、交叉培训等方式，取其长处、补齐短板。

东湖区院定期组织一次沙龙，以类罪探析、经验总结等为专题，由一组办案组带领大家交流各自办案体会，探讨疑难案件，在此基础上掌握办案和刑事诉讼监督的要点，提升办案效率，保证案件质量。另外，凡是外出参加学习、培训、竞赛的同志，回来后都要将所学知识、竞赛体会等分享给部门全体干警，做到"学员即是教员"。

2. 向侦查延伸，规范提前介入。对于有被害人的案件，引导侦查机关做刑事和解工作；对职务犯罪案件、黑恶势力犯罪、涉国家安全犯罪案件，检察官一包到底、动态跟踪；对电信诈骗案件、毒品犯罪案件等存在的共性问题，及时与公安机关对接。通过引导侦查，减少退查比率，提高刑事案件诉讼效率。东湖区院推行《退查必要性分析》《类案退查模板》，提高了二次退查门槛和案件质量的把关。检察官引导侦查的能力提升，退查率明显降低，补侦力度明显提高，将降低"案-件比"真正落到了实处。

向审判延伸，重视庭前会议，加强与法院沟通，固定无争议事实和证据，就认罪认罚及量刑建议予以确认。

3. 由于案多人少、检察官缺乏时间精力、碍于情面等因素，少数检察官不愿进行诉讼监督。为解决捕诉一体可能造成的诉讼监督弱化问题，实践中我们将诉讼监督活动作为一个案件来办理，并计入检察官的办案量，来调动检察官的积极性。一般通过线索受理、审查立案、调查核实、作出处理决定、依法送达等程序，② 来实现监督案件化办理。

---

① 李营：《"捕诉一体"有利于提高检察产品品质》，载《江苏法制报》2018年7月26日。

② 邓思清：《捕诉一体的实践与发展》，载《环球法律评论》2019年第5期。

4.强化案件管理部门的监督制约作用,落实司法办案量化考评、错案责任追究制,对案件实行全程跟踪、重点监控、提前预警,及时纠正和避免超期办案及违法办案情况的发生;同时实行检察官联席会议制度,以集体的智慧共同研判重大疑难复杂案件。①

5.为避免批捕权和公诉权合一导致的自我否定困难,层层递进的诉讼构造遭到可能的破坏,建立反向审查制度,对于捕后不诉、捕后判无罪等案件进行逐案剖析,以提高对公诉案件的证据把握、法律适用及政策导向的认识。

第三节 捕诉一体运行机制下落实少捕慎诉慎押刑事司法政策实证分析

2020年1月,最高人民检察院检察长张军在全国检察长会议上强调,进一步树立"少捕慎诉"理念,进一步降低逮捕率、审前羁押率,处理好捕、诉与监督的关系。2020年5月,张军检察长在十三届全国人大三次会议上作最高人民检察院工作报告,指出检察机关要更实支持企业经营发展,持续落实服务民营经济11项检察政策,切实做到慎捕、慎诉。2021年4月,少捕慎诉慎押从刑事司法理念上升为刑事司法政策。这样的战略部署,凸显的是在习近平法治思想指引下,党和国家刑事司法政策的适时更新和调整。在最高检的统筹推动下,各地检察机关在办案过程中积极转变工作理念,强化能动履职,将落实少捕慎诉慎押刑事司法政策与认罪认罚从宽制度适用、公开听证等结合起来,实现办案质量、效率、效果同步提升。捕诉一体运行机制的实施,有利于减少审前羁押,更好地贯彻落实少捕慎诉慎押刑事司法政策,最大限度地保障犯罪嫌疑人的合法权益。

---

① 吴洪江:《实行捕诉一体,提升办案质效》,载《检察日报》2018年12月26日。

一、审前羁押减少，少捕慎诉慎押效果凸显

司法理念与政策是当代中国司法体制中一个特殊的制度设计，它以当下的政法体制、司法理念和社会现实为基础，具有时代和地域的合理性，是开展司法治理的重要途径与手段。由于羁押率居高不下一直是困扰司法制度改革的一大难题，其中逮捕率过高是重要因素，因此必须落实少捕慎诉慎押刑事司法政策，以缓解羁押率过高的问题。此次捕诉一体运行机制改革，有学者指出捕诉一体下，囿于批捕审查期限较短，承办检察官以实体作为审查重心，忽视逮捕必要性审查，再加上为避免构罪不捕后犯罪嫌疑人实施妨碍诉讼行为而提高公诉风险，实践中会进一步促使逮捕实体化，"构罪即捕，一捕到底"顺势燎原。[1] 但是，根据统计，2018年12月至2019年5月（以下简称捕诉一体前）武汉市全市检察机关共受理审查逮捕案件6215件/9137人，不批准逮捕919件/1775人，其中不构成犯罪不批准逮捕98人，占比5.5211%，证据不足不批准逮捕1142人，占比64.3380%。2019年7月至2019年12月（以下简称捕诉一体后）武汉市全市各检察机关共受理审查逮捕案件6244件/9090人，不批准逮捕848件/1602人，其中不构成犯罪不批准逮捕108人，占比6.5543%，证据不足不批准逮捕1068人，占比66.6667%。通过数据对比可知，捕诉一体后，不构成犯罪不批准逮捕的占比为6.5543%，相较于捕诉一体前提升了1.0032%，同样，捕诉一体后的证据不足不批准逮捕占比为66.6667%，相较于捕诉一体前提升了2.3287%。这表明，捕诉一体运行机制实施后，承办检察官适用逮捕强制措施更为审慎，将公诉思维融入到了审查逮捕活动中，对案件质量要求更加严格，从而更加注重保障犯罪嫌疑人基本人权。

---

[1] 谢小剑：《检察机关"捕诉一体"改革质疑》，载《东方法学》2018年第6期。

	不构成犯罪不批准逮捕占比	证据不足不批准逮捕占比
捕诉一体前	5.52%	64.34%
捕诉一体后	6.55%	66.67%
提升率	1.00%	2.33%

同样，通过对审查起诉相关数据统计，捕诉一体前，武汉市全市检察机关共受理审查起诉案件9170件/11814人，不起诉308件/389人，其中法定不起诉10件/15人，酌定不起诉243件/282人；捕诉一体后，武汉市全市各检察机关共受理审查起诉案件12066件/15684人，不起诉404件/476人，其中法定不起诉7件/115人，酌定不起诉359件/390人。通过数据对比可知，捕诉一体后，法定不起诉的占比为24.1596%，相较于捕诉一体前提升了20.3036%，同样，捕诉一体后的酌定不起诉占比为81.9327%，相较于捕诉一体前提升了9.4391%，"慎诉"的效果亦为凸显。

	法定不起诉占比	酌定不起诉占比
捕诉一体前	3.86%	72.49%
捕诉一体后	24.16%	81.93%
提升率	20.30%	9.44%

捕诉一体运行机制实施后，之所以不构成犯罪不批准逮捕率与证据不足不批准逮捕率有了提升，以及法定不起诉率与酌定不起诉率有了提升，与少捕慎诉慎押不无关系，但主要原因还在于捕诉一体运行机制所带来的一系列效应。第一，司法责任制下的捕诉一体运行机制，为避免捕后不诉、捕后判无罪而带来的终身责任追究，以及受到"必要性逮捕"和"必要性羁押"司法理念转变的影响，承办检察官决定采取最严厉的强制措施时更为审慎，不仅要严格考虑犯罪嫌疑人是否构罪，是否符合逮捕条件，还会基于其丰富的办案经验对犯罪嫌疑人的量刑进行合理预判，若可能适用缓刑则一般会决定不批准逮捕，以达到刑事案件社

会效果和法律效果相统一。第二，承办检察官的同一性能够使检察官一体化地了解辩护意见，高度重视辩护律师提出的关于定罪、量刑、羁押必要性审查等方面的意见，并有针对性地引导侦查取证，有利于增强辩护意见发表的实质化，从而提高辩护律师对承办检察官决定是否批捕时的影响力，有助于切实保障犯罪嫌疑人的基本人权。第三，捕诉一体运行机制下逮捕证明标准和起诉证明标准层次化不明显，由于逮捕标准中对"社会危险性"的判断具有很强的主观性，而同一个承办检察官不可能在批捕和起诉环节完全割裂两种证明标准，起诉标准必然会影响到逮捕标准，从而客观上促使检察官倾向于慎捕慎诉。① 第四，捕诉一体运行机制实施以后，由于检察官对刑事案件的把关更严，在提前介入侦查以及审查逮捕时就及时引导侦查取证，使得案件事实、证据材料在进入审查起诉环节时就相对固定、明确，从而导致存疑不起诉率的降低，②法定不起诉率和酌定不起诉率的增加。第五，捕诉一体运行机制强化了办理羁押必要性审查案件的合力。从检察机关内部协作看，由于分工和考核机制的不同，检察机关内设部门在对羁押必要性审查缺少有效的工作协调配合机制，特别是捕诉一体改革之前，审查逮捕部门与审查起诉部门分设，部门之间的分工协作联动机制有待确立和完善，未形成办理羁押必要性审查案件合力，这也制约了羁押必要性审查案件的办理。捕诉一体运行机制强化了刑事检察部门办理羁押必要性审查案件的合力，尤其是对于案情简单、证据确实充分不需要继续补充侦查的案件，即使公安机关走快速移送起诉的程序，检察官在审查起诉阶段依旧可以进行羁押必要性审查，从而降低审前羁押率。

除了降低羁押率这一普适价值，少捕慎诉慎押对于民营企业、未成年人等特殊群体亦具有更加重要的意义。以武汉市检察机关办理的付某等人帮助信息网络犯罪活动案为例，犯罪嫌疑人付某、陈某、何某等3

---

① 邓思清：《捕诉一体的实践与发展》，载《环球法律评论》2019年第5期。
② 捕诉一体运行机制实施后，存疑不起诉率由原先的14.91%降为11.97%。

人自 2016 年武汉某大学软件技术专业毕业后，于 2017 年初自主创业成立了一家网络科技公司，利用网络知识为客户提供软硬件批发、软件开发、网站设计维护等服务。2018 年 3 月，客户要求设计一系列包括某银行在内的几家银行的"伪网站"。付某等人抱着侥幸心理，以为只是单纯设计网站，不属于违法行为，遂为客户设计了多家银行的"伪网站"，将网站的管理者权限交于客户个人，并按客户要求提供了后续涉案网站的域名变更服务。经验证，付某等 3 人所制作的伪网站和银行官网雷同，只要银行客户登录了伪网站，包括账户名和密码等银行卡信息就被自动收集，伪网站的管理者通过后台进入可取得所有登录的客户的个人银行卡信息。2018 年 4 月，某银行向公安机关报案称发现伪造的官方网站，并有客户银行卡信息被盗用。通过技术手段，公安机关锁定了制作伪网站的付某等人所在的网络公司，并在付某电脑上发现了"伪网站"交易的信息，后将付某、陈某、何某等 3 人抓获归案。2018 年 4 月 28 日，公安机关以付某等 3 人涉嫌帮助信息网络犯罪活动罪向武汉市江岸区人民检察院提请批准逮捕。审查批捕阶段，承办检察官认真审阅卷宗并依法讯问了付某等 3 人。经讯问了解到付某等人系刚毕业的大学生，其自主创业成立的武汉企盛科技有限公司为一家小型网络技术公司，处于创业初期的 3 人，因社会经验和法律知识欠缺，对业务未加甄别，因此误入犯罪深渊。经全面审查，该院认为付某涉嫌帮助信息网络犯罪活动罪的事实清楚、证据充分，但考虑到其自主创业创新积极性值得鼓励，同时其系初犯，到案后认罪态度较好，在武汉有固定住所，采取取保候审不致发生社会危险性，遂对付某依法作出不批准逮捕决定。同时，鉴于陈某的帮助行为目前无充分证据印证，对其依法作出事实不清、证据不足不捕决定；何某对制作伪网站的情况不知情，情节显著轻微，危害不大，对其作出无罪不捕决定。该案中，检察机关结合武汉市开展的"百万大学生留汉创业就业计划"，在办案中准确把握法律政策界限，注重改进司法办案方式方法，依法对大学生创业主体慎用逮捕强制措施，有效保护大学生创业创新积极性，为推动"大众创业、万众创新"战略实施营造良好法治环境。

总之，捕诉一体运行机制有利于降低审前羁押率，是严格贯彻落实宽严相济刑事政策的重要体现，同时也有利于重构符合比例原则的逮捕价值观，回归逮捕的预防功能。审前羁押率的下降，有效避免了法院为防止承担刑期倒挂责任而根据被告人羁押期限来确定最终判决刑期的情形，能够使量刑更为合理，切实尊重和保障了被告人合法权益。

二、捕诉一体运行机制下少捕慎诉慎押刑事司法政策强化之进路

少捕慎诉慎押刑事司法政策通过连接法律与政治、国家中心任务和司法实务，在个案中促进了政治效果、法律效果和社会效果的统一。纵观捕诉一体运行机制在司法实践中的运行状况，其在减少审前羁押率、践行少捕慎诉慎押刑事司法政策等方面确实发挥了重要作用，但囿于机制运行时间较短、配套机制不足等原因，部分预设价值功能尚未显现出来。其中较为突出的是"无社会危险性不逮捕率"不升反降，由原来的28.7887%下降为25.4057%。

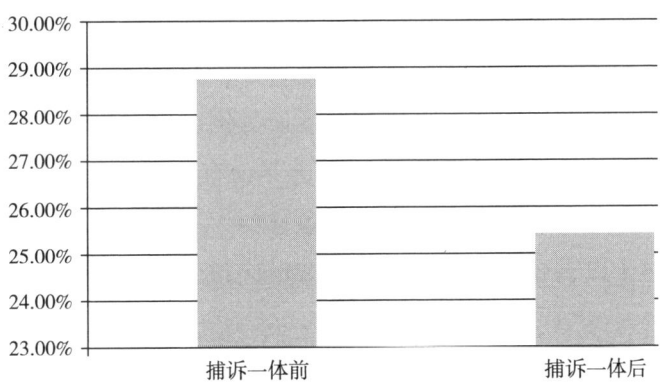

无社会危险性不逮捕率

少捕慎诉慎押刑事司法政策对刑事检察的指导意义在于，最大限度地降低审前羁押率。理论上，捕诉一体运行机制下，承办检察官为避免承担捕后不诉、捕后判无罪的不利后果，决定采取最严厉的强制措施时会更为审慎，并高度重视辩护律师提出的关于羁押必要性等方面的意见，强化辩护律师发表辩护意见的连贯性和实质化，客观上提升"不构成犯罪不捕率"和"证据不足不捕率"，再加上深受少捕慎诉慎押和更高起诉证明标准影响，从而提升"无社会危险性不逮捕率"。但目前司法实践数据反映的情况正好相反。当然，这并不能必然否定捕诉一体运行机制对降低逮捕率的正向作用，因为逮捕率本质上是由犯罪总体态势决定的，犯罪率升高，犯罪嫌疑人具有社会危险性及逮捕必要性等客观原因均可能导致逮捕率居高不下。因此，捕诉一体运行机制实施后，检察机关对于少捕慎诉慎押刑事司法政策的落实应进一步强化。

（一）引导侦查机关纠正对审前羁押的认知偏差

强制措施是在定罪判刑前对刑事强制相对人人身自由的限制或者剥夺，其存在的法理依据是保障诉讼的顺利进行和防止继续危害社会行为的发生。[①] 最高人民检察院第一检察厅在相关调研报告中指出，少数侦查机关人员仍存在重打击、轻保护的理念，因此，检察机关需要及时引导侦查机关纠正对审前羁押的理念偏差，在侦查环节最大限度减少审前不必要羁押。以对民营企业刑事犯罪诉讼为例，根据《最高人民检察院关于充分发挥检察职能依法保障和促进非公有制经济健康发展的意见》的精神，对民营企业涉案人员，符合条件的，一般不采取拘留、逮捕强制措施；对于民营企业经营管理者和关键岗位工作人员的犯罪案件，也

---

① 樊崇义、赵培显：《我国强制措施制度的进步与发展》，载《人民检察》2012年第9期。

应严格慎用拘留、逮捕措施。① 我国的民营企业大多数是中小企业，由自然人作为股东并且股权相对集中，公司由少数股东或实际控制人控制。当该企业直接责任人被限制人身自由之后，该企业往往陷入经营困境当中，导致无法正常运营，这势必会从整体上影响我国民营经济的发展，也与我国保障民营经济的一贯政策不相符。因此，检察机关应引导侦查机关加大对非羁押性强制措施的适用，"非羁押性强制措施既能避免羁押带给犯罪嫌疑人、被告人的标签效应，防止因'交叉感染'而加重其反社会的人格风险，又有助于节约司法成本，提高诉讼效益"。② 同时，如根据案件现实必须要对民营企业涉案人员采取拘留或逮捕强制措施的，在案件事实查明以及相关证据已经收集到位后，可考虑酌情、及时变换为非羁押性强制措施。在审查批捕环节，对于可捕可不捕的案件，检察机关应及时作出不批准逮捕决定。

（二）少捕慎诉慎押中法律方法的运用

少捕慎诉慎押既是检察理念，又是一项刑事司法政策，检察机关在适用理念或政策过程中，应运用法律方法。法律适用中的法律方法主要包括法律解释、法律推理、价值判断、漏洞填补等。以法律解释为例，"法律非经解释不得适用"，法律解释对于被告人的定罪与量刑至关重要，检察机关在决定是否逮捕、起诉时，需要对相关的法律条文进行诠释，进而适用法律。以武汉市检察机关办理的程某某涉嫌盗窃案为例，2017年9月6日，被害人何某某打听到朋友程某某有中国银行的银行

---

① 参见《最高人民检察院关于充分发挥检察职能依法保障和促进非公有制经济健康发展的意见》第9条的规定：对于有自首、立功表现，认罪态度较好，社会危险性不高、积极配合的非公有制企业涉案人员，一般不采取拘留、逮捕措施。对于查办非公有制企业经营管理者和关键岗位工作人员的犯罪案件，主动加强与涉案企业或者当地政府有关部门、行业管理部门的沟通协调，合理掌控办案进度，严格慎用拘留、逮捕措施，帮助涉案非公有制企业做好生产经营衔接工作。

② 李云：《逮捕后变更强制措施乱象治理研究》，载《法治论坛》2016年第2期。

卡，主动要求借用犯罪嫌疑人程某某中国银行的银行卡用于港币兑换。借到卡之后何某某在武汉市江岸区中山大道593号中国银行自动存款机内将42000多元人民币存入该银行卡，转至银行柜台兑换港币时，发现卡中29000余元已被人转走，经查，程某某手机开通了短信提醒业务，何某某将款项存入后，程某某马上通过手机网上支付将29000余元转入自己支付宝及微信账户内，用于自己消费挥霍一空。何某某多次联系程某某，其均避而不见，并逃匿去外地。犯罪嫌疑人程某某涉嫌盗窃罪一案，由被害人何某某于2019年1月18日报案至武汉市公安局江岸区分局。武汉市公安局江岸区分局经审查，于2019年1月19日立案侦查，将犯罪嫌疑人程某某抓获并采取刑事拘留强制措施，后于2019年2月12日提请审查犯罪嫌疑人程某某涉嫌盗窃罪一案的文书及案卷材料、证据。公安机关认为，何某某使用程某某的银行卡用于港币兑换，程某某趁其不备秘密窃取，将卡内余额转移至自己使用，构成盗窃罪。检察机关则认为，程某某的行为涉嫌侵占罪而非盗窃罪，理由如下：第一，控制是指人对财物的支配、管理状态。控制属于事实上和物理意义上的掌控，不等于法律意义上的占有，即"占为己有"。侵占罪不仅可能侵占自己直接控制的他人财物，而且可能侵占法律形式上控制的他人财物。就本案而言，由于我国对银行卡实行实名制，必须由本人携带身份证才能申领，银行卡内资金交易的权利、义务由持证申领人享有和承担，即银行卡申领人被视为银行卡的全部权利的所有人，其具有支配、使用卡内全部资金等各项权利。非经法定机关通过法定程序作出决定，任何其他人无权对抗其行使上述各项权利。借用人虽然持有银行卡并掌握银行卡的密码，但是其一旦将资金存放在借来的卡内，该资金就在法律形式上处于银行卡申领人的控制之下。何某某自愿将其财产存入程某某控制之下的银行卡账户内，程某某此时合法享有了对这笔财产的控制权。何某某实际上相当于将自己的财物存入程某某账户让其代为保管，程某某获取款项时为合法占有。第二，犯罪嫌疑人程某某合法获取款项后产生变合法占有为非法所有的主观故意，其非法占有目的，发生在实际持有、控制他人的托管物之后，因此处置了部分款项，并在被害人向其索要的情况下挥霍一空拒不归还，其行为符合侵占罪的构成要件。第三，根据《刑法》第270条的规定，犯罪嫌疑人程某某的犯罪数额达到了侵占罪数额较大的标准，侵占罪为告诉才处理的罪名，不属于公诉案件。2019年2月19日，检察机关根据审查认定的事实，依据《刑事诉讼法》第16条的规定，决定不批准逮捕，并于同日发出《要求说明立案理由说明书》，要求公安机关对本案立案理由进行说明并撤案，公安机关于同日回复《撤案决定书》，释放犯罪嫌疑人程某某，并对本案撤案。该案例也充分阐释了检察机关在办理刑事案件过程中，既仔细甄别案件的事实，全面审核案情，坚持以事实为依据、以法律为准绳，又充分理解、精准运用法律条文，以法律方法正确区分罪与非罪、此罪与彼罪的界限，从而做到少捕慎诉慎押。

少捕慎诉慎押政策作为刑事检察工作的非正式法源，通过法律方法的方式进入司法。博登海默将法源分类为法律的正式渊源与非正式法源，其中，法律的非正式渊源包括"正义标准、衡平法、公共政策、道德信念、社会倾向和习惯法"。[①] 少捕慎诉慎押作为一项刑事司法政策，在法律适用的过程中，这项刑事政策便作为非正式法源通过法律解释和漏洞补充的方式得以适用。例如：A公司为医疗器械销售企业（民营企业），其单位主要负责人甲在开展出售医疗设备的业务过程中，违反国家规定，代表A公司向某大型国有医院院长给付设备回扣款共计人民币40万元，从而获得了一系列不正当利益。在案件审查起诉过程中，办案人员发现绝大部分违法所得归属了甲个人，A公司只获得了一小部分的违法所得，且利益相差十分悬殊。那么检察机关是否应当对A公司以涉嫌单位行贿罪提起公诉呢？违法所得利益的归属是区分行贿罪与单位行

[①] ［美］E. 博登海默：《法理学、法律哲学与法律方法》，邓正来译，中国政法大学出版社2004年版，第430页。

贿罪的重要依据之一，我国《刑法》第393条作出了相关的规定："因行贿取得的违法所得归个人所有的，依照本法第三百八十九条、第三百九十条的规定定罪处罚。"根据该法条的理解，如果因行贿取得的违法所得归个人所有的，即使单位是为了自身的利益去行贿，或者违反国家规定，给予国家工作人员以回扣、手续费，情节严重的，也不能对该单位以单位行贿罪评价。但在司法实务当中，如果出现违法所得部分归属了单位，部分归属了个人的这一情形，该如何处理？对于这一问题，相关立法与司法解释没有具体的规定，即出现了法律漏洞。① 对于该法条如何适用，相关学者亦给出了不同的解释方案。有学者认为"对于个人利益与单位利益之间存在依存关系，个人以单位名义进行行贿的行为，应当属于单位行贿罪"。② 还有学者认为"原则上应当按照个人行贿和单位行贿分别处理，对个人认定行贿罪，对单位认定单位行贿罪。但是，当利益过于悬殊时，应当只对获得绝大多数违法所得者认定为犯罪"。③ 笔者赞成后者的观点，但必须要有充分的说理，从填补法律漏洞的一般方法出发，刑事政策的司法适用为这一结论提供了正当性的依据。在法律适用的困境中，刑事政策为解决法律适用困境指引了价值判断的方向，该案例中，A公司的行为本身本已经涉嫌单位行贿罪，但由于绝大部分违法所得归属了甲个人，A公司只获得了一小部分的违法所得，且利益相差悬殊，故检察机关可根据保障民营经济健康发展的国家政策以及对民营企业的少捕慎诉慎押刑事司法政策进行价值判断，不对个人行贿与单位行贿分别处理，而只对甲以涉嫌行贿罪提起公诉，对A

---

① 拉伦茨在《法学方法论》中将法律漏洞描述为"违反计划的不圆满性"。杨解君认为"法律漏洞是指由于各种主客观原因使法律规定在内容上出现欠缺或不周密，从而造成法律适用的困难"。根据学者关于法律漏洞的定义，这一问题显然构成了法律上的漏洞。

② 林亚刚主编：《贪污贿赂罪疑难问题研究》，中国人民公安大学出版社2005年版，第248页。

③ 肖中华：《贪污贿赂罪疑难解析》，上海人民出版社2006年版，第215页。

公司不起诉即可。① 在法律解释中，政策同样可以为解释提供宏观上的引导，从而采取符合政策和理念要求的解释方式。

第四节　捕诉一体运行机制下办案质量稳中有升

公平正义是政法工作的生命线，司法机关是维护社会公平正义的最后一道防线。就检察机关而言，优质高效办案是首要任务，保障案件质量是立足之本。捕诉一体运行机制的本质是检察权内部职能的重新配置，其以提高刑事案件质量、强化侦查监督质效、提升办案效率为预设价值目标，契合了当前以审判为中心的诉讼制度改革对办案效率和办案质量的内生需求。

本节立足于湖北省武汉市检察机关捕诉一体运行机制改革前后，办理审查批准和审查起诉案件的基本情况，对比分析捕诉一体前和捕诉一体后的情况变化及原因，通过实证研究的方法深入探究司法实践中捕诉一体运行机制在提升办案质量、保障公平正义方面的运行效果。

一、权责清晰明确，倒逼办案质量逐步提升

捕诉一体前，武汉市全市检察机关共受理审查逮捕案件6215件/9137人，审查起诉案件9170件/11814人，其中不构成犯罪不批准逮捕98人，占比5.5211%；捕后不起诉案件44件，占所有受理审查起诉案件总数的比重为0.4798%；提起公诉后法院作无罪判决的共3人，占比0.0263%。捕诉一体后，武汉市全市各检察机关共受理审查逮捕案件6244件/9090人，审查起诉案件12066件/15684人，其中不构成犯罪不

---

① 在司法办案中还需根据具体案情综合考虑各方面的因素以做出判断，相关法律文书也应严格说理。

批准逮捕 108 人，占比 6.5543%，与捕诉一体前相比上升了 1.0332%；捕后不起诉案件 55 件，占比 0.4558%，与捕诉一体前相比下降 0.024%；起诉后被判无罪的 3 人，占比 0.0197%，下降 0.0066%。

	受理审查逮捕案件	审查起诉案件	不构成犯罪不批准逮捕	捕后不起诉案件	起诉后法院作无罪判决
捕诉一体前	6215 件/9137 人	9170 件/11814 人	98 人	44 件	3 人
捕诉一体后	6244 件/9090 人	12066 件/15684 人	108 人	55 件	3 人

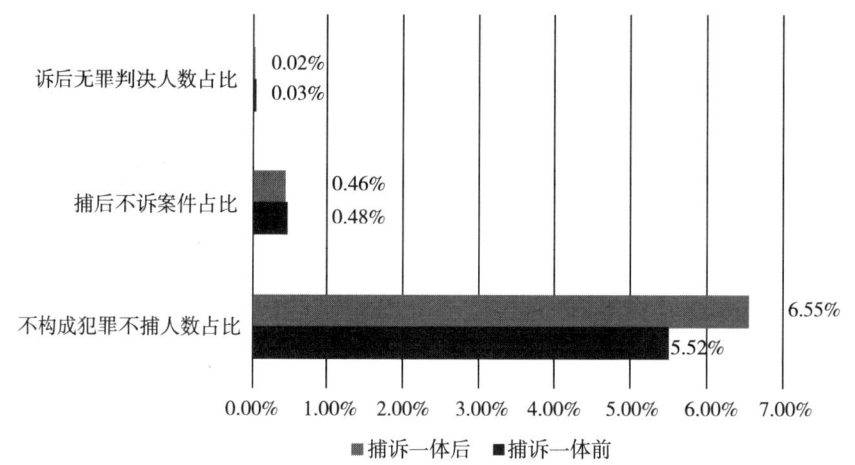

	捕诉一体前	捕诉一体后	变化趋势
不构成犯罪不捕人数占比	5.5211%	6.5543%	1.0332%
捕后不诉案件占比	0.4798%	0.4558%	-0.0240%
诉后无罪判决人数占比	0.0263%	0.0197%	-0.0066%

不构成犯罪不批准逮捕的比例稍有提升，而捕后不诉、诉后无罪判决率均略有下降，这一升一降反映出捕诉一体运行机制下承办检察官认真审查证据材料，充分利用批捕权实现对刑事侦查工作的监督把关，及时纠正侦查偏差，确保案件质量。由此可见，部分学者"捕诉一体运行

机制使内部监督制约作用弱化，不利于保障案件质量"的担忧并未出现。究其原因，主要包括以下几个方面：

其一，办案权限进一步下放，承办检察官拥有完整的检察权，办案主体意识和独立性有所增强。近年来，随着司法改革的深入推进，司法机关纷纷推进办案责任制改革，以强化司法办案人员的办案责任，提升办案质效。具体到检察机关，2015年9月25日，最高人民检察院颁布实施了《关于完善人民检察院司法责任制的若干意见》，实行"谁办案谁负责，谁决定谁负责"的错案责任倒查问责制和办案质量终身负责制。"谁办案谁负责"的核心要义即承办检察官对案件的处理具有决定权，而捕诉一体运行机制同时赋予一名检察官对刑事案件的批捕权和起诉权，职能权限的进一步扩大增强了检察官办案的自主决定权，从而促使其审查案件时恪尽职守，以避免承担被终身追责的后果。同时，捕诉一体运行机制也可以将司法责任制落实得更为具体。由一名员额检察官同时负责审查逮捕与审查起诉工作，不管是审查逮捕环节还是审查起诉环节，如果案件出现质量问题，都需要该名员额检察官担责，这就很好地解决了"责任区"难以划分的问题。承办检察官基于"捕得对、诉得出、判得了"的办案原则，对引导侦查、事实认定、法律适用更加精细，强化检察官的客观义务，使得检察官更加审慎地行使刑事检察权，从而保证了案件质量。

在全面落实司法责任制的背景下，捕诉一体的合理根据是检察机关内设机构的整合、办案权限的下放以及追责机制的强化。[①] 检察官办案责任制作为司法责任制改革的重要内容之一，对推动检察体制内的制度改革和革新，实现检察治理体系和治理能力现代化等方面具有重大意义。

其二，权责清晰明确，倒逼承办检察官增强责任感，不断提升业务

---

① 原立荣、刘铃悦：《司法责任制背景下捕诉一体的合理根据及完善》，载《西南政法大学学报》2019年第2期。

能力，保障案件质量。员额检察官制度与内设机构改革是检察机关司法责任制的重要内容。为了解决案件办理的非亲历化、办案效率有待提高以及办案责任追究模糊化等问题，对检察队伍实行员额制改革，即由员额检察官对自己办理的案件终身负责，以强化办案质效。实行员额制是落实司法责任制"谁办案谁负责，谁决定谁负责"的必然要求。解决了办案主体之后，接下来就要通过内设机构改革，赋予员额检察官"完整"的办案权。

捕诉分离模式下，同一个案件由批捕部门和起诉部门分别负责，理论上这种分权负责的模式避免了权力过分集中，捕诉关系呈现出分离的状态，有助于形成强有力的内部监督制约，通过在审前建立两道相对独立的防线来保障案件质量。① 然而，受制于部门间的利益关系以及绩效考核的现实考虑或碍于"同事关系"，针对批捕部门已批捕的案件，有可能会出现"带病起诉"，而指控如果未获法院肯定，由于权力主体的分散性，容易导致责任认定不清。② 但根据权责对等原则，捕诉一体运行机制下检察权的整体下放必然带来办案主体责任的具体化和明确化，捕诉权力主体的一致性使得承办检察官要时刻秉承"捕得对、诉得出、判得了"的办案原则，更加审慎地进行证据审查和事实认定。司法责任制和捕诉一体运行机制双重改革的叠加效应，形成了对承办检察官提高办案能力和业务水平的责任倒逼机制，促使检察官主动学习批捕和起诉业务知识，提升办案能力，补齐知识短板，办案时谨慎负责，在批捕的同时充分考虑公诉效果，确保批捕的正确性和起诉的有效性，切实保障刑事案件质量经得起历史考验。

---

① 胡冬平：《捕诉合一不宜推行》，载《检察日报》2004年7月19日。
② 原立荣、刘铃悦：《司法责任制背景下捕诉一体的合理根据及完善》，载《西南政法大学学报》2019年第2期。

二、捕后引导侦查能力大幅上升，退查率下降，审前主导责任强化

党的十八届四中全会全面部署了以审判为中心的刑事诉讼制度改革，这一重要决策部署对刑事诉讼各主体的办案提出了新的更高要求。在刑事办案中，无论是侦查环节、检察环节，抑或审判环节，各办案主体均应贯彻以审判为中心的诉讼理念，并以审判的标准对刑事办案进行改进，各个阶段获取的证据材料应当经过法庭质证、认证，并排除非法证据，才能成为定案的证据，要确保侦查、审查起诉等环节认定的案件事实和证据经得起法律的检验，把程序正义、法律面前人人平等、尊重和保障人权、罪刑法定、罪责刑相适应、控辩平等等理念和原则不折不扣地落实到每一个环节中，从而实现司法公正。

以审判为中心的诉讼制度改革对整个刑事诉讼制度的理念更新与制度发展提出了新的要求，刑事审前程序亦如此，对于以审判为中心的理解，并不是说把所有的刑事案件都推向审判程序，案件在审前程序中的处理也至关重要。因此，落实以审判为中心的要求有赖于刑事审前程序功能的充分发挥，检察机关在刑事审前程序中的主导作用必不可少。所谓"审前主导"是指检察机关在刑事审前程序的运行中发挥主导性作用，形成以证据审查、程序选择为主导的刑事指控体系。

检察机关在刑事审前程序中的主导作用，主要体现在以下几个方面：一是在证据的审查与运用方面起主导作用。在刑事案件中，检察机关对其公诉活动承担证明责任，主导证据的收集、审查和运用。在侦查阶段，对于重大、疑难、复杂的案件，检察机关可以提前介入侦查活动，引导侦查方向与侦查取证。在审查起诉阶段，检察机关在对案件进行审查时，如发现有事实不清、证据不足等情况，可以将案件退回公安机关补充侦查，也可以自行补充侦查。补充侦查工作对于有效收集证据、降低"案－件比"、提高办案质效具有重要意义，也是检察机关在

刑事审前程序中起主导作用的重要表现形式。二是在程序的选择与适用方面起主导作用。随着认罪认罚从宽制度写入《刑事诉讼法》以来,刑事诉讼程序呈现出多元化特征,可分为普通程序、简易程序和速裁程序,检察机关可通过犯罪嫌疑人的供述情况,对这三种诉讼程序进行选择适用,发挥着主导作用。另外,由于捕诉一体改革伴随着检察机关内部"繁简分流"办案机制的推行,刑事程序的"审前过滤"功能将最大限度地发挥,这有利于司法机关将宝贵的司法资源用于办理疑难、复杂案件。三是在指控标准方面起主导作用。检察机关通过自由裁量权,以起诉或不起诉的方式,体现规制犯罪指控标准的主导性。根据我国刑事诉讼法的规定,检察机关在对公安机关侦查终结移送起诉的案件进行审查后,认为犯罪嫌疑人的行为不符合起诉条件或没有必要起诉的,可以依法不起诉。不起诉是检察机关自由裁量权的体现,在检察机关的主导下,通过明确指控标准,通过酌定不起诉等非刑罚化处理方式,合理配置诉讼资源,以达到缩减司法成本、提高诉讼效率的目的。

捕后继续侦查取证意见书的适用便是检察机关介入引导侦查、充分发挥审前主导作用的重要体现。捕诉一体前武汉市检察机关办理审查逮捕案件共发出1797份捕后继续侦查取证意见书,占批准逮捕案件总数的33.9313%,捕诉一体后共发出捕后继续侦查取证意见书2365份,占全部批准逮捕案件的43.8288%,比捕诉一体前增长9.8975%。

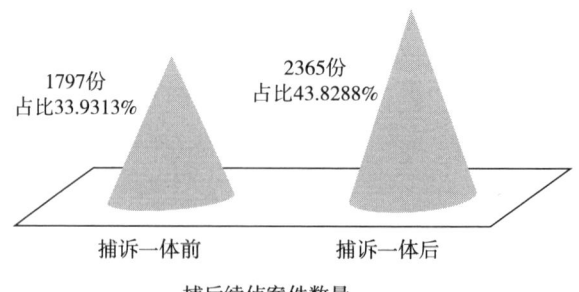

捕后续侦案件数量

第六章 捕诉一体运行机制之实证分析

可见，捕诉一体运行机制下，承办检察官更注重在审查逮捕环节就介入引导侦查，以满足将来起诉环节证据证明标准提高的客观要求。而这种前置性的引导侦查客观上又能起到降低退回补侦次数、提高办案效率的作用。武汉市检察机关捕诉一体后公诉案件一次退查比率和二次退查比率分别下降 4.4617% 和 2.5763%，以及延长审查起诉期限适用率也下降了 6.5839%，[1] 便是有力证明。

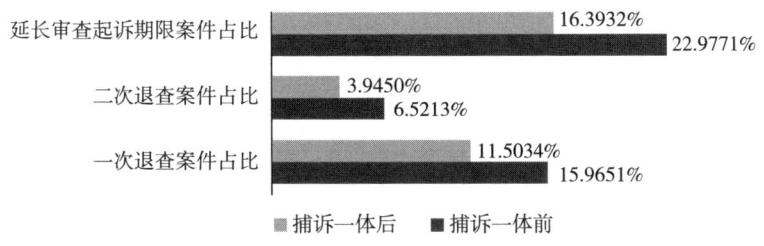

捕诉分离模式下，有些批捕阶段承办检察官囿于审查期限短，案多人少、精力不足，业务能力有限等客观原因，无法或者疏于提出有针对性、可操作性强的补充侦查意见。即使提出相应的继续侦查事项，也因为其工作职权具有阶段性，责任转移后批捕阶段承办检察官无权对后续侦查活动展开有效监督，最终导致继续侦查意见中侦查事项的落实效果欠佳，审前主导能力较弱。那么，这些证据不够确实充分的案件"带病"流转至审查起诉环节，必定会引发程序倒流，从而降低办案效率，还可能因关键性证据的灭失而使庭审限于被动局面，影响指控犯罪和案件质量。

在捕诉一体运行机制下，同一承办检察官既要负责审查逮捕，又要出庭支持公诉，为适应以审判为中心诉讼制度改革后庭审实质化对证据

---

[1] 捕诉一体前武汉市全市检察机关审查起诉案件中一次退查案件共 1464 件，占比 15.9651%，二次退查的案件共 598 件，占比 6.5213%，延长审查起诉期限案件 2107 件，占比 22.9771%；捕诉一体后一次退查共 1388 件，占比 11.5034%，二次退查 476 件，占比 3.9450%，延长审查起诉期限案件 1978 件，占比 16.3932%。

的高标准和严要求，其在审查逮捕环节即以庭审的标准和要求为导向，高度重视捕后引导侦查工作，切实将介入引导侦查工作前移，有效减少捕后诉前引导侦查取证的空档期。承办检察官超前考虑案件办理的全过程，充分发挥检察机关全流程的引导侦查作用，在批捕后及时根据在案证据情况就侦查方向、侦查方法及证据收集等方面提出针对性的建议，以确保证据收集到位。

例如武汉市江岸区人民检察院在办理童某某妨害公务案中，发现两名被害人系新冠肺炎疫情期间下沉干部，但案卷中缺乏证明被害人身份和职责的证据。同时参照最高检的第一批和第二批指导性案例，从起诉的标准看，还缺少关于成立各级防疫指挥部、决定干部下沉到基层参与疫情防控工作、小区实行封闭管理的文件，承办检察官便及时向公安机关提出精确明晰的补充侦查提纲，将上述问题一一列出，公安机关很快将各项证据补充完毕，为顺利提起公诉乃至审判奠定了坚实基础。同时，尤其注意引导收集影响犯罪嫌疑人量刑的相关证据，并实时跟踪监督侦查人员的侦查取证活动，及时矫正不规范的侦查行为，督促侦查人员及时收集、固定监控录像、痕迹鉴定、现场勘验、通话记录等关键性证据，防止出现因取证不及时造成关键证据灭失、改变或侦查活动违法而导致关键证据被排除等不利于庭审指控犯罪的风险。这不仅能够使承办检察官实现对案件的全面认识和系统把握，也是检察机关增强审前主导作用的重要体现。①

司法实践中捕诉一体前后存疑不起诉案件及人数所占比重分别下降了 0.1082% 和 0.1275%②，恰好证明了这一点。

---

① 闵正兵：《"捕诉一体"办案模式的实践与审视》，载《人民检察》2020 年第 4 期。
② 捕诉一体前存疑不起诉案件共 35 件 58 人，捕诉一体后为 33 件 57 人，案件数占所有受理公诉案件总数的比重由 0.3817% 下降为 0.2735%，存疑不起诉犯罪嫌疑人人数占比由 0.4909% 下降为 0.3634%，分别下降 0.1082% 和 0.1275%。

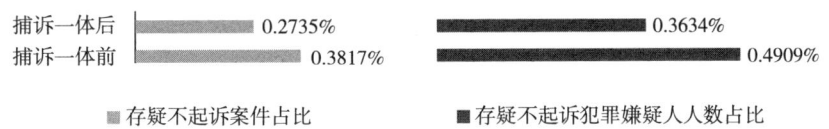

另外,审前引导侦查能力的增强有利于强化刑事指控质效。根据我国刑事诉讼法的规定及司法实践,起诉标准和逮捕标准有所不同,一般来讲,起诉标准要高于逮捕标准。在捕诉一体运行机制的背景下,检察官心中的起诉标准可能会影响到逮捕标准中的主观因素,从而无形中促使检察官趋于少捕慎捕,这对于贯彻宽严相济刑事政策,以及强化检察机关的刑事指控质效具有明显的功用。同时,引导侦查的前移客观上避免了因证据不充分引发的退回补侦等程序倒流,从提高办案效率的层面保证了追究刑事犯罪的质量和效果。

三、认罪认罚案件增多,上诉率下降,助推认罪认罚从宽制度实施

张军检察长在 2020 年最高人民检察院工作报告中提出,刑事诉讼法确立的认罪认罚从宽制度要求检察机关以在案事实、证据促进犯罪嫌疑人自愿认罪、认同量刑建议,同时听取律师意见、细致做好被害人工作,办案难度倍增、检察责任更重。捕诉一体运行机制改革助推了认罪认罚从宽制度的实施,捕诉一体前武汉市全市检察机关适用认罪认罚从宽制度办理刑事案件的数量上升。捕诉一体前共受理 92 件上诉案件,占比 1.0381%,捕诉一体后受理 93 件上诉案件,占比 0.7975%,下降了 0.2406%。

(一)捕诉一体下检察官以在案事实、证据促进犯罪嫌疑人自愿认罪、认同量刑建议

捕诉一体运行机制实施以来,认罪认罚案件数量明显增加,一方面源于认罪认罚从宽制度在检察机关的大力推行;另一方面则是因为捕诉

一体运行机制下检察权的整体行使对犯罪嫌疑人认罪服法具有促进作用，有助于发挥认罪认罚从宽的制度效应。捕诉一体运行机制与认罪认罚从宽制度本不是一个维度的两项改革，捕诉一体运行机制侧重的是检察机关内设机构、办案组织层面的改革，认罪认罚从宽制度侧重于刑事诉讼层面的改革，公检法三机关均可依法适用认罪认罚从宽制度来办理刑事案件，它强调控辩双方协商并最终由法院审查决定。[①] 捕诉一体运行机制下，一个刑事案件从始至终由同一名承办检察官负责，增加了其对审查案卷材料的亲历性和诉讼程序参与的全程性，有助于全面把握案情，准确了解犯罪嫌疑人认罪态度、认罪顾虑等情况；且其批捕和起诉职权的合二为一，促使承办检察官在批捕环节就为起诉做准备，针对不认罪的犯罪嫌疑人认真听取其辩解，分析辩解的合理性，结合其他证据分析其拒不认罪的原因，并找准证据链条的薄弱环节，充分利用捕后引导侦查来补充证据，利用充足的证据及认罪认罚从宽制度对其宽大的处理结果争取使其认罪服法；而且，对于共同犯罪中存在认罪和不认罪的多名被告人时，可以通过将已认罪认罚的犯罪嫌疑人的处理情况来引导不认罪的犯罪嫌疑人，并利用充分的证据打消其抗拒心理，引导其尽早认罪。另外，承办检察官可以根据案件及证据的具体情况，说服犯罪嫌疑人及早自愿认罪，从而为后续起诉的顺利进行创造条件，客观上有助于提高诉讼效率和化解社会矛盾；承办检察官的同一性亦能够大大降低犯罪嫌疑人侥幸心理作祟、面对不同承办人随意翻供的风险，保证了犯罪嫌疑人供述的稳定性，增强了认罪认罚从宽制度适用的质效。

例如武汉市青山区人民检察院办理的付某某非法经营案，犯罪嫌疑人付某某系某私人加油站老板，其于2018年9月至2019年4月期间，伙同其他人在未取得《危险化学品经营许可证》《成品油批发经营许可证》的情况下，私自开设加油站，并以低于市场价格对外销售标注为92号汽油的成品油。由于其他犯罪嫌疑人未到案，犯罪嫌疑人付某某心存

---

① 陈卫东：《认罪认罚从宽制度研究》，载《中国法学》2016年第2期。

侥幸，拒不承认自己所犯罪行，企图利用证据薄弱点逃脱罪责。该院承办检察官一方面积极引导公安机关继续补充证据，另一方面建议追抓其他犯罪嫌疑人。同案犯追抓到案后，由于同案犯认罪认罚，承办检察官适用认罪认罚程序，从宽从快办理了同案犯的案件。之后承办检察官以同案犯追抓到案、起诉及量刑情况说服犯罪嫌疑人付某某认罪，付某某逐步认清形势，转变认罪态度，如实供述了罪行。由此可见，捕诉一体运行机制下承办检察官的亲历性和全程参与性能够准确把握共同犯罪中各个犯罪嫌疑人的心理防线，找准案件突破点，各个击破。

（二）捕诉一体促进了控辩协作，提升认罪认罚适用率

捕诉一体实施后控辩关系得到良性改善也是认罪认罚从宽制度适用率提高的重要原因。在捕诉一体运行机制下，检察机关通过担当"主体责任"与公安机关、人民法院以及当事人、其他诉讼参与人形成目标一致的协同体系，引导彼此之间的沟通与协作，并以此为基础促成更具公信力的裁判，从而在整体上呈现出"协同性司法"的崭新范式。[1] 在"协同性司法"格局中，承办检察官听取辩护律师意见的主动性逐步增强，高度重视辩护律师提出的关于定罪、量刑等方面的意见，且权力行使主体的一致性确保辩护意见发表的连贯性和实质化，控辩沟通机制更为畅通，这就有助于在犯罪事实清楚、证据确实充分而犯罪嫌疑人不认罪的情况下，通过辩护律师给犯罪嫌疑人做工作促使其认罪认罚，实现节约司法资源、化解社会矛盾的效果。捕诉一体运行机制通过倒逼承办检察官批捕和起诉业务能力的提升，能够有效解答犯罪嫌疑人在批捕环节关于判多久的疑问，促使其在利弊权衡下积极认罪，争取最大幅度的量刑从宽，从而提高犯罪嫌疑人对量刑建议的接纳度，降低上诉率，最

---

[1] 陈瑞华：《刑事诉讼的公力合作模式——量刑协商制度在中国的兴起》，载《法学论坛》2019年第4期。

终实现协商性司法与宽严相济刑事政策所欲追寻的互利共赢的诉讼结果。①

（三）捕诉一体下完善检察机关适用认罪认罚从宽制度之方向

对于认罪认罚从宽制度，张军检察长强调要"认真抓好更高质量、更好效果的适用"，最高人民检察院也提出了"两提高、一降低"的目标，即提高确定刑量刑建议适用率、提高法院量刑建议采纳率、降低被告人上诉率的目标。在捕诉一体运行机制下，检察机关适用认罪认罚从宽制度应在以下几个方向进行完善：

第一，提高精准提出量刑建议的能力与水平。在认罪认罚从宽制度实施背景下，检察机关精准量刑建议是明确的要求和未来的趋势，但如何精准提出量刑建议，是检察环节落实认罪认罚从宽制度不可回避的艰巨挑战。笔者认为，一是要按照最高人民检察院制定的《人民检察院办理认罪认罚案件开展量刑建议工作的指导意见》和最高人民法院、最高人民检察院发布的《关于常见犯罪的量刑指导意见（试行）》，承办检察官在充分考虑犯罪嫌疑人的主观恶性、自首、坦白、退赔、和解等情节确定基准刑后，就认罪认罚给予10%—20%的从宽幅度；二是要梳理常见罪名判决结果，依托大数据分析，对判处有期徒刑、拘役、管制的，要力争提出确定刑期的量刑建议；三是要积极引导侦查机关对定罪证据与量刑证据进行收集，确保证据的规范性、完整性；四是要与犯罪嫌疑人及其律师充分协商，在提出量刑建议前，承办检察官将据以量刑的事实根据、法律依据和从宽幅度告知犯罪嫌疑人及其律师，对于有异议的进行充分协商，确保提出的量刑建议能够被接受。

第二，加强横向沟通协调，形成认罪认罚从宽制度工作合力。一是发挥捕诉一体运行机制的优势，提前引导公安机关尽早收集量刑证据，

---

① 步洋洋：《除魅与重构："捕诉一体"的辩证思考》，载《东方法学》2018年第6期。

确保量刑建议的质量，加强与公安机关的协作配合，督促公安机关在侦查环节开展认罪认罚告知、教育工作。二是加强与法院的沟通协调，统一量刑尺度，提高法院对量刑建议的采纳率。检法两院应积极进行协商，制定全面统一的量刑标准指引规范，就刑期档次、量刑计算方法等进行统一规定，以保证认罪认罚从宽制度量刑建议的精准度。检察机关还可通过邀请法官授课、召开法官检察官联席会议等方式，就量刑情节较复杂个案与法官沟通交流，了解检法量刑中存在的差异，特别是双方可能出现的量刑畸轻畸重、刑期跨度过大、适用缓刑不当、对同案犯量刑不均衡等问题，力求在实际办案中获得量刑上的高度一致。

第三，强化犯罪嫌疑人权利保障，推动值班律师参与认罪认罚程序。实践中，值班律师参与认罪认罚程序的有效性有待提升，有时只有在检察机关安排值班律师见证讯问和签署认罪认罚具结书过程时，犯罪嫌疑人才能与值班律师会见，值班律师有时没有全面了解案情以及犯罪嫌疑人的意见，不能给予有效的法律帮助。因此，一方面，检察机关要细化办案流程，围绕案件启动、受理、审批、承办、归档和审批，明确值班律师、检察官参与认罪认罚案件每一环节的具体工作内容，确保此项工作规范化、制度化。针对认罪认罚具结书的签署，应明确承办检察官就案情向在场的值班律师作简要介绍，向犯罪嫌疑人讲解认罪认罚从宽制度的内容，在犯罪嫌疑人自愿认罪认罚的情况下，签署认罪认罚具结书，并由值班律师签字，充分保障犯罪嫌疑人在了解自身权利义务的前提下自愿认罪，促成认罪认罚具结书的达成。同时，检察机关可以根据办案需要，向律师提供相应的法律文书，给予律师充足的时间对犯罪嫌疑人释法说理，就案件事实、证据、量刑、程序适用等问题认真听取律师意见。另一方面，检察机关应做好量刑建议的协商和释法说理工作，充分听取犯罪嫌疑人、被害人、辩护人等诉讼参与人对犯罪嫌疑人、被告人量刑的意见，依法释明检察机关量刑建议的理由和依据，与犯罪嫌疑人、辩护人进行充分的协商，使犯罪嫌疑人内心真正接受认可检察官的量刑建议。

第五节　捕诉一体运行机制下法律监督质效大幅提升

检察机关充分履行法律监督职责，亦是检察机关在刑事审前程序发挥主导作用的保障。根据《宪法》规定，检察机关是法律监督机关，对法律的实施进行监督。我国《刑事诉讼法》规定了检察监督原则，即由检察机关对刑事诉讼实施法律监督，并贯穿于立案、侦查、审判等各个环节。宪法与法律的相关规定，是检察机关站在诉讼法律监督方面起主导作用的正当性基础。

捕诉一体和捕诉分离的探讨由来已久，反对捕诉一体的一大论点便是"捕诉一体或存在削弱检察机关法律监督职能的实质风险"。实践是检验制度的试金石。下面针对武汉市全市检察机关法律监督案件办理情况，从办案一线的视角探究捕诉一体运行机制下检察机关发挥法律监督职能的价值及效果。

一、立案、撤案监督案件上升，惩罚犯罪和保障人权相得益彰

立案监督和撤案监督是检察机关法律监督职能的重要组成部分，既要保证及时追究犯罪，又要避免错误追究。针对应当立案而不立案的情形，检察机关可以通过启动监督立案程序，要求公安机关说明不立案理由，审查其理由是否成立，不成立的可以直接通知公安机关立案，以监督公安机关有案必立，及时追究犯罪。针对不应当立案而立案的情形，同样可以启动撤案监督程序，要求公安机关说明立案理由，若经审查犯罪嫌疑人的行为不构成犯罪的，可以直接通知公安机关撤案，以切实保

障犯罪嫌疑人的合法权益。捕诉一体前，武汉全市检察机关共办理立案监督案件172件，撤案监督案件50件，捕诉一体运行机制施行后，全市检察机关立案监督案件激增为250件，较之前上升了45.3488%，撤案监督案件骤增为213件，是捕诉一体前数量的4倍之多。由此可见，捕诉一体运行机制并未削弱检察机关的立案监督职能，反而进一步强化了监督公安机关及时追究犯罪和防止错误追究犯罪的职能，客观上起到了追究刑事犯罪和保障犯罪嫌疑人合法权益的双重作用。

	捕诉一体前	捕诉一体后	增长率
立案监督案件	172件	250件	45%
撤案监督案件	50件	213件	326%

引起这些变化的因素，主要包括以下几点：其一，捕诉一体运行机制下司法责任的进一步强化。检察机关捕诉一体内设机构改革，是在全面落实司法责任制的背景下，对刑事检察权整体运行机制作出的合理调整。对捕诉关系的再调整，绝不仅仅是将两个部门合并为一个部门，更是通过检察机关内部职权的优化配置，让员额检察官拥有一个"完整"的办案权，从而实现落实、强化办案人员的司法责任这一价值功能。在捕诉一体之前，侦监部门的检察官和公诉部门的检察官都不能完整地享有对案件的审查权，批捕权与公诉权分离造成员额检察官各管一段。捕诉一体运行机制下承办检察官集审查逮捕、起诉、立案监督、侦查活动监督等职能于一身，司法责任的加重及权责明确的追责机制大大增加了其心理压力和责任感。为避免承担怠于行使职权带来的不利后果，承办检察官迅速转变思想，树立"监督就是办案"理念，变被动推诿为主动担当，将立案监督贯穿于审查逮捕、起诉、引导侦查等各个环节，全面把握案情、认真审查案卷材料，对案卷中反映出的应当立案而不立案的及时要求公安机关说明不立案理由，理由不成立的直接通知立案。

其二，捕诉一体运行机制下检察官业务能力不断提升，逐步实现对捕、诉以及立案监督的灵活掌握和驾驭。员额检察官必须既要掌握审查逮捕业务，又要胜任公诉业务，从而全面提高和锻炼检察人员的业务水平。拥有了一个完整的"刑事检察权"后，员额检察官在对犯罪嫌疑人作出批捕决定的同时就要充分考虑对后续程序的影响，确保权力行使的科学性和有效性。同时要注重审查案件中反映出的应当予以追究刑事责任的犯罪嫌疑人或者犯罪事实，第一时间向侦查机关提出，既是对立案监督职能的履行，也有助于打击犯罪。检察官的业务能力提升使其在批捕环节就能准确判断出案件是否构成刑事犯罪，是否应追究犯罪嫌疑人的刑事责任，提高了监督撤案的质效，是对侦查机关不当侦查活动的及时纠偏，节约了司法资源，保障了犯罪嫌疑人的基本人权。

二、纠正违法上升，动态全程侦查监督趋于实质化

侦查活动监督是检察机关履行法律监督职能，防范侦查权滥用、保障司法公正的有效途径。捕诉一体前武汉全市检察机关在批捕阶段办理纠正违法案件共计140件，审查起诉阶段提出纠正违法165件，捕诉一体后批捕阶段纠正违法333件，起诉阶段为394件，分别增长137.8571%和138.7879%，均增加了一倍多。纠正违法不降反增，反映出捕诉一体运行机制下检察机关侦查监督职能未被削弱反而得以强化，侦查质量有所保证。

	捕诉一体前	捕诉一体后	增长率
批捕纠正违法案件	140件	333件	138%
起诉纠正违法案件	165件	394件	139%

捕诉分离机制下，对侦查机关的侦查活动监督分别由批捕阶段的侦查监督部门和公诉阶段的公诉部门完成，两个部门间彼此割裂，缺乏沟通，未形成有效的监督合力，在案件从批准逮捕到审查起诉这段时间，有时会出现侦查监督的漏洞。且各自为阵、多头监督容易导致无人监督、无人负责。同时，捕诉分离下批捕阶段的侦查活动监督不够充分，而且一般是侦

查活动完成后检察机关才介入引导侦查,通过阅卷的方式被动参与审查,未能发挥检察机关对于侦查活动的同步监督作用,容易出现侦查活动不规范、瑕疵证据难以补正、具有时效性的证据已灭失等问题,导致指控的犯罪因缺乏关键性证据或者侦查活动违法而无法被追诉的被动局面。

捕诉一体运行机制下,案件批捕、起诉、侦查活动监督等全权由一名检察官负责,打通了检察机关内部机构分立的障碍,消除了不同部门分别办案过程中的内耗和推诿。捕诉一体可以使员额检察官在审查逮捕时以更高的标准对侦查活动进行动态监督,及时弥补侦查过程中证据收集、人权保障等方面的问题,更有利于使侦查终结移送审查起诉的案件质量得到保障,从而降低错案的发生概率。承办检察官作为办理案件的唯一责任人,不论是批捕环节还是起诉环节,对案件中存在的违法侦查行为或者非法证据,其均负有监督职责,否则将承担司法责任制下严苛的责任追究,在批捕环节便兼顾审查起诉的审理标准,打破了仅仅关注批捕审查的局限性,是批捕权对侦查机关的制约效应因捕诉一体而自然延伸至起诉阶段的重要体现。[1] 同时,捕诉一体运行机制下建立了动态实时全覆盖的监督机制,实现了承办检察官在同一案件中程序上的最大化向前、向后延伸。[2] 承办检察官出于对其案件质量负责的态度,前移介入引导侦查的时间节点,再加上固定的承办人与侦查人员建立了畅通的沟通协调机制,能够随时就侦查方向、证据收集的方法、客观证据固定收集等情况进行跟踪和监督,督促侦查人员及时、合法调取证据,促使侦查监督更具实质化,也能有效防止在审查起诉环节,因关键证据未到位引起的程序倒流,有效减少审查起诉阶段的退补概率。最后,变被动、事后监督为主动、同步监督。捕诉一体运行机制下,为避免承担指控证据不足的不利后果,检察官介入引导侦查的主动性加强,将排除非

---

[1] 胡波:《"捕诉一体"运行考察及配套机制完善》,载《人民检察》2020年第4期。
[2] 匡旭东:《"捕诉一体"视域下侦查监督的路径偏差与改革回归》,载《四川警察学院学报》2020年第1期。

法证据及引导侦查的关口前移,以保障侦查机关合法规范侦查行为,及时收集、固定和完善证据。更为重要的是可以将审判的程序要求传导给侦查机关,在跟踪、监督和引导工作上发挥更加高效和积极的作用。①

虽然捕诉一体运行机制对提升办案与监督质效起着重要作用,但制度的实施往往具有两面性,捕诉一体运行机制实施后可能出现以下隐忧:承办检察官同时负责批捕和起诉,其在批捕阶段对案件事实和证据所形成的心证会对其审查起诉环节的决定产生重要影响,客观上造成"重批捕,轻公诉",再加上司法责任制下严苛的追责机制,捕诉利益关联更为紧密,如何构建有效的监督制约机制问题;基层检察机关案多人少,同一检察官来回穿梭于"短、平、快"的批捕工作和"全、细、稳"的审查起诉、出庭支持公诉等工作,还要负责立案监督和诉讼活动监督等,工作节奏不断加快,办案压力倍增,如何制定合理有效的配套绩效考评机制等问题。这都需要理论界和实务界不断进行探索和论证,为充分发挥捕诉一体运行机制的正向作用寻求完善措施和路径选择。

第六节 捕诉一体运行机制下办案效率明显提升

捕诉一体运行机制对办案效率的提升效果明显,本节选取武汉市江汉区人民检察院的相关数据进行分析,自 2019 年 6 月试行捕诉一体的办案机制 6 个月以来,共办理批捕案件 769 件,公诉案件 1013 件,审查起诉的办案时间平均为 26.36 天,较之捕诉一体改革前 6 个月的 40.65 天,平均缩短了 14.29 天,审查起诉案件办结的速度快,办案效率提升明显。

---

① 匡旭东:《"捕诉一体"视域下侦查监督的路径偏差与改革回归》,载《四川警察学院学报》2020 年第 1 期。

江汉区院试行捕诉一体运行机制6个月情况				
批捕案件	769件			
公诉案件	1013件			
	捕诉一体前平均办案时间		捕诉一体后平均办案时间	平均缩短
	40.65天		26.36天	14.29天

一、捕诉思维融合，重复性审查工作减少，办案时间缩短

（一）审查逮捕阶段合理运用公诉思维，减少程序倒流

捕诉一体改革，是办案组织的重构，而更深层次的是审查逮捕思维与审查起诉思维的相互影响与融合，比如案件事实的认定，由于捕诉一体促使公诉思维前置，检察官在审查逮捕阶段就对证据进行实质化的审查，并对一些重大、疑难、复杂案件的侦查活动进行必要的引导，力争在侦查阶段将证据完善好，而对于捕后提出继续侦查意见的案件，只需重点审查后续侦查过程中获得的事实和证据即可。捕诉思维的融合使事实认定在捕诉阶段形成了实质的接力关系，从而使后续的审查起诉工作更加高效。

以胡某故意伤害案为例，2019年5月10日，被告人胡某在武汉市青山区新沟桥车站街七天连锁酒店门口，在其朋友周某的车被被害人刘某（武汉市青山区交通大队一中队勤务辅警）贴罚单后，与刘某等人发生口角，并挥拳击打刘某鼻、面部，致其双侧鼻骨骨折、左侧鼻梁骨粉碎性骨折。经鉴定，刘某损伤程度为轻伤二级。审查逮捕期间，检察官首先运用审查逮捕思维，在审查胡某的社会危险性的同时，对全案五类证据真实性、客观性、合法性以起诉标准进行审查，并依法听取犯罪嫌疑人胡某意见，对认罪认罚从宽制度予以释明，胡某当即对打人致伤的犯罪行为供认不讳，并表示愿意认罪认罚，但由于在审查逮捕期间，被

害人认为胡某是妨害公务行为而不愿接受调解，另胡某曾于 2018 年 11 月因吸食毒品被公安机关行政拘留，鉴于胡某仍具有满足逮捕条件的社会危险性，检察机关依法对其批准逮捕。同时承办检察官又运用公诉思维，针对被害人及部分公安办案人员对案件定性提出的异议，要求公安机关补充调取案发时街边监控录像及执勤日志等证据，经调查发现案发当天刘某与另外两名辅警系在没有正式民警带领下单独对青山区新沟桥车站街附近违停车辆采集交通违法信息，根据 2016 年 11 月国务院办公厅印发《关于规范公安机关警务辅助人员管理办法的意见》第 4 条规定"警务辅助人员不具备执法主体资格，不能直接参与公安执法工作，应当在公安民警的指挥和监督下开展辅助性工作"，另根据《公安交通管理警务辅助人员管理规定（试行）》第 5 条规定"勤务辅警可以在交通警察的带领或者监督下承担下列辅助工作：（一）协助维护道路交通秩序，劝阻纠正交通违法行为、采集交通违法信息……"鉴于刘某等人作为劳务派遣的勤务辅警均不具有公安机关或其委托授权单位的事业编制人员身份，并不符合最高人民检察院《关于以暴力威胁方法阻碍事业编制人员依法执行行政执法职务是否可对侵害人以妨害公务罪论处的批复》的文件精神，根据《刑法》第 93 条规定，不宜认定其具有执行公务的主体身份；另犯罪嫌疑人胡某殴打刘某行为系在其完成"贴条"三分钟后，案件真正起因系双方言语相激辱骂所致，当时刘某等人均未处于执行"公务"状态中，胡某之所以打人系对被害人处理纠纷态度不满所致，其具有明确的故意伤害他人身体的故意，而非意在扰乱国家机关工作人员依法执行职务。通过与侦查人员及时沟通，进一步明确案件继续按照故意伤害罪方向予以补证，并将促进涉案双方自愿达成和解作为后续侦查工作重点，依法按照双方当事人和解的公诉案件诉讼程序开展工作。2019 年 6 月 28 日武汉市青山区人民法院以速裁程序对本案进行公开审理，并采纳了检察机关的指控、量刑及适用缓刑意见，当庭判决被告人胡某的行为构成故意伤害罪，判处其有期徒刑七个月，缓刑一年。宣判后，被告人胡某未提出上诉，判决已生效。

在胡某故意伤害案"五日起诉、三日落判"的背后，折射出的是捕诉一体运行机制在简案办理中的巨大效能。一名检察官一案到底、负责到底，在完成审查逮捕工作的同时，及时运用审查起诉思维，消除案件定性分歧，确保后续侦查取证指向性、及时性、有效性，提升案件办理效率；在开展犯罪嫌疑人社会危险性审查的同时，同步开展案件证据真实性、关联性、合法性审查，通过提出捕后侦查取证意见，积极引导并跟踪公安机关在捕后侦查期限内完善相关证据链条，防止办案时间空转，减少了审查起诉阶段的部分审查工作，确保案件移送审查起诉时证据已达到事实清楚，证据确实、充分的起诉条件，检察机关亦可以将更多精力投入到化解社会矛盾、促进社会治理中去。

（二）简化与整合法律文书，节约司法成本

捕诉一体使捕、诉两个环节实现无缝对接，检察官将公诉的思维融入到审查批捕工作中，并对案件的侦查方向和证据收集给予科学有效建议，以至于案件到达审查起诉环节后，证据更加符合起诉标准的要求，从而降低退回补充侦查率，并提高诉讼效率，这对检察环节法律文书的简化与整合提出了要求。由于捕诉一体使检察官的阅卷、讯问以及核实证据等环节从之前的"并联"关系变成了"串联"关系，相应的，一般案件特别是单人单宗案件的阅卷、讯问、文书制作等环节都因捕诉环节的整合，需要有不同程度的简化。实施捕诉一体运行机制以来，各检察院都在探索法律文书的整合工作，一方面，实现"四书合一"，将《法律帮助告知书》《犯罪嫌疑人诉讼权利义务告知书》《刑事速裁程序告知书》《认罪认罚从宽制度告知书》等文书合并，犯罪嫌疑人只需签署一份回执即可，办案更加高效。最高人民检察院在吸纳各地经验的基础上，于2020年出台了《人民检察院刑事诉讼法律文书格式样本（2020版）》，实现了捕诉阶段法律文书的整合。另一方面，探索审查报

告的一体化。审查报告的一体化是捕诉思维一体化的集中体现,作为检察官审查案件的载体,将捕诉审查报告进行合并,对于案件事实定性、证据分析部分可以沿用或扩展,检察官专注于证据的增量部分与捕诉不同阶段的法律适用问题,对于提升办案效率可以起到事半功倍的效果。

二、助推繁简分流模式转型,简案进入批量、统一的快办轨道

捕诉一体改革为繁简分流的实施提供了新的契机。在捕诉一体运行机制下,繁简分流不断适应着这样的办案机制,各类刑事案件进行合理分流,推动简单案件进入批量、统一的快办轨道,推动复杂案件得到精心研判,促进办案质效全面提升。在捕诉一体改革之前,检察机关就不断地探索符合自身情况的刑事检察繁简分流体系,以武汉市江汉区人民检察院为例,2017年以来,该院以在公诉科内部实施"三优先、三简化、两前置"模式[①]和轻刑办案组改革,繁简分流已经具备雏形,公诉办案效率极大提升。2019年6月,该院实施捕诉一体运行机制,同时积极探索捕诉一体新形势下的繁简分流工作,将繁简分流方案融入捕诉一体运行机制。选取该院第一检察部[②]自2019年11月17日以来近20天的办案数据,第一检察部共受理审查批捕案件43件,受理审查起诉案件72件;共6名员额检察官在岗承办案件,平均每名员额检察官受理批捕案件7.16件、公诉案件12件;已办结公诉案件46件(其中改变管辖15件,相对不起诉4件,提起公诉27件)。

[①] "三优先",即"优先收案、优先分流、优先移送";"三简化",即"简化审查起诉步骤、简化法律文书、简化出庭公诉环节";"两前置",即"将社会调查评估提前至侦查阶段、将速裁程序的提起提前至侦查阶段"。

[②] 该院第一检察部负责办理轻微刑事案件,第二检察部负责办理重大、疑难、复杂刑事案件。

江汉区院第一检察部试行繁简分流 20 天的办案数据

	受理案件	人均受案量	结案
报捕	43 件	7.16 件	46 件
起诉	72 件	12 件	

其中，在 10 天内适用速裁程序办结的公诉案件为 24 件，占起诉案件的 88.9%；24 件速裁案件中，适用确定刑量刑建议的为 18 件，占比 75%，适用幅度刑量刑建议的为 6 件，占比 25%。

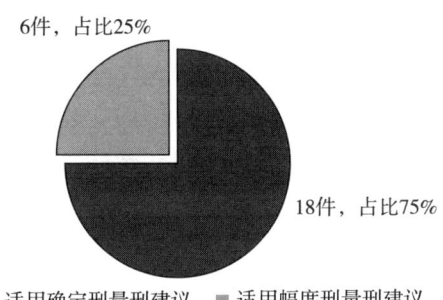

从第一检察部整体上来看，受理的案件数量大，案件办结的速度快，办结案件的数量占比高，能平稳正常运转；已起诉的案件中绝大部分都适用速裁程序，速裁案件的适用率基本达到捕诉一体背景下繁简分流的预设效果。

（一）捕诉一体优化了繁简分流分案模式，缓解不同办案节奏和方式交叉带来的难题

捕诉一体运行机制推动着繁简分流分案模式不断的优化。捕诉一体下，检察机关改变了批捕案件和公诉案件的区分，而将刑事案件分为简案和繁案。一般认为，简案包括案情简单、事实清楚、证据充分，犯罪嫌疑人承认自己所犯罪行，并可能判处三年以下有期徒刑、拘役、管制或单处罚金的 23 类常见罪名案件，其余案件为繁案（包括不认罪案件及盲、聋、哑人和尚未完全丧失辨认或控制自己行为能力的精神病人等

案件)。以武汉市江汉区人民检察院为例,在具体划分简案与繁案时,该院以作案人数、作案笔数并结合涉案金额为标准,将作案人数5人以上或者作案笔数5次以上或者涉案金额达到"数额巨大"的案件认定为繁案。此外,系列性、群体性或关联性案件原则上由同一办案单元办理。在分案环节,案管部门通过三个步骤审查即可:一是审查犯罪嫌疑人是否认罪;二是审查案由;三是审查嫌疑人作案次数、犯罪金额、毒品克数、犯罪人数、是否与被害人达成谅解等情节。在系统分案的设置上,该院案管部门将所有需分给第二检察部的情况统一设置为案件特性"情节严重",分案时直接选择"情节严重"案件特性,便可将案件分流给第二检察部,节省分案操作时间。同时,该院经协商,公安机关在移送审查逮捕或者审查起诉案件时,在相关法律文书中要述明是否认罪认罚,并对相关情节进行概括性描述,确保了分案便利。

(二)捕诉一体完善了刑检部门的受案范围,优化办案组织结构

捕诉一体下,侦监部门与公诉部门整合为了不同的刑事检察部门,而各刑检部门之间的受案范围如何划定,办案组织如何设置,更加符合捕诉一体的效率价值,是一个比较重要的问题。对于这个问题,不同层级的检察机关,不同地区的检察机关,均有着符合自身实际情况的探索。以武汉市江汉区人民检察院为例,该院的第一检察部和第二检察部为刑事检察部门,第一检察部主要受理简案,以量多、快速为特色,原则上应尽可能适用速裁程序,特殊情况下可适用简易程序;第二检察部受理繁案,可根据实际情况选择适用程序,鼓励适用简易程序。因此,第一检察部主要办理以下案件:危险驾驶案件、一年有期徒刑以下毒品案件、《刑法》第四、五、六章除涉黑涉恶、毒品、挪用公司资金、职务侵占、诈骗、故意杀人、故意伤害、职务犯罪以外的案件。第二检察部主要办理以下案件:一年有期徒刑以上毒品案件,《刑法》第二、三章除危险驾驶外的案件,涉黑涉恶案件、挪用公司资金案件、职务侵

占、诈骗、故意杀人、故意伤害、职务犯罪案件。此外,8 人以上的共同犯罪案件全部由第二检察部办理。

江汉区院第一检察部受案范围

序号	案件罪名	具体类型(范围)	法定刑
1	危险驾驶罪 (N.133-1)	所有	拘役,并处罚金
2	使用虚假身份证件、盗用身份证件罪 (N.280-1)	所有	拘役或管制
3	重婚罪 (N.258)	所有	二年有期徒刑以下(含拘役或管制)
4	传播淫秽物品罪 (N.364)	所有	
5	交通肇事罪 (N.133)	已赔偿,并谅解 (逃逸除外)	三年有期徒刑以下(含拘役或管制、单处罚金)
6	故意伤害罪 (N.234)	轻伤,已赔偿并谅解	
7	过失致人重伤罪 (N.235)	已赔偿并谅解	
8	非法搜查、非法侵入住宅罪 (N.245)	所有	
9	盗窃罪 (N.264)	涉案金额:5 万元以下 或涉案人数:5 人以内 或盗窃次数:5 次以内	
10	抢夺罪 (N.267)	涉案金额:5 万元以下 或涉案人数:5 人以内 或抢夺次数:5 次以内	
11	故意毁坏财物罪 (N.275)	涉案金额:5 万元以下 或涉案人数:5 人以内 或作案次数:5 次以内	
12	破坏生产经营罪 (N.276)	涉案人数:5 人以内 或作案次数:5 次以内	
13	拒不支付劳动报酬罪 (N.276-1)	造成严重 后果的除外	
14	妨害公务罪 (N.277)	所有	

续表

序号	案件罪名	具体类型（范围）	法定刑
15	伪造、变造、买卖国家机关公文、证件、印章罪；盗窃、抢夺、毁灭国家机关公文、证件、印章罪；伪造公司、企业、事业单位、人民团体印章罪；伪造、变造、买卖身份证件罪（N.280）	情节严重的除外	三年有期徒刑以下（含拘役或管制、单处罚金）
16	寻衅滋事罪（N.293）	5人以内；已赔偿并谅解	
17	掩饰、隐瞒犯罪所得、犯罪所得收益罪（N.312）	涉案金额10万元以下；或作案10次以下；或作案3次且金额达5万元以内；或其他应当判处三年以下有期徒刑的	
18	拒不执行判决、裁定罪（N.313）	情节特别严重的除外	
19	非法处置查封、扣押、冻结的财产罪（N.314）	所有	三年有期徒刑以下（含拘役或管制、单处罚金）
20	非法捕捞水产品罪（N.340）	所有	
21	走私、贩卖、运输、制造毒品罪（N.347）	甲基苯丙胺、海洛因不满10克；鸦片不满200克；氯胺酮不满100克；其他毒品按规定折算后参照前述数量执行	
22	非法持有毒品罪（N.348）	甲基苯丙胺、海洛因不满50克；鸦片不满1000克；氯胺酮500克以下；其他毒品折算后参照前述数量执行	
23	容留他人吸毒罪（N.354）	所有	

对于捕诉一体下的办案组织设计，该院将分别具有批捕、起诉工作

经验人员交叉搭配，刑事检察各部门皆配备熟悉审查逮捕、审查起诉各项业务的员额检察官。根据该院对其近三年刑事案件情况的测算，三年以下简案数量和三年以上繁案数量比例基本达到3∶1以上。据此，在人员配置上，根据员额检察官的工作履历、业务能力、办案特点等，原则上将50岁以上员额检察官分配至第一检察部，办理轻微刑事案件；将中青年办案骨干分配至第二检察部，办理重大、疑难、复杂案件。目前，第一检察部配置员额检察官7名，平均年龄51岁。第二检察部配置员额检察官8名，平均年龄38岁。各办案组均按照1∶1∶1的比例实现检察官与检察官助理、文员的合理配置。通过对刑检部门受案范围的完善，以及办案组织的优化，不仅帮助实现了捕诉一体的效率价值，提升办案效率，还有利于检察官集中精力研究类案，形成类案办理的成熟模式，符合检察队伍专业化发展方向。

（三）捕诉一体运行机制在提升办案效率中面临的问题

第一，分案机制的问题。虽然捕诉一体运行机制在提升办案效率方面效果明显，但一些配套的制度也需完善，例如案管的分案机制。捕诉一体下，案管部门在实际分案中往往面临着以下问题：一是繁简案件划分标准较细，考虑的情节较多，且不同罪名考虑的情节也不完全一致，而目前统一系统无法全部实现案卡识别自动分流，部分案件只能依靠人工审查，工作量较大，出现错误的情况难以避免；二是辖区外公安机关办理的案件，法律文书没有列明认罪认罚以及犯罪的具体情节，增加了分案的难度；三是有些案件，如毒品案件，罪名确定、毒品数量、犯罪情节等事实的认定较为复杂，对分案人员的专业素质提出了更高的要求。因此，检察机关应加大对分案人员的职业素能培养，以适应工作的需要。同时，统一业务系统也应及时更新升级，使分案更加智能化。

第二，上下级检察院的工作衔接问题。捕诉一体下，上下级检察院的工作衔接主要问题体现在市检察院与基层检察院之间。以武汉市检察机关为例，按照现有模式，大多数基层院第一检察部的工作与市检察院第一检察部对接，第二检察部的工作与市检察院第二、三、四检察部对接。由于各基层检察院均在探索符合本院实际的繁简分流方案，部分基层检察院刑检部门的工作与市检察院相关部门可能会出现交叉，如上报数据等工作，此时市区两级院刑检部门之间如何衔接配合，需要进一步研究。笔者认为，保持两级院刑检部门对应关系不变，相关工作的部署和要求以及需上报的数据、材料等可由基层院两个刑检部门分头完成、统一归口上报。

第七节　捕诉一体运行机制下刑事案件"案-件比"的现实考察

张军检察长多次强调，要建立以"案-件比"为核心的案件质量评价指标体系，以人民群众、当事人对司法办案活动的实际感受作为评价检察办案工作成效的一项重要因素。作为一种案件质量评价体系，"案-件比"不仅仅是一种制度创新，更是检察机关落实以人民为中心发展思想的理念创新。通过计算捕诉一体改革前后"案-件比"的变化，来审视捕诉一体改革后检察机关办案质效如何，判断上一个诉讼环节的工作是否做到了极致，从而引导检察机关减少不必要的诉讼环节，节约司法资源，最终提升人民群众的司法评价。

一、捕诉一体运行机制对降低刑事案件"案-件比"的正向效果与作用机理

2020年1月9日，最高人民检察院印发了《检察机关案件质量主要评价指标》，把"案-件比"作为评价案件质量的核心指标。根据《检察机关案件质量主要评价指标》的定义，"案-件比"是指发生在人民

第六章 捕诉一体运行机制之实证分析

群众身边的案,与案进入司法程序后所经历的有关诉讼环节统计出来的件相比,形成的一组对比关系。"案-件比"概念的提出以及以"案-件比"为核心的案件质量评价指标体系的建立,体现了我国检察机关对司法规律的深度探索。① "案-件比"中"件"数越高,说明"案"经历的诉讼环节越多,办案时间越长,当事人对办案活动的评价相对越低,办案的社会效果越差。

笔者分别以武汉市全市检察机关和武汉市江岸区人民检察院、武汉市江汉区人民检察院的相关数据作为样本,通过对武汉市全市检察机关以及这两个基层检察院捕诉一体运行机制改革前后6个月的刑事案件"案-件比"进行测算,可以发现:2018年12月至2019年5月,武汉市全市检察机关刑事案件"案-件比"中"案"合计6871件,16项非常态诉讼程序案件数合计11174件(含"案"的基准数),"案-件比"为1:1.63,2019年7月至12月,武汉市全市检察机关刑事案件"案-件比"中"案"合计8890件,16项非常态诉讼程序案件数合计12869件(含"案"的基准数),"案-件比"为1:1.45,也就是说,捕诉一体运行机制改革前后的6个月,武汉市全市检察机关刑事案件"案-件比"下降了11.04%。

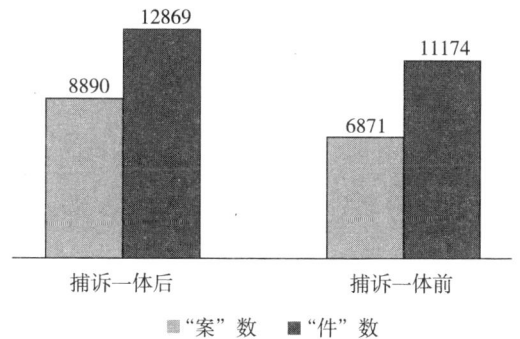

---

① 熊秋红:《"案-件比"质量评价指标体系的学理观察》,载《人民检察》2020年第9期。

2018年12月至2019年5月，武汉市江岸区人民检察院刑事案件"案-件比"中"案"合计768件，16项非常态诉讼程序案件数合计1208件（含"案"的基准数），"案-件比"为1∶1.57，2019年7月至12月，武汉市江岸区人民检察院刑事案件"案-件比"中"案"合计1029件，16项非常态诉讼程序案件数合计1495件（含"案"的基准数），"案-件比"为1∶1.45，因此，捕诉一体运行机制改革前后的6个月，武汉市江岸区人民检察院刑事案件"案-件比"下降了7.64%。

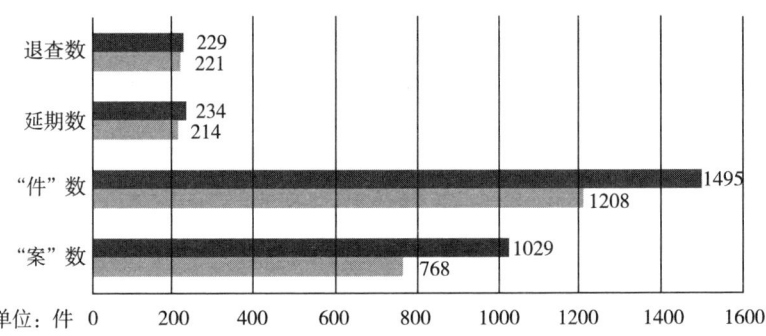

同样的，2018年12月至2019年5月，武汉市江汉区人民检察院刑事案件"案-件比"中"案"合计1059件，16项非常态诉讼程序案件数合计1423件（含"案"的基准数），"案-件比"为1∶1.34，2019年7月至12月，武汉市江汉区人民检察院刑事案件"案-件比"中"案"合计1331件，16项非常态诉讼程序案件数合计1667件（含"案"的基准数），"案-件比"为1∶1.25，因此，捕诉一体运行机制改革前后的6个月，武汉市江汉区人民检察院刑事案件"案-件比"下降了6.72%。

通过对捕诉一体运行机制改革前后的6个月刑事案件"案-件比"的考察，可以发现捕诉一体运行机制对于降低刑事案件"案-件比"起到了积极的正向效果，这也从"案-件比"的角度证明了捕诉一体运行机制已经发挥出提升办案质量、提高监督质效、提升办案效率的制度效

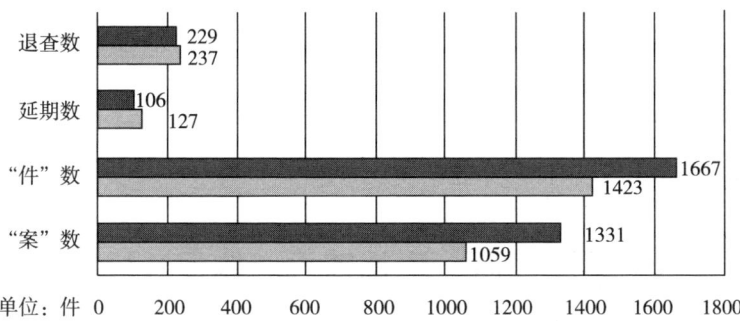

果。捕诉一体运行机制之所以可以有效降低刑事案件"案-件比",是由于实施捕诉一体运行机制后,办案质效大幅提高,"案-件比"测算中的16项引起当事人负面感受的诉讼环节亦得到了相应的降低,从而使整个刑事案件的"案-件比"下降。从"案-件比"的测算方法可知,影响"案-件比"的因素,既有"案",又有"件"。除了"案"的基准数外,"件"重点指原本可以避免或者减少发生,但因前一个环节未将工作做到极致而产生,引起当事人负面感受的诉讼环节,主要有以下16项指标:(1) 批捕(不批捕)申诉;(2) 不批捕复议;(3) 不批捕复核;(4) 一次延长审查起诉期限;(5) 二次延长审查起诉期限;(6) 三次延长审查起诉期限;(7) 一次退回补充侦查(扣除直诉案件中未提前介入案件);(8) 二次退回补充侦查;(9) 不起诉复议;(10) 不起诉复核;(11) 不起诉申诉;(12) 撤回起诉(扣除因法律、司法解释改变而撤回起诉的);(13) 法院退回(扣除因被告人不在案而退回的);(14) 被告人上诉;(15) 检察机关建议延期审理;(16) 国家赔偿。

通过对武汉市全市检察机关以及武汉市江岸区人民检察院、武汉市江汉区人民检察院刑事案件"案-件比"中的"件"进行分析,可知:要降低刑事案件的"案-件比",总体方向在于减少同一"案"在检察环节产生的"件"数。而退回补充侦查、延长审查起诉期限这两项指标占比最高,因此降低刑事案件的"案-件比"关键在于合理控制退回补充侦查、延长审查起诉期限等案件的数量,推动刑事诉讼流程更加紧密而有效率。① 正是由于捕诉一体发挥出了应有的功能优势，检察机关将庭审的证据标准向侦查前段传导，通过提前介入侦查、捕后引导侦查等方式，尽量使得侦查工作做到极致，从而有效控制了退回补充侦查、延长审查起诉期限等案件的数量。

二、从"案－件比"审视捕诉一体运行机制下的办案问题

从前文分析可知，捕诉一体运行机制通过提升办案质效来有效降低刑事案件"案－件比"，但作为评价案件质量的"指挥棒"，从"案－件比"的内在结构进行反向审视，亦可发现捕诉一体运行机制下存在的具体办案问题，这也是"案－件比"评价体系的价值所在。

（一）捕诉一体运行机制下影响"案－件比"的要素分析

从"案－件比"的计算公式和具体指标构成来看，影响"案－件比"的核心因素是"案"以外的"件"数，通过分析武汉市全市检察机关的16项业务数据，影响"案－件比"的核心因素是退回补充侦查、延长审查起诉期限两项，在实施捕诉一体运行机制后6个月，退查占比为14.48%，延长占比15.37%。退回补充侦查所反映的是侦查工作没有做到极致，证据的收集没有到位等问题，而延长审查起诉期限更多的是由于案件的重大、复杂性以及其他客观性因素，因此，本节着重分析退回补充侦查的问题。

---

① 陈海潮：《"案－件比"指标的理解与适用情况分析》，载《人民检察》2020年第6期。

单位		武汉市全市检察机关
"案"合计	2018.12—2019.5	6871 件
	2019.7—2019.12	8890 件
"件"合计	2018.12—2019.5	11174 件
	2019.7—2019.12	12869 件
"案-件比"	2018.12—2019.5	162.63%
	2019.7—2019.12	144.76%
退查占比	2018.12—2019.5	18.45%
	2019.7—2019.12	14.48%
退查合计	2018.12—2019.5	2062 件
	2019.7—2019.12	1864 件
延长占比	2018.12—2019.5	18.86%
	2019.7—2019.12	15.37%
延长合计	2018.12—2019.5	2107 件
	2019.7—2019.12	1978 件

从武汉市全市检察机关捕诉一体改革前的"案-件比"结构来看，捕诉一体运行机制改革前的6个月，武汉市全市检察机关退回补充侦查数为2062，"案-件比"中的"件"数为11174，退回补充侦查在"件"数中的占比为18.45%；捕诉一体运行机制改革后的6个月，武汉市全市检察机关退回补充侦查数为1864，"案-件比"中的"件"数为12869，退回补充侦查在"件"数中的占比为14.48%。

案件	捕诉一体前	捕诉一体后	退查占比降低
"件"数	11174	12869	
退查案件	2062	1864	21.51%
占比	18.45%	14.48%	

虽然捕诉一体改革前后，退回补充侦查在"件"数中的占比下降了21.51%，说明捕诉一体运行机制对于减少退回补充侦查数、降低"案－件比"之现实功用，但退回补充侦查依旧是影响"案－件比"的核心因素，因此，在捕诉一体运行机制下，如何通过降低案件的退回补充侦查率来降低"案－件比"，呈现捕诉一体改革成效，已成为现阶段检察机关需要认真思考的重要议题。

退回补充侦查是我国刑事诉讼法赋予检察机关的一项重要权能，也是检察机关发挥审前主导作用的有效手段。根据对武汉市5个基层检察院相关数据的统计，2017年1月至2019年12月，江汉区院共受理审查起诉案件5913件，退查案件共计1490件，占全部受理案件数比率为25.20%。同一时间段内，硚口区院、汉阳区院、武昌区院、江岸区院退查案件占全部受理案件数比率分别为21.60%、26.80%、25.30%、23.90%，反映出以上区院退查案件占比均较高。

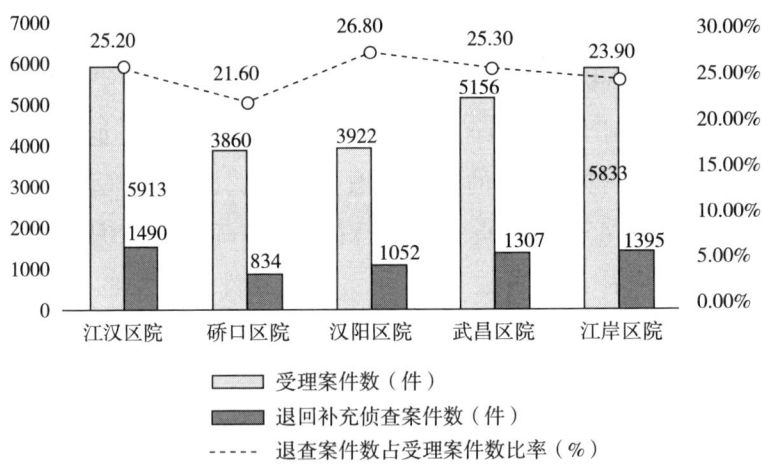

从一退、二退案件数分别占退查案件总数的比重来看，2017年1月至2019年12月间，江汉区院1490件退查案件中，二次退查案件375件，占全部退查案件数的25.17%。同一时间段内，硚口区院、汉阳区

院、武昌区院、江岸区院二退比率（二退案件数占退查案件数比率）分别为22.70%、26.40%、27.70%、26.90%，反映出以上区院一次退查重报后二次退查比率均较高。

通过抽取江汉区院相关数据，从退查案件罪名分布来看，在江汉区院2017年1月至2019年12月间退回补充侦查的1490件审查起诉案件中，审结的案由共有79个，分别涉及刑法分则第二章至第八章所规定的罪名。在江汉区院退查案件所涉及的上述79种案由中，涉及案件数最多的8种案由涉及退查案件共875件，占退查案件总数的59%，其中：盗窃罪322件（22%）、故意伤害罪146件（10%）、诈骗罪111件（8%）、贩卖毒品罪87件（6%）、非法持有毒品罪56件（4%）、寻衅滋事罪51件（3%）、敲诈勒索罪51件（3%）、合同诈骗罪51件（3%）；而退查案件其他71种案由所涉及案件数共615件，占退查案件总数的41%。通过分析退查案件罪名分布可以发现，退查案件分布较集中的罪名，大多呈现出涉案人数较多、涉案金额较大、法律关系复杂、证据种类繁杂、取证难度较大等特点。

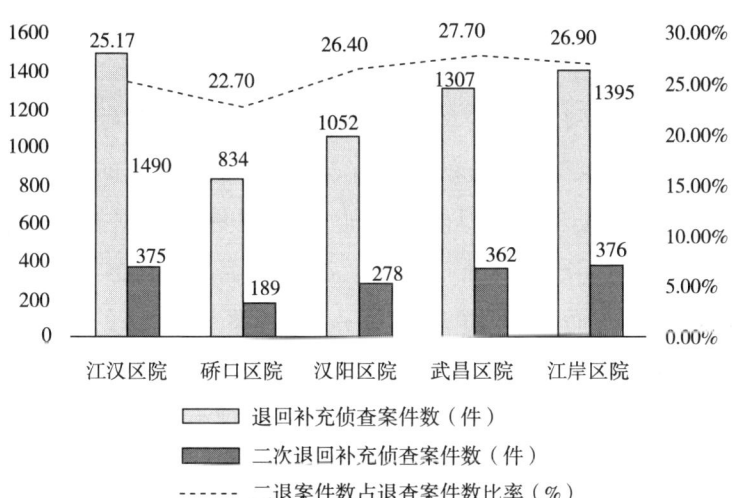

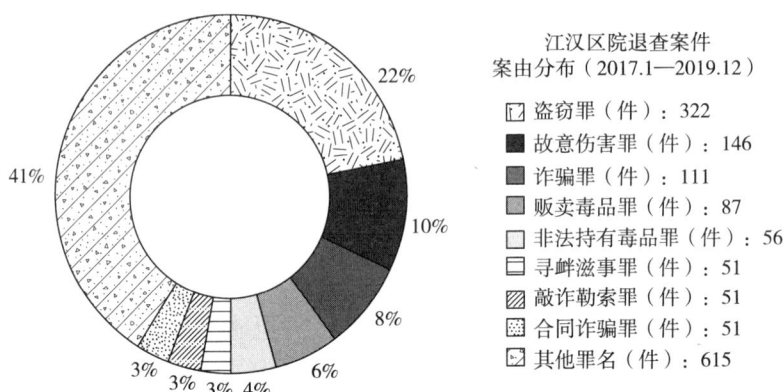

从退查理由分布来看，退回补充侦查案件理由有 6 种，分别为：（1）事实不清；（2）证据不足；（3）非法证据排除；（4）遗漏罪行；（5）遗漏同案犯；（6）其他。需要说明的是，结合审查起诉案件办案实践和统一业务应用系统数据，在退查理由的选择上，部分退查案件的退查理由为其中一项，比如仅为证据不足；另外部分退查案件的退查理由同时选择了多项，比如同一案件因遗漏同案犯而事实不清、证据不足。在江汉区院 1490 件退查案件中，因事实不清而退查的案件有 1076 件，因证据不足而退查的案件有 449 件，因非法证据排除而退查的案件有 17 件，因遗漏罪行而退查的案件有 46 件，因遗漏同案犯而退查的案件有 60 件，因其他理由退查的案件有 269 件。值得注意的是，在江汉区院退查案件中，因"其他理由"而退查的案件数占退查案件总数的 18.00%。同一时间段内，硚口区院、汉阳区院、武昌区院、江岸区院因"其他理由"而退查的案件数占退查案件总数的比率分别为 16.50%、5.80%、3.70%、5.90%。通过江汉区院与以上四个区院的数据对比，反映出江汉区院在近三年，因"其他理由"而退查案件的占比明显偏高。

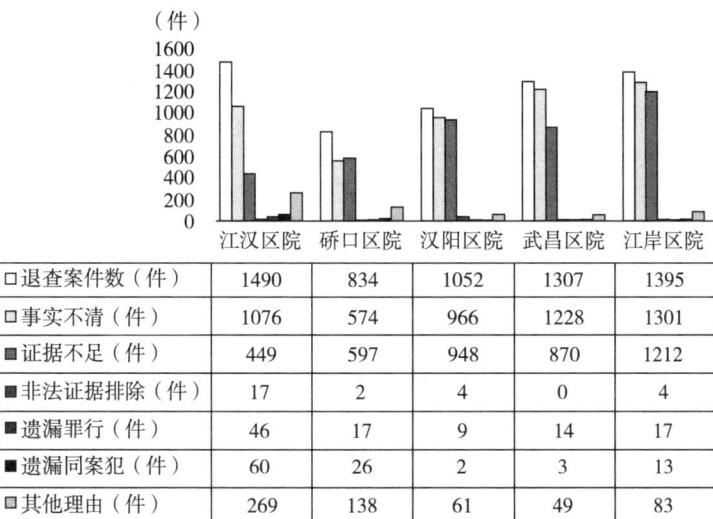

（二）捕诉一体运行机制下退回补充侦查的实践困境

第一，退回补充侦查规范性不足。通过分析江汉区院办理的退查案件中6种退查理由的分布情况，发现在上述退查案件中，除因事实不清、证据不足、非法证据排除、遗漏罪行、遗漏同案犯而退查的案件外，因"其他理由"而退查的案件数占比较高。其中，因"其他理由"退查的案件数占案件总数的18.00%，而在同一时间段内，硚口区院、汉阳区院、武昌区院、江岸区院该比率分别为16.50%、5.80%、3.70%、5.90%。通过进一步分析统一业务应用系统中相关退查案件的具体退查内容，发现因"其他理由"而退查的案件，普遍存在着要求补充侦查事项并非影响定罪量刑的关键证据、补充侦查提纲内容过于抽象等问题，而此类证据及补充侦查内容可以通过与公安机关及时沟通而取得，退回公安机关补充侦查必要性不大。

第二，退回补充侦查有效性不够，退查程序的制约因素较多。根据以上数据，江汉区院、硚口区院、汉阳区院、武昌区院、江岸区院二次退查案件数占全部退查案件数的比率分别为25.17%、22.70%、

26.40%、27.70%、26.90%,反映出一次退查案件在公安机关退查重报后进行二次退查的比率较高。这一现象的产生,主要有以下原因:一是受公安机关办案期限较短、办案力量不足等客观因素影响,公安机关移送审查起诉的部分案件,仍存在取证不全面、有纰漏的问题,加之部分案件由于涉案人数众多、涉案金额大、案情疑难复杂,涉案证据情况在审查起诉阶段会发生变化,需要检察机关在审查起诉阶段通过退回补充侦查的方式进行进一步补证;二是公安机关和检察机关对于刑事证据标准的理解存在偏差,在办案实践中,部分侦查人员认为检察机关批准逮捕后,证据已经达到确实充分的标准,不需要再次补充侦查,部分退查案件中,公安机关未按照补充侦查提纲的要求进行补充侦查工作,仅以出具情况说明的方式作为再次移送审查起诉的材料,导致侦查不全面、不到位,导致部分一退案件重报后仍然达不到起诉的事实和证据标准,造成二退案件占比较高;三是从检察机关自身来说,部分案件中,检察机关出具的补充侦查提纲比较简略,未指出明确的补充侦查方向,加之与公安机关对证据认定标准不统一且缺乏有效沟通,难以起到引导侦查的作用,势必导致补充侦查效果不理想。

尽管捕诉一体改革对完善补充侦查的运行有所裨益,但制约退回补充侦查的规范性与有效性等问题依旧存在,在捕诉一体运行机制下,必须不断完善补充侦查制度的运行,最大限度降低"案-件比"。

(三)优化捕诉一体下的退回补充侦查运行,降低"案-件比"

第一,坚持以人民为中心的司法理念,坚守证据裁判原则。坚持以人民为中心,既是党的宗旨和力量源泉,也是检察机关工作的出发点与落脚点。当前,中国特色社会主义进入新时代,人民群众在民主、法治、公平、正义等方面提出了水平更高、内涵更丰富的需求,也对检察办案提出了新的要求。因此,检察机关必须坚持以人民为中心的司法理念,着眼于人民群众关心关注的检察办案问题,回应人民群众的普遍关切，通过降低"案－件比"，不断强化检察制度的人民立场，真正赢得人民群众的理解和支持。证据裁判原则是以审判为中心的刑事诉讼制度改革的核心与关键，这一原则要求案件事实的认定必须依据证据，裁判必须依据具有证据能力和证明力的证据作出，证据必须在中立的法庭上经过合法的质证程序查证属实，才可作为裁判的依据。因此，在退回补充侦查的真实理由中，必须是围绕证据的收集与完善来进行，从而提升退回补充侦查的质效。检察机关坚守证据裁判原则，也就是践行好以人民为中心的司法理念。

第二，充分发挥检察机关在刑事诉讼中的主导作用。检察机关应加强和公安机关的沟通协调，推动对重大、疑难、复杂案件的提前介入，把案件事实、证据、定性等方面的问题尽量解决在侦查阶段，最大限度减少退查。一是检察机关与公安机关应加强联系，通过召开联席会议等方式就证据采用标准等问题进行事前沟通，在侦查与审查起诉环节严格依照标准执行，尽量减少因证据采用标准不统一导致退查的情况。二是对于补充侦查的案件，检察机关承办人应积极询问案件退查进度，就退查过程中出现的问题与公安机关共同协商解决，对案件退查情况和处理结果进行有效监督。三是充分发挥诉讼监督职能，对于公安机关未按补充侦查提纲的要求进行补充侦查也不能说明理由的，通过检察建议、纠正违法等诉讼监督方式，督促公安机关提升侦查活动质量，为审查起诉活动筑牢证据基础。

第三，强化捕诉一体下的检察内部监督属性，防止退查程序滥用。完善退查程序，不仅需要加强检察机关对公安机关的监督，也需完善检察机关内部监督。通过建立完善的内部监督机制，防止退查程序滥用，真正发挥退查制度对保障犯罪嫌疑人合法权益、提升办案质量、促进司法公正的作用。一是建立刑事检察部门内部监督机制，当案件需要退回补充侦查时，案件承办人向部门负责人提前汇报案件情况，详细说明案件需要查清的事实及证据情况，并说明退查的必要性，提升退查程序适用的门槛。二是强化对退回补充侦查的说理与监督。2020年3月27日，最高人民检察院和公安部联合印发了《关于加强和规范补充侦查工作的指导意见》，确实需要退查的，要按照《关于加强和规范补充侦查工作的指导意见》的要求和高检院下发的《关于印发补充侦查工作文书样式及补充侦查提纲参照范例的通知》，把补查的方向和要求阐释具体、清楚。因此，有必要建立案件管理部门对审查起诉案件补充侦查说理监督机制。案件管理部门在受理刑事检察部门退回补充侦查案件时，应着重审查《补充侦查提纲》及《补充侦查决定书》中有无明确的补充侦查理由及明确的补充侦查事项，对于仅仅列明"事实不清""证据不足"，而缺乏相应说理的补充侦查案件，应当不予办理。

第七章 捕诉一体运行机制之问题与出路

第一节 捕诉一体运行机制下司法公正之偏差与纠正

一、捕诉一体运行机制下办案偏差

司法体制改革的目的，是要将制约司法能力、影响司法公正的深层次、体制性问题逐步解决，打造全方位、深层次的司法体制改革新格局，为维护社会稳定、促进公平正义、服务人民群众提供完备的体制机制保障。顺应人民期待，维护公平正义，才能让百姓感受到实实在在的成果，最大限度凝聚起社会正能量。在本书的第三、四章，对批捕权和公诉权进行了较为全面的论述，批捕与起诉的法定条件也是十分清晰的。

我国《刑事诉讼法》第 81 条规定：对有证据证明有犯罪事实，可能判处徒刑以上刑罚的犯罪嫌疑人、被告人，采取取保候审尚不足以防止发生社会危险性的，应当予以逮捕。逮捕是刑事诉讼强制措施中最严厉的一种，它不仅剥夺了犯罪嫌疑人、被告人的人身自由，而且逮捕后除发现不应当追究刑事责任和符合变更强制措施条件的以外，对被逮捕人的羁押期间一般要到人民法院判决生效为止。正确、及时地使用逮捕措施，可以发挥其打击犯罪、维护社会秩序的重要作用，有效地防止犯罪嫌疑人或者被告人串供、毁灭或者伪造证据、自杀、逃跑或继续犯罪，有助于全面收集证据、查明案情、证实犯罪，保证侦查、起诉、审判活动的顺利进行。所以逮捕是同犯罪做斗争的重要手段。但是如果过量适用逮捕，错捕滥捕，就会伤害无辜，侵犯公民的人身权利和民主权利，破坏社会主义法制的尊严和权威，损害公安司法机关的威信。因此，必须坚持少捕慎诉慎押的刑事司法政策，切实做到不枉不纵，既不能该捕不捕，也不能以捕代侦，任意逮捕。

我国《刑事诉讼法》第176条规定：人民检察院认为犯罪嫌疑人的犯罪事实已经查清，证据确实、充分，依法应当追究刑事责任的，应当作出起诉决定，按照审判管辖的规定，向人民法院提起公诉。提起公诉是人民检察院的一项专门权力，凡需要提起公诉的案件，一律由人民检察院审查决定。人民检察院对公安机关侦查终结移送起诉的案件，要进行认真、全面的审查，必须查明犯罪事实、情节是否清楚，证据是否确实、充分，犯罪性质和罪名的认定是否正确，有无遗漏罪行和其他应当追究刑事责任的人，是否属于不应当追究刑事责任的情况，有无附带民事诉讼，侦查活动是否合法等。公诉权是检察权的一项重要内容，应当依法谨慎行使，保证犯罪行为受到相应的惩罚，无罪的人不受刑事追究，以保护人权。

可见，逮捕和起诉的法定条件和证明标准是不一样的，二者之间呈现出的递进性是诉讼程序的顺序性和捕诉功能的差异性决定的，符合司法活动规律和认识规律。司法办案正是由浅入深、由表及里的认识过程，案件证据也是由不充分到相对充分、确实充分的过程。严格按照逮捕、起诉的证明标准行使检察机关的批捕和公诉权，是检察机关作为法律监督机关，追诉犯罪、保障人权的法定职责。

但事实上，应看到，实行捕诉一体后，检察官确实可能由于原来的工作惯性以及出于办案质量考核和承担司法责任等个人利益因素的考虑，导致出现一些错误的倾向。[①]

---

① 缐杰、高翼飞：《捕诉一体下保障检察官客观公正履职》，载《检察日报》2019年10月21日，第3版。

一是将逮捕的证明标准与提起公诉的证明标准相混同。即对有证据证明有犯罪事实,可能判处徒刑以上刑罚、采取取保候审尚不足以防止发生社会危险性,依法应当逮捕的犯罪嫌疑人,因案件尚未达到事实清楚,证据确实、充分的证明标准,而不予批准逮捕。将捕诉证明标准同质化不仅不符合法律规定,也不符合司法规律,导致逮捕作为强制措施的功能弱化。出现这种倾向主要是由于检察官要确保批捕的案件能够诉得出去,如果最终作存疑不起诉或者被判无罪,检察机关可能面临对错误羁押承担赔偿义务。这种倾向实质上是以提起公诉的证明标准代替逮捕的证明标准,变相拔高逮捕的证明标准,不利于犯罪行为的追诉。

二是构罪即捕。虽然刑事诉讼法明确规定,履行审查逮捕职能时要考虑逮捕必要性;虽然刑事政策也一直强调少捕慎诉慎押,对于适用取保候审、监视居住等措施不致发生社会危险性的犯罪嫌疑人一律不批准逮捕,最大限度减少审前羁押。但在审查逮捕和审查起诉两项职能集于一身的情况下,检察官自然会更多地考虑案件最终能不能诉出去,能不能得到法院有罪判决。在行使审查逮捕职能时,不自觉地把逮捕作为起诉的手段和工具。嫌疑人在押,方便检察官提讯、案件审查及出庭支持公诉等各项工作,能提高办案效率,缩短办案周期;否则可能会有脱保风险,导致诉讼程序中断或联系不畅通,影响诉讼效率等。所以有时检察官为办案方便,出现"构罪即捕"倾向,对逮捕必要性考虑较少。

三是捕了即诉。捕诉一体机制下,检察官对一个案件负责到底,对于已经逮捕的案件,检察官为避免自我否定,也会尽量确保最终顺利提起公诉。对已经逮捕的犯罪嫌疑人不起诉,一向是比较慎重的,要由检察长或检委会决定,承办检察官必须对不起诉提供充分的理由。捕诉一体运行机制下同一检察官先逮捕后作出不起诉决定,除非事实和证据发生了实质变化,否则难以自圆其说。因此,对于已经作出批捕决定的案件,即使证据不太充分,检察官会列明继续侦查提纲,并加强和侦查人员的沟通、指导或要求侦查人员补充相关证据。即使经过继续侦查,案件仍达不到起诉条件或无起诉必要，检察官也不敢轻易作存疑不起诉，而是以"碰运气""试试看"的心态"勉强起诉"至人民法院。

二、捕诉一体运行机制下保障公正司法的路径

捕诉一体是检察权运行机制改革的重要内容，对于优化检察资源配置、提高办案质量和诉讼效率具有重要意义。保障司法公正性是衡量改革是否成功的一项重要标准。针对捕诉一体运行机制实施后可能存在的错误倾向，修订后的《人民检察院刑事诉讼规则》进一步完善了审查逮捕、审查起诉办案机制，明确对同一刑事案件的捕和诉由一名检察官或者检察官办案组办到底，同时将审查逮捕和审查起诉合并为一章，分专节规定了逮捕和起诉的条件与程序，在"一般规定"中整合了两个"审查"环节的共性要求，如全面审查原则，讯问、询问的要求，听取辩护人、值班律师意见，诉讼权利告知，提前介入侦查，调取、审查录音录像等，既强调两次审查在审查方式和要求上的共性，又突出了两次审查在诉讼环节和审查标准上的不同，[①] 坚决防止构罪即捕、捕了即诉。要真正将《人民检察院刑事诉讼规则》的规定落到实处，还要做到以下几点：

（一）更新理念，恪守客观公正立场

客观公正是检察官的职业生命和灵魂。《检察官法》第 5 条规定："检察官履行职责，应当以事实为根据，以法律为准绳，秉持客观公正的立场。检察官办理刑事案件，应当严格坚持罪刑法定原则，尊重和保障人权，既要追诉犯罪，也要保障无罪的人不受刑事追究。"为贯彻客观公正立场，修订后的《人民检察院刑事诉讼规则》也明确规定："人

[①] 《最高检举行"强化人权司法保障，准确适用刑事诉讼法"发布会》，载最高人民检察院网站 2019 年 12 月 30 日。

民检察院办理审查逮捕、审查起诉案件,应当全面审查证明犯罪嫌疑人有罪或者无罪、罪轻或者罪重的证据。"进入新时代,全体检察官必须始终牢记:检察官既是犯罪的追诉者,也是无辜的保护者,更要努力成为中国特色社会主义法律意识和法治进步的引领者。①

一个时期以来,检察机关被看作犯罪追诉人和惩治者。一些检察人员重打击轻保护、重实体轻程序、重支持配合轻制约监督。这些旧的理念、旧的习惯已经严重束缚了司法办案工作,必须彻底摒弃。要清醒认识到,在我国,检察机关是国家法律监督机关,这一宪法定位决定了检察官决不只是单纯履行"代表国家追诉犯罪",而应把客观公正、平等保护(包括保护被告人的合法权益)作为履职的本质要求。进入新时代,检察官履职立场必须与时俱进,要按照刑事诉讼法规定的法定程序,全面收集能够证实犯罪嫌疑人、被告人有罪或者无罪、罪轻罪重的各种证据。既要注意对被追诉人不利的情况,也要注意对被追诉人有利的情况,还要保障被害人的当事人地位,客观公正地审查案件、适用法律和进行诉讼活动,切实做到不偏不倚、不枉不纵,既无过度也无不及。

理念一新天地宽。进入新时代,检察机关必须更加主动适应人民群众在民主、法治、公平、正义、安全、环境等方面内涵更丰富、标准更高的需求,与时俱进更新检察监督理念,秉持客观公正立场,切实履行好新时代检察监督职责,保障人民群众合法权益,引领社会主义法治进步。

(二)优化检察官办案质量评价指标体系和完善司法责任认定与豁免规定②

检察官在办案中存在故意或者重大过失,造成严重后果,应当依法

---

① 《检察官要始终坚守客观公正立场》,载《检察日报》2019年7月29日,第2版。
② 缐杰、高翼飞:《捕诉一体下保障检察官客观公正履职》,载《检察日报》2019年10月21日,第3版。

追究司法责任。但是，司法办案是一个回溯性过程，由于个人司法观念、能力等问题，对案件的处理出现分歧本来是正常情况，不过因工作责任心不强导致案件处理出现了偏差，就需要追究责任。因此，要合理区分司法瑕疵、司法过失与司法责任，正确看待撤回起诉、因分歧认识导致无罪以及因能力不足导致决策不当等问题，科学把握司法责任追究的条件。2021年10月出台的《检察人员考核工作指引》指出，要对检察人员实现全员、全面、全时考核，进一步激发了检察人员的内生动力。但是对于正确把握司法责任追究与失职渎职犯罪之间的界限，还要进一步加强研究、正确评价，为检察人员依法有效履职创造条件。

一是要尊重司法规律，改变单纯以案件的实体处理结果、承担国家赔偿责任作为评价审查逮捕、审查起诉工作质量依据的导向。对捕后作不起诉或者撤销逮捕决定的案件，要注意分析原因，将证据发生变化等客观原因导致的捕后作不起诉或者撤销逮捕决定与检察官故意违反法律法规办理案件或者因重大过失导致的错捕区别对待，不宜一律认定为办案质量问题。要为检察官依法纠正前一环节的办案错误提供容错空间，消除检察官的顾虑，鼓励其自我纠错、及时纠错。

二是要明确检察官作出批准逮捕决定后，在审查起诉阶段不认真履行审查职责，对未达到法定证明标准、明显不符合起诉条件的案件提起公诉，人民法院依法判决无罪或者造成冤错案件的，应当承担相应的司法责任。

三是要明确检察官依法作出批准逮捕或者提起公诉决定后，犯罪嫌疑人的社会危险性发生变化，经羁押必要性审查，认为无继续羁押必要而予以释放或者变更强制措施的，不承担司法责任。

四是要明确检察官依法批准逮捕或者提起公诉后，因法律修订、新的司法解释出台、刑事政策调整，决定撤销批准逮捕、不起诉、撤回起诉或者人民法院作出无罪判决的，检察官不承担司法责任。

总之，要通过明确司法责任追究和豁免的情形，给检察官吃下"定心丸"、竖起"风向标",坚决杜绝对应当排除的证据不排除、对应当撤销的批准逮捕决定不予撤销、"带病起诉""勉强起诉"等问题,坚决防止有错不纠、将错就错,避免造成冤错案件。

(三)完善监督机制

原有的审查批捕与审查起诉部门之间的监督当然是检察机关内部监督制约、提升办案质量、保证司法公正的一种方式,捕诉一体之后,检察机关还是要在内部监督上再多下功夫,提高办案质量,保证司法公正。

一是强化事前监督,严格落实司法办案责任制。办案责任终身制使得案件一旦出现任何问题,都会追究检察官的责任,对检察官权力滥用是个有力的制约。首先,要明确权限。办案过程严格按照《检察官权力清单》的规定,明确检察长、员额检察官、检察官助理等人员的职责和权限,做到不越位、不错位、不失位。其次,要明确责任。按照"让办案者决定,让决定者负责"的要求,对案件关键节点、量刑建议、不诉权、侦查监督权、审判监督权,制定相关工作办法,切实做到以岗位为点,以制度为线,充分发挥教育批评问责手段,做到抓早抓小,不断健全廉政风险防控机制。

二是强化事中监督,健全检察官办案监督体系。通过羁押必要性审查,对被逮捕的犯罪嫌疑人有无继续羁押的必要性以及逮捕的适当性进行审查,对不需要继续羁押的,建议予以释放或者变更强制措施,实现对捕诉一体办案模式下办案检察官权力的监督。对某些新类型案件、罪与非罪争议很大的案件以及疑难复杂案件、被告人拒不认罪的案件等情形,应建立健全检察官联席会议制度,强化检察官联席会的"智囊"作用,[1] 以集体的智慧共同对重大疑难、复杂案件"把脉问诊"。对于拟

---

[1] 吴洪江:《实行捕诉一体提升办案质效》,载《检察日报》2018年12月26日,第11版。

作不捕、不诉的案件，在报请检察长或者检察委员会决定前，一般要先经过检察官联席会议讨论，充分发挥检察官联席会议的参谋研讨、监督把关的作用。要适时开展案件检查和评查，通过组织集中讨论、出庭考核等方式，充分发挥统一业务软件对案件实行全程跟踪、重点监控、提前预警，及时纠正和避免超期办案及违法办案情况的发生。

三是强化事后监督，守好内部监督的最后防线。《人民检察院刑事诉讼规则》专设"案件管理"一章。加强案件管理工作，即是认识到原有内部监督效果不佳，而作出的强化自身监督、加强对执法办案活动管理的对策。在2019年的检察机关内设机构改革中，按照最高检的顶层设计，各级检察机关成立检务督察部门（基层由案件管理部门履行相关职责），作为进一步加强内部监督的新举措，涵盖"党务、业务、事务"三大监督内容，形成对检察权运行全方位、全覆盖的立体监督格局，[①]保证检察机关和检察人员依法履职、公正司法。具体操作上，进一步细化《检察人员考核工作指引》，健全完善检察考评体系和检察官案件质量档案，全面记录检察官办理案件的数量、质量等情况，作为办案考核评价的依据。检委会要对检察官决定事项进行审核监督，落实司法办案量化考评、错案责任追究等制度。要建立科学的奖惩机制，检务督察部门抓好检察官办案巡视巡察，不断加大问责追责力度，对不能独立办案或者无正当理由办案数量达不到要求的，以及因故意或者因重大过失导致案件错误并造成严重后果的，检务督察部门在按照有关规定建议其退出员额的同时，对徇私枉法造成恶劣社会影响的，要依法移送纪检监察部门追究其法纪责任，切实守好内部监督防线。

四是强化外部监督，大力推进阳光司法建设。一方面，分工负责、互相配合、互相制约一直是公安机关、人民检察院和人民法院在刑事诉讼中依法行使各自职权，处理相互关系的一个重要原则。除了内部监

[①] 《最高检监察局更名为检务督察局：构建对检察权运行的立体监督格局》，载《检察日报》2019年2月26日，第1版。

督，检察机关的批捕、起诉工作还受到公安机关、审判机关的监督和制约。公安机关对检察机关的不批捕、不起诉决定有不同意见，可以要求同级人民检察院复议和提请上级人民检察院复核；检察机关提起公诉的案件，也要经过人民法院的开庭审理才能最终判决有罪或无罪、此罪或彼罪。公检法三者之间的监督、制约和配合，相互依赖、互为作用，对于刑事诉讼的顺利进行、防止诉讼中的主观片面性，避免偏差和错误，保证准确有效地执行法律，具有重要意义。不论是捕诉一体还是捕诉分离，检察机关的每一个决定都必须依法、审慎。另一方面，检察机关要积极接受人民监督员的监督，对不捕不诉的案件，要主动邀请人民监督员参与评议案件，逐步扩大检察机关行使批捕权、公诉权和诉讼活动监督信息公开的范围，接受律师、案件当事人及其亲属的监督，建立完善开放、动态、透明、便民的司法公开机制，努力让人民群众在每一件司法案件中感受到公平与正义。

第二节　捕诉一体运行机制下办案效率提升之障碍与突破

一、捕诉一体运行机制承载提高司法效率的期待

"迟来的正义非正义。"法律框架内高效地办结案件是回应社会关切、彰显法治力量的需要。司法公正作为社会公平正义的最后一道防线，是否能够得到有效保障至关重要，也备受各界关注。之所以说从制度设计上看，实行捕诉一体运行机制能够提高办案效率，主要基于以下几点理由。[1]

---

[1]　邓思清：《捕诉一体的实践与发展》，载《环球法律评论》2019年第5期。

（一）捕诉一体减少了不必要的重复工作

在捕诉分离办案模式下，同一案件要经过不同的检察官两次对案件材料进行审查，同一犯罪嫌疑人会经过多次重复讯问。绝大多数的刑事案件相对比较简单，都归基层检察院管辖，实行捕诉一体后，一个检察官在批捕阶段已经对案件材料进行了审查，掌握了证据情况，到起诉阶段就可以重点审查新的证据材料，避免重复审查以前已经审查过的案件证据材料，提高办案效率。

（二）捕诉一体加强了检察官与公安机关之间的交流与配合

在捕诉一体的办案模式下，检察官既要对逮捕决定负责，也要对审查起诉决定负责，这就要求检察官更加重视证据材料的收集工作，从而促使其加强与公安机关之间的交流与配合。一方面，为了保证案件质量，检察官会加强对公安机关侦查活动的监督力度，对侦查活动进行全程引导、统一调控，保证公安机关及时侦查，收集有关证据，从而促使公安机关及时移送案件，提高办案效率。另一方面，捕诉一体也使检察官与公安机关之间的沟通渠道更为直接顺畅，可以加快办案速度，提高办案效率。

（三）捕诉一体整合了司法资源

办理案件不仅需要依据法律和政策，更离不开人力、物力、财力等司法资源的支撑。而捕诉一体可以避免检察机关内设机构多重设置、人员浪费、工作重复等问题，可以将检察机关的司法资源进行重新整合，使整个检察办案工作形成合力，增强办案力量，有利于提高工作效率。

二、捕诉一体运行机制下制约办案效率提升的因素

"捕诉一体"运行机制实践中制约办案效率提升有以下几个因素：

（一）因管辖权原因批捕、起诉无法由同一办案人员和办案组织办理

根据刑事诉讼法规定，公安机关对犯罪嫌疑人拟采取逮捕强制措施时，应移送同级人民检察院审查批准，基本上属于属地管辖；但在审查起诉阶段，对有可能判处无期徒刑、死刑等属于中级人民法院管辖的案件，由市级检察机关办理，是以案件重大程度划分的。《人民检察院刑事诉讼规则》第8条规定："对同一刑事案件的审查逮捕、审查起诉、出庭支持公诉和立案监督、侦查监督、审判监督等工作，由同一检察官或者检察官办案组负责，但是审查逮捕、审查起诉由不同人民检察院管辖，或者依照法律、有关规定应当另行指派检察官或者检察官办案组办理的除外。"因此，实践中这些因案件管辖、检察官回避或者公安机关对不批准逮捕或者不起诉决定要求复议等情形，导致审查逮捕和审查起诉由不同的员额检察官承办的实际情况还是比较常见的。

（二）人员素质还需加强

在捕诉分离的前提下，检察官大多是"专科医生"，有的检察人员长期从事侦查监督工作，没有从事公诉工作，有的只有公诉工作经历，没有侦查监督经验，他们都只对负责的批捕或者审查起诉事项熟悉，对于其他领域可能存在知识盲点问题。负责审查起诉的人员在案件证据审查、出庭讯问、举证质证、辩论等方面业务精通，但也存在对逮捕标准把握不准问题，特别是对于证据尚未完全到位的情况下，如何准确把握逮捕条件，以及如何引导侦查机关有效收集证据方面存在能力不足的情况。而对于从事审查逮捕工作的人员而言，更多需要提升如何正确把握起诉标准以及出庭指控犯罪的能力。捕诉一体后，刑事检察部门员额检察官要统一履行提前介入侦查、审查逮捕、审查起诉、引导补充侦查、出庭支持公诉和诉讼监督、矛盾化解、息诉罢访等职责，对员额检察官

履职尽责提出了更高的要求,员额检察官要成为能够应对案件全流程处理的复合型人才,打造"全科医生式"检察官成为现实需求。①

(三)办案时限节奏难以适应

捕诉一体运行机制下,审查逮捕与审查起诉办案任务并行,但公诉和批捕案件办案周期不同,通常情况下审查起诉的办案节奏会受到审查逮捕节奏的影响。在公诉案件的审查期限内,一旦连续受理批捕案件,由于批捕案件7天办理的刚性要求,从理性角度出发,办案人员必然会选择"批捕优先",导致公诉案件只能见缝插针、碎片化办理。案件量较大和案件复杂程度高的业务部门普遍感觉难以有效协调"短跑和长跑"的频率和速度,难以实现集中提审等,影响了办案效率。

三、捕诉一体运行机制下如何进一步提高办案效率

(一)提高人员素质

捕诉一体运行机制落实的关键在检察官,检察人员是改革的细胞、办案的主体。党的十八届四中全会成功召开之后,依法治国的伟大进程正式拉开序幕。2014年6月6日,中央深改组会议审议通过《关于司法体制改革试点若干问题的框架意见》,首次明确提出"建立法官、检察官员额制"。员额制改革主要解决的问题是让优秀的检察人才向一线凝聚,通过实行员额制在队伍管理上形成好中选优、优胜劣汰的选人用人导向,使广大检察官自觉提升工作能力和业务水平。结合司法责任制改革的大背景,捕诉一体运行机制下的检察官们权力和责任都相应增大。检察官不仅要"谁办案谁负责",而且要终身负责,对于因故意或重大过失造成的错案,要承担相应的责任,从而强化检察官的风险意识和责任意识,使检察官更加重视案件质量和自身能力提高。这对于检察机关

---

① 赵慧:《捕诉一体运行的配套制度优化》,载《中国检察官》2019年第5期。

落实司法责任制,锻炼革命化、正规化、专业化、职业化的检察队伍有着积极的意义。捕诉一体的工作机制要求检察官对一个案子"一竿子插到底",审查把关能力、提前介入能力、庭审辩论能力、文书说理能力、诉讼监督能力缺一不可,对检察人员的业务素质提出了更高的要求。具有成熟的刑事司法能力,具备全面侦查监督和公诉履职能力是检察人员胜任办案的现实需要。在专业思维上,检察人员不仅要有指控思维,还要有侦查思维、辩护思维、审判思维,从而更加全面审查案件。在专业素养上,检察人员必须努力拓展自己专业知识的广度和深度,提升证据审查、庭审指控等实战技能。通过采取公诉、侦监人员互动互学、交叉培训的方式,补齐相互的"短板"。之前负责侦监业务的检察官帮助公诉人员熟悉审查逮捕的标准和要求,分享在立案监督、侦查监督等法律监督方面的经验;之前负责公诉业务的检察官帮助侦监人员掌握审查起诉的标准和要求,传授出庭预案制作、庭审控场等方面的技巧。此外,针对有些侦监人员缺乏庭审应对能力的问题,组织人员到法庭观摩,了解不同诉讼程序的差别,学习规范的庭审礼仪,提高讯问、举证、质证、辩论等庭审应对方面的能力。

(二)完善配套制度

人民群众日益增长的多元司法需求与司法能力不足的矛盾,仍然是当前司法工作的主要矛盾。在捕诉一体改革背景下,深入推进繁简分流改革工作,将捕诉一体与繁简分流、认罪认罚从宽等制度有效结合起来,进一步优化办案流程,实现诉讼效率提升叠加的效应,实现"简出效率、繁出精品",努力以较小的司法成本取得较好的法律效果,才能真正有效化解案多人少矛盾。扣紧逮捕与起诉之间的线性关系,践行刑事速裁和认罪认罚从宽制度在轻微刑事案件中的适用,在案件繁简分流基础上,紧紧围绕捕诉一体检察职能,高效衔接逮捕与起诉之间的线性关系,依托刑事速裁程序,拓展认罪认罚从宽制度在轻微刑事案件中的适用,积极运用不捕、不诉手段。立足区域实际,探索认罪认罚从宽制度的适用。

(三)优化办案流程

在提审、讯问环节,对于权利义务的告知和讯问,可以采用专人负责、集中告权、远程视频等方式,便于办案人员有较为完整的时间准备重大疑难公诉案件。在审查报告制作环节,对案情无争议、犯罪嫌疑人认罪认罚的简单案件,可以制作简易版审结报告或者进行表格化审查。在出庭环节,对于可能判处三年有期徒刑以下刑罚、适用速裁程序或者简易程序审理的认罪认罚案件,可以根据法院集中开庭审理的工作安排,集中出庭支持公诉。在案件的决定环节,全面落实司法责任制的要求,坚持谁办案谁决定,减少案件的审批和提交检委会讨论环节。

(四)通过"检察+科技"深度融合为检察工作提质增效

大数据时代,信息技术不断发展,科技带来的生产力正在为检察工作注入新的生机与活力。与此同时,司法公开化、透明化不断深入,人们对检察智能化程度的要求越来越高,大数据背景下的智慧检务建设将是未来检察工作的发展潮流。作为检察实务关键环节的刑事检察更要注意转变观念、转换模式、创新结构,实现转型发展,利用现代科技构建智能辅助办案系统、量刑建议分析系统等智慧检察应用,最大限度发挥信息技术在刑事检察工作中的应用价值。比如通过智慧检察辅助系统帮助承办人对文书进行预读,通过实体识别技术以及语义分析识别技术,自动提取相关法律文书中的有效信息,如犯罪嫌疑人身份、前科情况、犯罪事实、案件证据、犯罪情节、法律适用等各项法律要素,并根据法律审查的要求自动分类并填写案卡,辅助承办人完成大量阅卷工作;比如对于案件卷宗每个证据材料的审查,通过科技手段实现全程留痕并可视化展示法律要素与事实、证据之间的关联,证据对应情况一目了然,精确匹配人、案、事实,辅助承办人精细化办案;比如拆分案件事实,并与人、罪一一对应,依据系统预置的量刑计算规则,确定量刑情节要素后进行计算,结合以往同类案件判决情况,运用大数据智能对比得出量刑建议,将计算过程进行可视化展现,辅助承办人准确量刑;比如通过智能提取事实、证据及分析,根据承办人的审查情况,最终一键自动生成审查报告、起诉书、量刑建议书、不起诉书等各类文书,同时根据以往文书进行智能校对,辅助承办人提高编制文书的质效;还比如固化办案中的流程节点,自动提取侦查机关移送的案件事实。承办人可在不同环节查看对比结果,并对事实、情节进行增加或删除,全程留痕,实现侦查监督和自我监督相结合。同时,系统提供类案收藏,辅助承办人自纠自查等。以武汉市汉阳区人民检察院为例,他们以需求为导向,加大办案方式科技智能应用,逐步实现传统的刑事检察办案模式向证据数字化、证据标准化、审查一体化、办理协同化、出庭团队化、辅助智能化、展示直观化的智慧办案新生态转化。智慧公诉辅助办案系统建设之前,在统一业务应用系统中办结一个案件,仅生成文书的时间至少在半个小时以上,建成后,自动生成审查报告仅需3秒,速裁案件从证据审查到文书生成时长仅需20分钟,节约办案时间80%以上,极大提高办案效率。[①]

第三节 捕诉一体运行机制下
侦查监督之问题与完善

一、捕诉一体运行机制有利于侦查监督工作的加强

捕诉一体运行机制下,人民检察院对本院管辖的同一刑事案件审查

[①] 《"物理整合"激发"化学反应"汉阳检察"捕诉一体"办案模式初见成效》,载汉阳区人民检察院官方网站,2019年5月6日,http://wh.hbjc.gov.cn/rdjj/201905/t20190507_1412285.shtml。

逮捕、审查起诉、出庭支持公诉以及追捕追诉、侦查活动监督、刑事审判活动监督等工作，原则上由同一检察官或者检察官办案组办理。因此，检察官在审查批捕阶段即可提前介入案件，甚至在一些情形下自侦查机关立案后，就可提前介入案件，相较于捕诉分离模式，应该说在加强侦查监督方面有着天然的优势。在原来捕诉分离的工作模式下，逮捕审查程序主要关注的是逮捕条件是否满足，且在提请审查逮捕时侦查活动尚未完全展开，主要证据可能尚未获取，检察机关事实上难以对侦查行为进行有效的引导和制约；而在审查起诉程序中，由于侦查活动已经终结，往往已经错过了最好的干预时机。也就是说，侦查活动大量乃至主要是在逮捕以后、起诉以前进行的。在捕诉分离模式下，批捕部门检察官作出批捕决定后工作即告完成，而此时起诉部门的检察官还没有介入到案件中来，从而在最需要监督的"时段"形成了监督的"真空地带"。捕诉一体工作机制最大优势，就是可以从一开始接触案件就积极主动地开展提前介入、证据复核等工作，从源头上提升案件质量，实现对侦查行为全面、深入、具体的引导和约束。① 在此过程中，检察官积极引导侦查取证，不仅可以运用起诉的思维从起诉的角度指导证据的收集、调取、审查，补正案件的瑕疵证据，补强证据链条，还可以对侦查方向和侦查措施提出建议。从制度设计上来说，捕诉一体运行机制打通了批捕和公诉之间的壁垒，整合优化了办案资源，通过精简机构有效避免检察职能碎片化、办案力量及资源分散化，能够实现内设机构和人员的专业化、扁平化管理，同时提高批捕与公诉的协同性，强化检察机关对侦查活动的法律监督，有利于形成检察引导侦查取证、监督侦查活动的新型检侦关系体系。②

---

① 陈实：《论捕诉一体化的合理适用》，载《法商研究》2019年第5期。
② 俞永梅、周耀凤：《捕诉一体助推侦查监督全程有效精准开展》，载《检察日报》2019年10月10日，第3版。

（一）捕诉一体有助于对侦查活动的动态全程监督

捕诉一体的中心涵义是同一案件由同一检察官或同一办案组办理，充分体现了"在监督中办案、在办案中监督"的科学理念，意味着检察官在办案过程中将审查逮捕工作向后延伸、审查起诉工作向前拓展，使两者有机结合。如此一来，审查逮捕和审查起诉环节的侦查监督工作不再处于分散状态，同一检察官或同一办案组的工作职责在同一案件中能够得到最大限度的向前、向后延伸，对案件的了解时间更早，内容更全，客观上有利于加强侦查监督的力度，实现全覆盖、无盲点监督。

（二）捕诉一体有助于对侦查活动的及时有效监督

同一检察官或同一办案组负责批捕、起诉，意味着同一案件在批捕阶段审查中认定的案件事实、整理的证据材料等均可在公诉阶段无缝对接，有助于实现司法效率最大化。检察官介入案件的关口前移，意味着侦查监督可以更加有效及时，在批捕阶段就可以列明补充侦查提纲，为公安机关及时收集、固定和完善证据提供指引和方向。此外，还可以根据批捕阶段的证据分析尽早作出繁简分流决定，简案简办，提高刑事案件运转效率，从而有更多精力和时间进行侦查监督，提高侦查监督工作的质效。

（三）捕诉一体有助于对侦查活动的提前介入监督

公安机关的侦查与检察机关的起诉，具有诉讼上的承接关系。在捕诉分离情况下，侦查机关提请逮捕前往往由侦监部门检察官与侦查人员进行对接，公诉部门检察官往往对案件情况和侦查情况缺乏足够了解，无法及时对侦查取证活动进行引导。实行捕诉一体化，分段行使变为合并行使，各自为战、缺少沟通的情形不复存在。同一检察官或同一办案组在权限范围内完成案件的批捕、起诉、出庭公诉的全部工作，同时还履行侦查监督、审判监督等职责。因此，在批捕阶段，承办人责任心会明显增强。如果达到了逮捕的条件，而要起诉又缺少一定的证据时，承办人就会在批捕阶段与侦查人员联系，写出需要补充的证据提纲，并引导侦查人员收集并固定证据，一定程度上减少在起诉阶段再退回补充侦查的问题。检察官在批捕阶段超前考虑案件办理的全过程，并根据案件实际情况制定指控方案，能够有针对性地引导公安机关侦查取证，最大限度地避免疏漏，消除和减少遗漏犯罪或冤假错案的发生。

（四）捕诉一体有助于对侦查活动的精准专业监督

捕诉一体化意味着按照案件罪名和类型进行分案，需要设立不同的办案组，比如职务犯罪案件、未成年人刑事案件、经济犯罪案件、重大犯罪案件、普通犯罪案件等。这意味着同类案件由同一办案组中的检察官进行轮案，专业化程度更高。检察官对同类案件办理的经验丰富后，能够更好地发现该类案件侦查活动中存在的一些常见问题以及需要着重解决的问题，更易实现对同类案件侦查活动的精准、专业化监督。

二、捕诉一体运行机制下侦查监督工作的问题

在捕诉一体出台以前的争论中就有学者认为，"捕诉合一"极有可能严重削弱检察机关在刑事诉讼中的监督功能。因为"捕诉合一"后工作重心势必转移到公诉中来，无论是审查批准逮捕还是与之相关的侦查监督，都要服从、服务于公诉工作，批准逮捕会作为服务于公诉的一个程序性手段，承办检察官也将因此而缺乏侦查监督的积极性，检察机关对侦查活动的监督也会受到严重影响。此外，"捕诉分离"背景下，检察机关通过不批捕来把第一道关，通过不起诉来把第二道关，有相对完善的法律监督程序，实行"捕诉合一"则由两次监督变成一次监督，法

律监督力度明显减弱。①

有学者分析捕诉一体可能导致检察机关侦查监督职能弱化的原因，比如受"重办案轻监督"观念的影响，把审查逮捕、审查起诉当作"主责主业""硬任务"，而把立案监督、侦查活动监督当作可有可无的"辅助业务""软任务"，特别是捕诉一体化后，办案和监督集合到一个人身上，在办案特别是审查起诉、出庭支持公诉的硬任务面前，投入立案监督、侦查活动监督的精力削弱，导致侦查监督工作的弱化。又如，人员素质还不适应捕诉一体化改革的要求。检察官存在知识上的碎片化、零星化的现象，原来从事侦查监督工作的检察人员对审查起诉工作，原来从事公诉工作的检察人员对侦查监督工作都需要一个磨合、熟悉的过程，这个过程不是一两天能够完成的，而是需要一个相对较长的过程。笔者认为，侦查监督弱化并非"捕诉一体"改革本身必然导致的现象，而是由于工作方式的改变，可能造成检察干警的理念以及配套制度跟不上，从而与制度设计的初衷相悖。

三、捕诉一体运行机制下如何做好侦查监督工作

（一）真正树立起"在办案中监督，在监督中办案"的理念

法律监督是检察机关的灵魂，批捕、起诉权赋予检察机关的目的就是为了强化法律监督。捕诉一体化改革后，改变的是检察机关履行法律监督的方式方法，改变的是对检察官素质的要求。但检察机关作为法律监督机关的宪法定位没有变，检察官之客观公正的职责定位没有变，检察机关制约侦查权、保障人权的价值要求没有变，侦查监督的目标任务和工作标准没有变。② 检察官要更加自觉地将法律监督与审查批捕、审

---

① 童伟华：《谨慎对待"捕诉合一"》，载《东方法学》2018年第6期。
② 陶建旺：《捕诉一体化背景下的侦查监督实践》，载中国社会科学网，2019年11月21日。

查起诉工作有机结合起来,善于从中发现监督线索,强化侦查监督措施,一体提升监督质量和效率,兼顾立案监督、引导侦查取证、侦查违法行为监督等侦查监督职能,强化自身在证据审查、规范司法、维护法律统一实施方面的权威性,真正把"在办案中监督,在监督中办案"的理念落到实处。

(二)规范办案流程,加强考核引导,把侦查监督做成主责主业

捕诉一体改革以来,最高人民检察院在强化监督方面作出了很多的部署,提出了很多的措施,包括挂牌成立侦查监督与协作配合办公室、完善提前介入工作机制、退回补充侦查案件的跟踪监督等。《人民检察院刑事诉讼规则》对相关监督工作机制进行了进一步完善。如第286条第2款规定:"公安机关在收到不批准逮捕决定书后对在押的犯罪嫌疑人不立即释放或者变更强制措施的,人民检察院应当提出纠正意见。"又如第287条规定,对于没有犯罪事实或者犯罪嫌疑人具有刑事诉讼法第16条规定情形之一,检察院作出不批准逮捕决定的,应当同时告知公安机关撤销案件。对于有犯罪事实需要追究刑事责任,但不是被立案侦查的犯罪嫌疑人实施,或者共同犯罪案件中部分犯罪嫌疑人不负刑事责任,检察院作出不批准逮捕决定的,应当同时告知公安机关对有关犯罪嫌疑人终止侦查。防止出现不批捕后的"挂案"现象,督促公安机关对没有犯罪事实或者不应追究刑事责任的犯罪嫌疑人及时撤案或者终止侦查。最高人民检察院印发的《检察机关案件质量主要评价指标》,也充分体现了"双赢多赢共赢"和"在监督中办案、在办案中监督"理念,为刑事诉讼监督案件制定了15项指标,通过质量指标评价体系加以引导,把监督变成检察官的"硬任务",对应当监督而不监督的,要纳入绩效考评,纳入检察官权力清单,特别是要与司法责任制同步推进,以落实司法责任制来倒逼检察官切实履行好侦查监督工作职责。

（三）注重相关工作的统筹协调，全面提升检察办案质效

加强捕诉一体背景下的侦查监督工作，与强化检察机关审前主导作用、降低"案－件比"、认罪认罚从宽制度、加强和改进检察建议等工作是紧密联系、一脉相承的。在强化检察审前主导作用方面，侦查监督的核心在于运用各种监督方式监督侦查机关依法侦查、规范侦查，发挥好审前过滤功能，提高侦查质量，为完成指控犯罪发挥好基础性、保障性作用。在这个过程中，检察机关居于独立的审查地位，承担着主导责任，强化了侦查监督职能，就是强化了检察机关审前主导作用。在降低"案－件比"方面，"案－件比"高的原因主要就是由于退回补充侦查、延长审查起诉和法院延期审理、批准延长羁押期限等造成的，一个重要的原因就是事实不清、证据不足，这与侦查监督工作不到位有关。实行捕诉一体后，检察机关办案主体与权责一体有助于提前介入工作的开展，检察官在第一时间就可以全面了解案件证据情况，具备对侦查活动持续跟踪的条件，保证了侦查机关取证更加全面准确，从而达到减少退查率和延期审理的目的。在推进认罪认罚从宽制度方面，捕诉一体化后，承办检察官可以更加主动地主导认罪认罚协商的过程，对于推进认罪认罚从宽制度的落实，确保量刑建议精准具有重要作用。在加强和改进检察建议方面，捕诉一体化后，因检察官对后道程序有决定权，侦查机关对检察机关在审查批捕环节提出的检察建议将更为重视。我们不应该孤立地看待监督工作，而应将其视为检察办案的重要抓手，相互促进，共同发展。

（四）加强与监督对象的沟通协调，在实现监督双赢多赢共赢中不断提高司法能力和水平

法律监督不是你错我对的零和博弈，也不是我高你低的一分高下，

应从对立思维向双赢思维转变,实现共存共赢,共同进步。① 检察机关和侦查机关虽然各司其职,却殊途同归。检察机关通过法律监督,可以帮助侦查机关查找问题、补齐短板,促进其更好地理解法律、履行职责,从而让社会公平正义和公共利益得以维护,法律法规得以贯彻执行,司法执法权威得以彰显。检察机关要坚持依法监督、理性监督、规范监督原则,增强相向而行的力量,才能使法律权威得到维护,人民群众获得更良好的法治环境,形成双赢多赢共赢的"良法善治"格局。

---

① 滕灵辉:《以共赢理念指引对派出所侦查活动监督》,载《检察日报》2018年10月15日,第3版。